高等学校计算机应用基础教材

2018 年北方工业大学教材专项

商务软件应用实训教程

牛天勇　侯晓丽　段晓红　程　冉　编著

机械工业出版社

本书根据现代商务场景下管理与技术工作的基本需求，重新划分了商务软件的应用水平，并依此对常见商务场景下 Office 2016 版的文档表格处理、幻灯片设计制作、办公绘图、桌面出版应用等软件从基础操作、进阶操作和典型商务文件实例引导操作三个层次进行介绍。全书共 7 章，分别为商务软件简介、Word 应用实训、Excel 应用实训、PowerPoint 应用实训、Visio 应用实训、Publisher 应用实训、商务软件应用综合实训等内容。本书在 Word、Excel、PowerPoint、Visio、Publisher 内容中设置了拓展案例，并配有二维码操作视频，以便读者学习。

本书可以作为高校商务软件类课程的教材，也适合商务场景下管理和技术人员阅读与参考，还可以作为商务办公软件的培训用书。

图书在版编目（CIP）数据

商务软件应用实训教程/牛天勇等编著. —北京：机械工业出版社，2022.2

高等学校计算机应用基础教材

ISBN 978-7-111-69780-0

Ⅰ.①商…　Ⅱ.①牛…　Ⅲ.①电子商务-应用软件-高等学校-教材　Ⅳ.①F713.36

中国版本图书馆 CIP 数据核字（2021）第 251336 号

机械工业出版社（北京市百万庄大街 22 号　邮政编码 100037）
策划编辑：马军平　　　　　责任编辑：马军平
责任校对：陈　越　刘雅娜　封面设计：张　静
责任印制：张　博
涿州市殷润文化传播有限公司印刷
2022 年 2 月第 1 版第 1 次印刷
184mm×260mm·15.75 印张·390 千字
标准书号：ISBN 978-7-111-69780-0
定价：49.00 元

电话服务　　　　　　　　　网络服务
客服电话：010-88361066　机　工　官　网：www.cmpbook.com
　　　　　010-88379833　机　工　官　博：weibo.com/cmp1952
　　　　　010-68326294　金　书　网：www.golden-book.com
封底无防伪标均为盗版　机工教育服务网：www.cmpedu.com

前　言

　　硬技能和软技能是商务场景下高素质人才所应同时具备的两个重要技能。专业知识、外语、办公软件应用等硬技能可以采用学历、证书或成绩单等形式来考量，但自我认知、思维创新、科学决策、沟通表达、应急处突等软技能却难以量化考核。我们常说，硬技能可以带来工作机会，软技能可以赋予个人更大的发展潜力和成长空间。因此，读者在商务软件的学习和应用中有必要树立软技能方面的培养意识，提高审美、创意等方面的能力。

　　Office 系列办公软件是最为基础和常用的商务软件之一。建议读者在实际学习和应用Office 系列办公软件时不仅要重视对软件功能的基本认知和基础操作，更要对 Office 系列办公软件的高阶操作及商务文档的交互对象、制作规范、版面设计、表达创意等加以关注和训练，不断提高软件应用的能力和效率。

　　本书以图文并茂的方式，按照上述思路进行内容组织，辅以商务场景中常见实例的步骤讲解，为读者较为全面地介绍 Office 2016 版常用办公软件的基本界面、常用功能、基本操作和进阶操作等内容。

　　本书共 7 章，第 1 章对商务软件的分类、应用水平划分、Office 应用水平认证及 Office 2016 系列软件进行了介绍；第 2~6 章分别介绍了 Word、Excel、PowerPoint、Visio、Publisher 五款软件的基本功能、基础操作和进阶操作，采用各个软件进行了典型商务文件的制作，将其作为引导示范，并就常见问题进行了解析；第 7 章介绍了采用多款软件进行协同工作的三个典型场景，介绍了场景特点、适用软件、实训步骤和实训要求。

　　本书由北方工业大学牛天勇、侯晓丽、段晓红和程冉编著。其中，牛天勇编写第 1 章、第 5~7 章，段晓红编写第 2 章，侯晓丽编写第 3 章，程冉编写第 4 章。全书由牛天勇统稿。本书的出版得到了北方工业大学教学专项的资金支持，以及北方工业大学经济管理学院的同事、同学们多年来在课程建设上的大力支持和宝贵建议。

　　本书在编写过程中参阅了部分文献资料，得到了很多高校同仁和企事业单位职场人士的支持。在此，对相关文献作者、同仁和朋友们表示衷心的感谢！

　　作者力图体现在多年教学和职场工作中的商务软件学习应用感悟，试图从软硬技能并重培养的角度引导本书内容的学习，但由于水平有限，书中难免存在不妥之处，敬请广大读者批评指正，我们会在未来的教学和实践中继续完善、修订相关内容。

　　欢迎各位读者加入商务软件应用交流 QQ 群（群号：733480050）进行交流，或者关注北方工业大学经济管理实验中心微信公众号（微信号：ncutsim）获取最新商务软件应用案例及其他电子资源。

作　者

目　录

第1章　商务软件简介

1.1　商务及商务软件

广义概念上的商务是指一切与买卖商品服务相关的商业事务。狭义概念上的商务是指商业或贸易。人类早期的物物交换催生了市集，在有限地域范围内的人们进行着面对面的交易。随着人类文明的发展，商务活动的场所、形式和秩序产生了巨大的变化。在当前科学技术飞速发展和经济全球化时代下，现代商务活动的环境、范围、内容和工具都与以往有很大不同，尤其是互联网和计算机技术等现代信息技术为现代商务的繁荣提供了有力支撑。

商务软件是在商务活动中所用到的各类软件，也是近一个世纪以来科技发展给商务活动带来的重要工具，主要分为文档处理类、交流协同类、数据管理类、信息服务类、图形图像处理类、影音编辑类、安全防护类及专业流程类软件。

1.1.1　文档处理类软件

文档处理是商务活动中最常用的功能，主要是针对文字、数字、图像、图形、视频等进行的综合处理，目的是在商务活动的各个阶段提供成果性文档，如可行性报告、报价表、产品演示幻灯片等。

目前国内主流的文档处理类软件有微软（Microsoft）公司出品的 Microsoft Office 系列软件（含 Word、Excel、PowerPoint、Access、Outlook 等常用套装售卖软件及 Project、Visio 等单独售卖软件）和金山软件股份有限公司研发的 WPS Office 系列软件（含文字处理、表格处理、演示处理等常用软件）。

Microsoft Office 最早是微软公司开发的一套基于 Windows 操作系统的办公软件套装，出现于 20 世纪 90 年代，并随着版本的更新整合了多个组件，满足现代商务对文档处理、表格处理、演示展示、网页编辑、邮件处理、即时交流、项目管理、图形绘制、数据库处理等多个方面的综合需求。发展至今，Microsoft Office 系列软件支持 Windows 操作系统、苹果 Mac OS 系统和移动设备操作系统，国内外市场占有率处于领先位置。Microsoft 365 支持在多个设备上安装 Office 应用，并采取灵活按年或按月续费的订阅方式，满足不同类型企业的办公需求。

WPS Office 是由金山软件股份有限公司研发的一款办公软件套装，可以实现办公软件最常用的文字、表格、演示等功能。该软件体积小巧，文档格式兼容性强（支持 pdf、doc、docx、xls、xlsx、ppt、pptx 等格式），覆盖 Windows、Linux、Android、iOS 等平台，具有强大的插件平台支持功能并提供海量在线存储空间及文档模板，能满足多场景的商务活动需求。

1.1.2 交流协同类软件

交流协同是商务交往中的日常工作。传统的交流协同形式以面对面及书信为主，现代交流协同形式中新增了依赖于软件和网络的内容。交流协同类软件主要包含办公自动化（OA）平台、即时通信（IM）软件等类型。

1. 办公自动化平台

目前国内主流的办公自动化平台品牌有通达、致远、泛微、蓝凌、金和、华天动力等。以这几个品牌为代表的众多办公自动化平台是随着互联网及计算机的普及而逐步发展起来的，能够为企业内部管理流程梳理和办公效率提升起到支撑作用。这一类软件通过定制开发和电子邮件、手机短信、微信、即时通信、论坛和讨论区等通用功能组件，建立起企业内部通信平台、行政办公平台、流程处理平台、业务处理平台、知识管理平台和资源管理平台，满足不同行业、不同层次的客户需求。

2. 即时通信软件

即时通信软件能够即时发送和接收互联网消息，为商务活动双方或多方的即时在线交流提供支撑。目前主流的软件有腾讯QQ、微信、Skype等，这些软件的即时通信功能日益丰富，逐渐集成了电子邮件、博客、音乐、电视、游戏和搜索等多种功能，成为集交流、资讯、娱乐、搜索、电子商务、办公协作和企业客户服务等为一体的综合化信息平台。

1.1.3 数据管理类软件

数据为现代商务活动提供信息情报和决策分析，数据管理类软件相应提供数据存储、分析、共享等功能。随着企业经营规模的扩大和全球化贸易的繁荣，现代商务活动中用到的数据在数量上较以往有了几何级数的增加。

目前国内主流应用的数据管理类软件有微软公司旗下的 SQL Server 数据库、甲骨文（Oracle）公司旗下的 Oracle 数据库和 MySQL 数据库。另外，微软公司旗下的 Access、Excel、Visual FoxPro 也在小型开发和数据处理中被用到。

SQL Server 是一个关系数据库管理系统。它最初是由 Microsoft、Sybase 和 Ashton-Tate 三家公司共同开发，并于 1988 年推出了第一个 OS/2 版本。目前 SQL Server 2020 可以在 Windows、Linux、Docker 等应用容器引擎中使用，具有使用方便、可伸缩性好、与相关软件集成程度高等优点，逐渐成为 Windows 平台下进行数据库应用开发较为理想的选择之一。

Oracle 是甲骨文公司提供的以分布式数据库为核心的一组软件产品，是目前最流行的客户/服务器（Client/Server）或浏览器/服务器（Browser/Server）体系结构的数据库之一。该数据库系统可移植性好、安全性高、使用方便，适用于各类大、中、小、微机环境。但其对硬件要求较高、管理维护专业性要求较强，更适于高吞吐量的数据库解决方案。

MySQL 是一个关系型数据库管理系统，由瑞典 MySQL AB 公司开发，目前属于 Oracle 旗下产品。MySQL 体积小、速度快、总体拥有成本低、源码开放，是 Web 应用方面最流行的关系数据库管理系统（Relational Database Management System，RDBMS）应用软件。MySQL 所使用的 SQL 语言是用于访问数据库最常用的标准化语言，搭配 PHP 和 Apache 可组成良好的开发环境。因此，一般中小型网站的开发都选择 MySQL 作为网站数据库。

1.1.4 信息服务类软件

商务活动需要在语言交流、信息浏览查询、文档阅读、数据下载等方面获得信息服务，支撑商务活动相关方交流和贸易等环节的顺利进行。信息服务类软件主要包含词汇翻译、浏览器、输入法、数据下载、文档阅读等类型。为了提供更广泛和便捷的使用，信息服务类软件往往会同时存在 Web 版本、PC 客户端版本和移动客户端版本。

1. 词汇翻译

目前，国内主流的词汇翻译工具有金山词霸、网易有道词典、百度翻译等。这些词汇翻译类软件基本都包含了中英文词汇查询、多语种同步翻译、人工翻译、APP 下载等功能，极大地方便了商务文档阅读、协作和交流。

金山词霸是金山软件（Kingsoft）公司旗下的品牌软件，是金山词霸项目组 1996 年研发的第一款集真人语音和汉英、英汉、汉语词典于一体的多功能翻译软件。经过 20 余年的发展，金山词霸系列软件在查词、翻译、人工翻译、热点翻译、听力训练、背单词、精品课等方面不断丰富内容和功能，并支持 Windows、Mac OS、移动端等平台的个人及企业应用。

网易有道词典是由网易有道出品的全球首款基于搜索引擎技术的免费的全能语言翻译软件，为全年龄段学习人群提供优质顺畅的查词翻译服务。2007 年 12 月，有道词典桌面版正式上线，2009 年 1 月，有道词典首个手机版上线，现已实现全平台覆盖。经过 10 余年的发展，有道词典系列软件在查词、翻译、浏览器插件、多语种语音、图解词典、网络释义、人工翻译、精品课、云笔记等方面不断丰富内容和功能，并支持 Windows、Mac OS、Linux、移动端、网页端等平台的个人及企业应用。

百度翻译是由百度发布的在线翻译服务，依托互联网数据资源和自然语言处理技术优势，致力于帮助用户跨越语言鸿沟，方便快捷地获取信息和服务。2010 年初，百度组建了机器翻译核心研发团队，并于 2011 年 6 月 30 日正式推出 Web 端百度翻译，目前百度翻译支持全球 28 种热门语言互译，覆盖 756 个翻译方向。经过近 10 年发展，百度翻译拥有网页版和手机 APP 等多种产品形态，此外还针对开发者提供开放云接口服务，日均响应上亿次翻译请求。除文本翻译外，百度翻译结合用户多样性的翻译需求，推出网页翻译、网络释义、海量例句、权威词典、离线翻译、语音翻译、对话翻译、实用口语、拍照翻译、AR 翻译、趣味配音等功能，同时对译文质量要求较高的用户，提供人工翻译服务。

2. 浏览器

目前国内主流的浏览器种类较多，有 IE 浏览器、QQ 浏览器、360 安全浏览器、Google Chrome 浏览器、UC 浏览器、Firefox 浏览器、傲游浏览器、百度浏览器、猎豹浏览器、搜狗浏览器等。发展至今，各浏览器均有一定的用户群体，也是单机安装同类型软件最常见的一种软件。以下仅介绍几款典型软件。

IE 浏览器（Windows Internet Explorer，IE）是微软公司推出的一款网页浏览器，其开发计划开始于 1994 年。依赖于 Windows 操作系统的默认配置，IE 成为安装最广泛的网页浏览器，也成为很多 B/S 架构软件的默认打开程序。

360 安全浏览器（360 Security Browser）是 360 安全中心推出的一款基于 IE 和 Chrome 双内核的浏览器，是世界之窗开发者凤凰工作室和 360 安全中心合作的产品。360 安全浏览器和 360 安全卫士、360 杀毒等软件产品一同成为 360 安全中心的系列产品，主打安全品牌，可自动拦截挂马、欺诈、网银仿冒等恶意网址，市场占有率较高。

Google Chrome 是一款由 Google 公司开发的网页浏览器，该浏览器基于其他开源软件撰写，目标是提升稳定性、速度和安全性。该软件的 beta 测试版本在 2008 年 9 月 2 日发布，提供 50 种语言版本，有 Windows、OS X、Linux、Android 及 iOS 版本提供下载。其特点是简洁、快速。该浏览器支持多标签浏览，每个标签页面都在独立的"沙箱"内运行，可以提高安全性。同时，一个标签页面的崩溃也不会导致其他标签页面被关闭。

3. 输入法

输入法是提高商务文档文字、数字、符号输入效率的基础性工具软件，一般随系统自带。随着技术的进步和应用场景的扩大，输入法产品在词汇量和智能组词等方面较以往有较大进步。目前，主流输入法有搜狗拼音输入法、微软拼音输入法、百度输入法、智能 ABC 输入法、万能五笔输入法、讯飞输入法等。以下仅对几款输入法软件产品进行介绍。

搜狗拼音输入法是 2006 年 6 月由搜狐公司推出的一款 Windows 平台下的汉字拼音输入法。搜狗拼音输入法是基于搜索引擎技术的输入法产品，偏向于词语输入，用户可以通过互联网备份自己的个性化词库和配置信息。目前已经成为主流的汉字拼音输入法之一，且在计算机和移动设备中均应用广泛。

微软拼音输入法是一种基于语句的智能型的拼音输入法，采用拼音作为汉字的录入方式，用户不需要经过专门的学习和培训，就可以方便使用并熟练掌握这种汉字输入技术。微软拼音输入法提供了模糊音设置，对于非标准普通话的拼音输入能进行智能识别。同时，微软拼音输入法是与 Windows 中文版捆绑发行的，安装率较高。

智能 ABC 输入法是 Windows 系统自带的一种汉字输入方法（Windows 10 中不再被包含于系统默认输入法中），由北京大学的朱守涛先生发明。它不是一种纯粹的拼音输入法，而是一种音形结合输入法。因此在输入拼音的基础上，如果再加上该字第一笔形状编码的笔形码，就可以快速检索到这个字。该输入法简单易学、快速灵活，受到广大用户的青睐，曾经是我国使用人数最多的输入法软件。

讯飞输入法是由中文语音产业知名企业科大讯飞推出的一款输入软件，集语音、手写、拼音、笔画、双拼等多种输入方式于一体，符合用户使用习惯，输入速度较快。同时，讯飞输入法独家推出方言语音输入，支持客家语、四川话、河南话、东北话、天津话、上海话等方言识别，现已成为移动设备端语音及手写输入的主流软件。

4. 数据下载

随着数据容量的增大，商务活动对数据下载的速度和稳定性有了较高的需求。经过多年发展，数据下载的形式基本定型为邮箱客户端、专用下载工具和基于云端的在线网盘。目前主流的数据下载工具有网易邮箱大师、迅雷、百度网盘、腾讯微云、360 安全云盘等。以下仅对几款软件产品进行介绍。

网易邮箱大师支持网易邮箱、QQ 邮箱、Gmail、139 邮箱、Hotmail、Outlook、新浪邮箱及网易企业邮、腾讯企业邮、263 企业邮等超过 100 万种各类企业邮箱和国内外各高校的 .edu 邮箱。该软件能够智能云端适配服务器设置，用户不用手动设置服务器选项，可以一键登录各大免费邮、企业邮和高校邮。目前，该软件已经实现全平台设备覆盖，支持 Android、iOS、Windows、Mac、iPad、iWatch 等。

迅雷是由深圳市迅雷网络技术有限公司开发的一款下载软件，可以进行超文本传输协议、文件传输协议、BitTorrent 协议、eDonkey 网络的下载。迅雷软件的雏形始于 2002 年，经过近 20 年的更新换代，已经成为主流的 PC 端数字资源下载工具。

在云存储和资源共享技术的推动下，多个企业推动了云端数据下载的软件研发，并经过激烈的市场竞争，逐步形成以百度网盘、腾讯微云、360 安全云盘等为主的市场占有率格局。当前的主流产品均具备 Web 访问和桌面客户端访问的功能，并支持多个设备平台。

5. 文档阅读

商务文档是商务活动中的必备资源，并以纸质版和电子版作为主流的传播传递形式。主流的商务文档格式有 Microsoft Office 系列软件中制作的 doc、docx、xls、xlsx、ppt、pptx 等，以及 pdf、jpg、xml、wps、dps、et、caj 等。另外，有将商务文档进行压缩打包而成的 zip、rar、iso 等格式。阅读这些商务文档的软件主要有 Microsoft Office 系列软件、WPS Office 软件、Adobe Reader、CAJ Viewer 浏览器、Winrar 等。

Adobe Reader（也被称为 Acrobat Reader）是美国 Adobe 公司开发的一款 PDF 文件阅读软件。文档的撰写者可以向任何人分发自己制作（通过 Adobe Acrobat 制作）的 PDF 文档而不用担心因设备或软件环境变化而导致的格式错乱、恶意篡改和未授权信息拷贝。该阅读软件无法创建 PDF，但是可以查看、打印和管理 PDF。

CAJ Viewer 浏览器是中国知网的专用全文格式阅读器，支持中国知网的 CAJ、NH、KDH 和 PDF 格式文件阅读。该阅读器是光盘国家工程研究中心、清华同方知网（北京）技术有限公司的系列产品，可配合网上期刊、博硕士论文等原文的阅读，也可以阅读下载后的期刊全文，并且打印效果与原版的效果一致。目前，该软件已支持 Windows、Mac OS、Android、iOS 等多个平台。

1.1.5　图形图像处理类软件

图形图像处理能为商务活动提供素材与宣传等功能性支撑。目前主流的图形图像处理类软件有 Adobe Photoshop、美图秀秀等软件。同时，在 Microsoft Office 及 WPS Office 等软件中能对图形图像做形状编辑和配色处理，这将在后续章节中进行专题讲解。

Adobe Photoshop 简称"PS"，是由 Adobe 公司开发和发行的图像处理软件。从功能上看，该软件可分为图像编辑、图像合成、校色调色及功能色效制作等部分，主要处理以像素所构成的数字图像，便于用户有效地进行图片编辑。研发近 30 年来，Adobe Photoshop 已经能在图像、图形、文字、视频、出版等各方面进行专业化处理，逐步成为主流的图形图像处理软件。

基于个人及企业对图形图像处理简易化和快捷化的需求，一批简单易用的图形图像处理软件被广泛应用。美图秀秀是 2008 年 10 月 8 日由厦门美图科技有限公司研发并推出的一款免费图片处理的软件，有 iPhone 版、Android 版、PC 版、Windows Phone 版、Pad 版及网页版，致力于为全球用户提供专业智能的拍照、修图服务，目前已经成为图片快捷处理的主流软件。美图秀秀能快速实现图片特效、美容、拼图、场景、边框、饰品等功能，以简便的操作完成图片处理，并能一键分享到微博、微信等新媒体平台。

1.1.6　影音编辑类软件

影音编辑能为商务活动提供素材与宣传等功能性支撑。目前主流的影音编辑类软件有

Adobe 公司的 Premiere Pro CC、After Effects CC，以及 EDIUS、会声会影、爱剪辑等软件。相关软件各有专长并具有一定的专业性，以下仅对各产品进行简要介绍。

Adobe Premiere Pro CC 是一款专业的视频制作和编辑软件，提供了采集、剪辑、调色、美化音频、字幕添加、输出、DVD 刻录的一整套流程，并和其他 Adobe 软件高效集成。

Adobe After Effects CC 是一款专长于电影视觉特效和动态图形制作的软件，涵盖影视特效制作中常见的文字特效、粒子特效、光效、仿真特效、调色技法及高级特效等功能。

EDIUS 是美国 Grass Valley 公司的一款优秀的非线性编辑软件，专为广播和后期制作环境而设计。EDIUS 提供了实时、多轨道、多格式混编、合成、色键、字幕和时间线输出功能。

会声会影是加拿大 Corel 公司制作的一款功能强大的视频编辑软件，具有图像抓取和编修功能、成批转换功能，还具有捕获格式完整的特点，提供有 100 余种的编制功能与效果，并可导出多种常见的视频格式。会声会影操作简单易懂，界面简洁明快，适合普通大众使用。

爱剪辑是一款国内流行的视频剪辑软件，是根据中国人的使用习惯、功能需求与审美特点而进行全新设计的软件。该软件在功能特效、剪辑质量、格式兼容、运行速度等方面均表现良好。

1.1.7　安全防护类软件

计算机病毒和黑客攻击等会给商务活动中的信息数据安全带来巨大威胁。安全防护类软件几乎是所有计算机中的必备软件，用来防止文件受到网络、外来存储设备等带来的恶性攻击。目前国内主流的安全防护软件有 360 系列安全软件、金山毒霸、卡巴斯基、趋势、Windows Defender、诺顿、Avast、ESET、腾讯电脑管家等。以下仅对几款软件进行介绍。

360 系列安全软件包含 360 杀毒、360 安全卫士、360 安全浏览器、360 手机卫士、360 安全桌面、360 保险箱等多个产品。该系列软件具有免费杀毒防毒功能，在木马病毒查杀、感染型病毒修复、主动防御等方面表现突出，还支持在线实时升级病毒库、木马库等数据，是国内商务环境中主流的安全防护软件。

腾讯电脑管家是腾讯公司推出的免费安全软件。拥有云查杀木马、系统加速、漏洞修复、实时防护、网速保护、电脑诊所、健康小助手、桌面整理、文档保护等功能。该软件始于 2006 年发布的 QQ 医生，并于 2010 年正式更名为电脑管家。现已成为国内 PC 端和移动设备端的主流装机软件。

1.1.8　专业流程类软件

除上述软件外，在商务活动中还有涉及各个部门和环节的专业流程类软件。这些软件既有企业内部的经营、财务、贸易、统计等专业软件（如用友系列软件、金蝶系列软件等 ERP 软件），也有海关、税务、工商、银行、邮政、社保等部门的专业软件（如报税系统、在线银行、海关信息系统等）。这部分软件因专业性强且种类较多，此处不再展开介绍。

从本节来看，商务软件的种类繁多，且部分软件专业性强，对操作者的个人能力要求参差不齐。因此，本书只针对最具普遍性的文档处理类软件 Microsoft Office 进行示例、操作和应用说明。

1.2 商务软件应用水平划分

在当前经济社会条件下，商务人员对于商务软件的掌握程度直接影响其工作效率和结果，但每个人商务软件应用的水平却参差不齐，这就需要加强对商务软件的学习和掌握。一般来讲，学习和掌握商务软件的类型往往与专业、岗位和兴趣有很大关系，学习和掌握商务软件的形式主要有自学、在校课程学习和他人指导等。

一般意义上的商务软件应用水平指对某一款软件的使用纯熟程度，其水平通常划分为基本操作、熟练操作、精通操作等。但随着复合型、综合型、全面型人才培养的需求及个人职场发展的需要，商务人员的商务软件应用水平可以划分为基本操作、精通操作、敏捷交付和创意策划四个层次。这四个层次在能力和水平上是递进关系，各层次掌握人数呈现金字塔分布。

1.2.1 基本操作层次

基本操作层次是指能打开已安装好的商务软件进行新文档创建、信息输入、简单编辑、文档保存和打印。该层次能满足商务活动的基本需求，但在高效率操作、规范化排版、文档美化、功能自定义等方面尚未有足够应用水平。如使用 Microsoft Office 系列中的 Word 软件在新建文档中输入文字、数字等简单信息，使用 Microsoft Office 系列中的 Excel 软件能够在单元格内输入表单数据等信息。

基本操作层次的入门门槛低，且每个商务软件都有自带帮助程序或使用教程来指导操作者的使用。但处于商务软件应用基本操作层次的商务人士很难制作规范高效的商务文档，仅能提供部分信息。

【小案例1-1】 在毕业招聘会上，小马兴冲冲地将自己精心制作的简历投递到某企业展台上。招聘人员对小马的能力和实习实践经历很感兴趣，当场进行了数项测试。小马表现突出，当场就被通知进入下一轮面试。听到这个消息，同宿舍的同学纷纷拷贝小马的简历来作为参考。但好几位同学却在招聘测试环节遇到很尴尬的事情，在软件应用测试环节表现较差，失去了再进一步参加面试的机会。

【案例分析】 该案例表现的是大学生毕业简历制作中的常见问题，即常常忽略自己的能力不足，而套用他人对自身能力的描述。比如很多毕业生都在简历中提及自己"熟练掌握 Microsoft Office 软件"，但却仅仅是初步掌握了 Microsoft Office 软件的基本操作。一旦公司对应聘者的办公软件操作水平要求较高时，这句话就会在测试中成为求职的减分项。因此，在制作简历时要准确、全面、客观地描述个人能力，突出自己的特色。如果发现自己能力或技能上的不足，也要及时进行学习提升，不断增强就业竞争力。

1.2.2 精通操作层次

精通操作层次指商务人员对某一款软件的功能有深入的学习和认识，并能使用这些功能完成高效率操作、规范化排版、文档美化、功能自定义等操作。

精通操作层次首先要求软件操作者能较为全面地了解某个商务软件的各个功能，并根据任务需求来学习和深度应用一个或多个功能。精通操作层次往往分化为两种类型，一种是基于应用方向的应用型精通，另一种是基于软件本身的专业型精通。

1. 应用型精通

应用型精通往往是为了完成特定工作内容而对某一些功能进行学习和深度应用，它是服务于专业或岗位工作的定向应用。如某些岗位需要应用到 Word 软件中的宏功能，操作者就要对宏功能加强学习和应用，满足岗位需求。

2. 专业型精通

专业型精通是对软件本身各个功能进行全面深入学习，并熟练掌握各个功能的具体操作方法。如对 Word 软件中各功能区的功能都知晓作用和用法，并能实现规范化排版和自定义操作（打印、模板、样式等）。

两种类型的对比中，专业型精通重在对软件本身功能的学习，应用型精通更注重解决实际问题或需求的能力。精通操作层次与基本操作层次相比，文档产出的效率、质量和样式都较高，能支撑商务活动的顺利进行。

【小案例1-2】　在某项大学生科技活动中，指导老师安排小马带领大家利用 Excel 软件进行一下某类数据的统计和分析。小马等人辛辛苦苦地处理了两三天，把一份复杂的数据表给了指导老师。指导老师打开看了一眼就问小马是否会用 Excel 中的公式、分类汇总、VBA 设计等功能，小马回答说没听过这些功能。于是，指导老师对小马等人进行了 Excel 软件应用的培训和指导。小马带领组员越学越感觉软件功能的强大，也借阅了多本教材来进行软件学习。几经调试，他们成功利用 Excel VBA 完成了关于该项目的一个小程序，在科技活动成果展示中受到大家的关注和认可。小马的学习兴趣越来越浓厚，还深入学习了多款软件的使用。最终他以娴熟的数据统计与分析处理能力被一家世界500强企业优先录用。

【案例分析】　在很多软件的学习使用过程中，学习者往往对基本操作很感兴趣，而缺乏对所有功能及高级操作的学习热情。但一款成熟的商务软件是经过长期的应用需求来推动升级进步的。学习者在需要使用某种功能时才会认真学习，但经常面临的局面是即使知道自己需要做什么，也不知道用什么软件或什么功能来实现。因此，学习者需要不断提升商务软件应用能力，熟练掌握常用的各类商务软件。

1.2.3　敏捷交付层次

商务活动节奏快，信息需求量大。在商业决策中更需要将准确、规范的商务文档在最短的时间内送达。商务软件应用水平的敏捷交付层次是以任务为主线、以时间和质量为目标的层次要求，是在认知并掌握多种商务软件基本操作或熟练操作的基础上，敏捷选择软件并快速、高质量完成成果的一种应用水平。

商务软件应用水平的敏捷交付层次要求商务人士融合其专业能力和软件应用能力，快速理解需要完成任务的目标和内容，并制定完成任务的计划，选择完成任务的软件工具，搜集完成任务所需的素材，最终快速完成任务并交付。敏捷交付层次既可以通过对单一软件的熟练掌握来实现目标及内容，也可以通过选择与任务目标及内容最匹配的软件来实现。

商务软件应用水平的敏捷交付层次对成果的产出有时间和质量要求。在时间要求上，要求商务人士在任务响应时间、成果制作时间、反馈响应时间和任务汇报时间等方面满足任务发布方的需求。一般来讲，交付时间越早越能带来更多商务价值。在质量要求上，要求商务人士在文档规范性、兼容性、标准性等方面满足任务发布方及成果展示的需求。一般来讲，交付质量越高越能带来更多商务价值。

【小案例1-3】 在某项汇报任务中，小A被要求制作汇报PPT。在制作过程中，小A为了提高展示效果而习惯性地选用了某种非系统自带字体。随后，在小A的计算机中进行制作和内部演示时均能很好展示该PPT文件。因工作繁忙，小A为尽快交付成果而忽略了汇报用计算机需要额外安装该字体的事实。最终的汇报过程中，PPT显示混乱，部分文字显示为乱码，直接导致汇报工作的局部失败。

【案例分析】 该案例是常见且典型的字体兼容性问题。商务文档的设计人员经常会下载并安装很多非系统自带字体，以增加商务文档的展示效果。但在没有安装这些非系统自带字体的设备上却无法呈现预想的效果。该案例中，小A习惯性的使用了该字体，并为尽快交付成果而忽略了汇报用设备中需要额外安装该字体的问题。因此，在商务文档制作和演示中，一方面尽量选用系统自带字体，另一方面需要做好演示测试和问题排查工作。如在能测试的情况下，需安装非系统自带字体并测试演示效果。如不能测试的情况下，务必选用系统自带字体进行设计，保障演示效果。

任何一次任务发布都可以作为一个微型项目，而时间与质量在项目管理中是一对矛盾体。追求过快的完成速度将不可避免的影响质量，同样，追求过于完美的质量也将会影响完成时间。因此，在快速交付层次的具体实施中，要综合考虑任务发布方的需求。在任务中没有对时间与质量进行强制性要求时，一般以质量作为主要完成目标。

1.2.4 创意策划层次

商务软件应用不仅需要利用软件完成任务目标和内容，还需要对任务本身进行充分的理解，并以此作为设计制作的出发点，进而在设计思路、设计模板、设计文档、演示展示中体现个人创意和应用策划。

商务软件应用水平的创意策划层次要求商务人士综合其创意能力、策划能力、专业能力和软件应用能力，掌握领会任务所处的环境和要求，准确理解任务本身的目标和内容，并有针对性地制定完成任务的主题设计、工具选择、素材搜集等工作，最终高效完成任务并交付。创意策划层次是商务人士综合能力和大局观的体现，是一种主动且有创造性的应用水平。

商务软件应用水平的创意策划层次对成果的创新性和目的性要求较高，强调对任务本身的理解，以及对成果应用场景的融合设计，并以成果的表现力为核心目标，最大程度上提升商务文档的商务价值。

【小案例1-4】 在新入职员工中，小王与小张被分配到销售部门。在经历了试用期后，两人的业务能力都表现突出并被列入某个区域的销售团队负责人考察对象。某日，部门经理分别给了两人同一份材料，要求两人根据材料制作市场分析报告。两人认真准备并及时提交了分析报告。经过几次类似安排后，小王被提拔为销售团队负责人。小张很疑惑并向部门经理征询发展建议。部门经理解释说在考察中两人的表现都很好，分析报告质量很高。但小张是紧紧围绕部门提供的材料进行分析和报告撰写，而小王则从行业发展趋势出发，结合公司市场定位，搜集了大量信息和行业数据，完成的报告具有很强的参考意义。同时，小王在不同场合的汇报中也能根据汇报对象的需求制作高质量、有针对性的演示文件，提升了公司的品牌效应。相比而言，小王对市场变化的敏锐性、发展趋势的判断力和信息数据的整理能力更强。因此，小王获得了更好的发展机遇。

【案例分析】 该案例所提及的人才选拔是各公司企业发展中的重点工作，其选拔依据一般是业绩、性格、品德、领导力、判断力、创新能力等。在本案例中，小王能在商务文档的制作过程中对公司所处的发展环境进行了解和分析判断，这不仅有利于公司更准确地把握市场变化，也有利于小王自身更深入地了解行业与市场。同时，小王针对商务文档的使用环境来设计商务文档成果的内容，主动地将商务文档表现力作为制作的主要目标，这对于公司的外部形象塑造也是十分有利的。因此，对于同一份材料可能会有很多种理解和使用方法，商务人士必须打破思维束缚，以具有创造性和目的性的个人创意和应用策划来制作商务文档，提升其商务价值。

1.3 Office 应用水平认证

1.3.1 微软认证体系

微软认证是微软公司为推广微软技术，培养系统网络管理和应用开发人才、微软产品应用人才的完整技术金字塔证书体系，在全世界受到很多国家和企业的认可，并作为薪资职位变迁的有效证明、公司资质实力证明等。

目前，微软公司推出的认证有微软认证系统工程师（Microsoft Certified Systems Administrator，MCSA）、微软认证解决方案开发专家（Microsoft Certified Solutions Developer，MCSD）、微软认证解决方案专家（Microsoft Certified Solutions Expert，MCSE）、微软认证讲师（Microsoft Certified Trainers，MCT）、微软认证专家（Microsoft Certified Professional，MCP）。美国第三方国际认证机构思递波（Certiport）与微软公司合作开展的认证有微软专业应用技术国际认证（Microsoft Technology Associate，MTA）、微软办公软件国际认证（Microsoft Office Specialist，MOS）和微软认证教师国际认证（Microsoft Certified Educator，MCE）三项。其中，与 Office 应用水平直接相关的是 MOS 国际认证。

1.3.2 MOS 国际认证

Microsoft Office 是微软公司推出的办公软件，在全世界商务办公领域受到广大用户的青睐。MOS 国际认证是针对微软办公软件实际运用能力的考核，也是微软公司唯一认可的国际级的 Office 软件专业认证。MOS 认证鼓励每个人掌握 Microsoft Office 主要办公软件的功能及使用技巧，满足现代职场中工作能力的要求，并满足企业提升员工工作效率，节省人力资源成本的需求。

MOS 国际认证的目的是协助企业、个人确立 Microsoft Office 各软件知识应用与实际操作能力的专业程度，包括如 Word、Excel、PowerPoint、Access 及 Outlook 等软件的实际应用能力。该认证共分为三个等级，即专业认证（MOS Specialist）、专家认证（MOS Expert）、大师认证（MOS Master）。其中，专业级和专家级认证只需通过相应考试即可获得，大师级认证不需要考试，只需通过数个专业级/专家级认证后即可自动获得。

目前，MOS 认证提供 MOS 2010、MOS 2013、MOS 2016 三个版本的上机考试，分别对应 Office 2010、Office 2013、Office 2016 三个 Office 软件版本。这三个版本的上机考试有如下区别：

1. MOS 考试各版本间的共同点

MOS 2010、MOS 2013 和 MOS 2016 均为上机实操考试，考试时间设定为 50 分钟，报名费也相同。每次考试的总分为 1000 分，达到 700 分及以上即通过。这三个版本的考试可以在思递波官方网站的在线预约考试系统进行报名，并支持在线报名、在线预约、在线考试和随报随考等功能。新用户需要在思递波官方网站进行用户注册，并按注册流程进行微软考试信息注册、考试科目选择、缴费并参加考试。

2. MOS 考试各版本间的区别

MOS 考试中的两个重要概念是任务和项目文件。任务是 MOS 考试要求进行的相关操作，项目文件是 MOS 考试时才做的文件。

首先，在 MOS 2010、MOS 2013 和 MOS 2016 的试题设置中，项目文件及每个项目文件中的任务数量各不相同。MOS 2010 中有 15~35 个彼此完全独立、互不影响的项目文件，且每个项目文件对应 1 个具体任务。MOS 2013 中只有 1 个项目文件，并对应 15~35 个任务。MOS 2016 中有 5~7 个项目文件，每个项目文件对应 4~7 个任务。因此，在 MOS 2010 中如果答错某一道题将不会对其他题目造成影响，但在 MOS 2013 中如果答错一道题可能会对后续所有任务造成影响。MOS 2016 较为均衡，如果答错 1 道题可能仅对本项目文件中的其他几道题有影响，对其他项目文件中的题目没有影响。这种区别就要求考生在选择"重置项目文件"这个功能时必须考虑重置操作的影响面。尤其是在 MOS 2013 中，一旦选择重置，整个项目文件的所有已执行操作将全部重置。

其次，MOS 2010、MOS 2013 和 MOS 2016 认证考试中的任务描述位置和表述方式不完全一致。在 MOS 2010、MOS 2013 会直接写明"请使用 Average 函数"，但在 MOS 2016 中会写成"请求平均数"。因此，考生要在考试前了解考试的规则，熟记常用功能函数，快速完成每个项目文件中的任务。在一般认证考试准备时，可根据最常用的 Microsoft Office 软件版本来选择认证考证类型。如果没有特殊要求，也可选择增加了更多功能的 Microsoft Office 2016 来进行学习并参加认证考试。

1.4　Office 2016 界面及新功能

1.4.1　Microsoft Office 发展史

Microsoft Office 是迄今为止应用范围最广的办公软件，始于 20 世纪 90 年代初期。经过近 30 年的发展与创新，软件扩展到 Word、Excel、PowerPoint、Access 等十余个模块，每个软件模块的功能也得到了极大丰富。图 1-1 所示为 Windows 操作系统下主要的 Microsoft Office 软件版本变迁。目前最新的桌面版 Office 版本为 Office 2020。

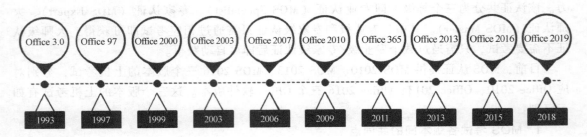

图 1-1　Microsoft Office 软件版本变迁

目前商务活动中使用的 Office 版本基本上是 Office 2003 之后的各个版本。而且，自 Office 2007 起，Word 软件增加 docx 格式，Excel 软件增加 xlsx 格式，PowerPoint 软件增加 pptx 格式，Access 软件增加 accdb 格式，这使得 Office 2007 之前的版本在格式兼容性上存在一定缺陷。2017 年 10 月 10 日，Office 2007 技术支持正式结束，微软公司不再为 Office 2007 提供任何的安全补丁或者软件修复。与此同时，最新的 Office 2019 只允许安装在 Windows 10 操作系统中。因此，随着旧版本 Office 软件逐步被淘汰，以及 PC 及操作系统的不断升级，商务环境中的 Office 版本将向 Office 2016 和 Microsoft 365 两个版本集中。

1.4.2　Office 2016 版本介绍

Office 2016 是微软公司的一个庞大的办公软件集合，其中包括了 Word、Excel、PowerPoint、Access、OneNote、Outlook、Skype、Project、Visio 及 Publisher 等组件和服务。

1. 安装所需系统环境

Office 2016 的安装环境要求较为苛刻，主要要求见表 1-1。

表 1-1　Office 2016 安装所需系统环境

处理器要求	1Gh 或更快的 x86 或 x64 处理器，采用 SSE2 指令集
操作系统要求	Windows 7 或更高版本，Windows 10 Server, Windows Server 2012 R2, Windows Server 2008 R2 或者 Windows Server 2012
内存要求	1 GB RAM（32 位）2 GB RAM（64 位）
硬盘空间要求	3.0GB 可用磁盘空间
显示要求	1024×768 分辨率
图形	图形硬件加速需要 DirectX 10 图形卡
多点触控	需要支持触控的设备才能使用任何多点触控功能。不过，所有功能始终可以通过键盘、鼠标或其他标准或无障碍输入设备来使用
其他系统要求	使用互联网功能需要连接互联网；需要 Microsoft 账户

2. Microsoft 365 与 Office 2016 的区别

Microsoft 365 是一种订阅服务，可确保用户始终拥有最新的 Microsoft 工具。它涉及针对家庭和个人、中小型企业、大型企业、学校及非营利组织的服务计划，包括完整的 Office 2016 应用程序，以及额外的网盘、免费的持续技术支持等。用户可选择按月或按年支付 Microsoft 365 订阅费用。在家庭版中，允许多名用户共享 Microsoft 365 订阅。

Office 2016 是一次性购买的产品，适用于 PC（如 Office 家庭和学生版 2016）和 Mac

（如 Office 家庭和学生版 2016 for Mac），如图 1-2 所示。一次性购买的产品没有升级选项，这意味着如果用户打算升级到下一个主要版本则需要全价购买。

图 1-2　Microsoft Office 2016 各种版本

1.4.3　Office 2016 常用组件

1. 文档处理软件 Word 2016

Word 2016 是一个功能强大的文档处理软件。它使用先进的创建、编辑和共享工具创建和共享外观专业的文档。在日常工作中，用户既能够使用 Word 2016 制作各种简单的办公商务和个人文档，又能设计制作版式复杂的专业文档，大大提高了企业及个人商务办公的效率。Word 2016 的主要功能如下：

1）文字处理：使用 Word 2016 输入文字、数字和各种符号，并可以设置不同的字体样式、颜色和大小。

2）表格处理：使用 Word 2016 自动或手动制表，并可以对表格设计样式、布局进行调整。还可通过公式来进行数据计算。

3）多媒体混排：使用 Word 2016 编辑文字、图形、图像、声音和动画等素材，满足用户对各类文档的处理要求。

4）自动纠错与检查：Word 2016 提供了拼写和语法检查功能，能提示拼写及语法错误并提供修正建议。

5）模板与向导：Word 2016 提供了大量且丰富的模板，使用户能快速新建专业文档。同时，Word 2016 允许用户自己定义模板，为用户建立特殊文档的需求提供了高效而快捷的方法。

6）网络功能：Word 2016 具有对 Internet 的良好识别与支持，并增强了邮件处理功能。

7）审阅协同：Word 2016 可实现多人在线协同编辑，以及离线审阅编辑。文档可以通过 OneDrive 进行共享。

8）页面设置：Word 2016 具有丰富的页面设置选项和样式，可高效率地进行封面设计、页眉页脚设置、页边距设计等工作。

9）自定义打印：Word 2016 提供了丰富的自定义打印选项，可由用户根据需求来进行设置。

2. 表格处理软件 Excel 2016

Excel 2016 是一个专门进行表格制作、处理和数据分析的软件。它具有强大的数据组织、计算、分析和统计功能，还可以通过图表、图形等多种形式对处理的结果加以形象的显示。在日常工作中，用户既能够使用 Excel 2016 进行数据的简单统计和处理，又能进行复杂的函数计算和基于 VBA 的程序制作，是商务工作中非常值得挖掘功能及用法的一款软件。

Excel 2016 的主要功能如下：

1）表格处理：Excel 2016 采用标准的 Windows 窗口，用表格的形式来管理和处理数据。所有的数据、信息都以二维表格（工作表）形式管理，单元格中数据间的相互关系一目了然，从而使数据的处理和管理更直观、更方便、更易于理解。表格处理中，可通过简单的操作完成行列增删、单元格合并、数据公式自动填充、自动排序筛选等功能。

2）数据分析：Excel 2016 具有强大的数据处理与分析功能，共内置 14 类函数（数据库函数、日期与时间函数、工程函数、财务函数、信息函数、逻辑函数、查找与引用函数、数学和三角函数、统计函数、文本函数、多维数据集函数、兼容性函数、Web 函数及用户自定义函数），小计 400 余个，可以满足许多领域的数据处理与分析要求。另外，Excel 2016 提供了许多数据分析与辅助决策工具，能大大提升商务人员的数据处理与决策效率。

1）图表制作：Excel 2016 可以方便地将工作表中的有关数据制作成专业化的图表（条形图、柱形图、折线图、散点图、雷达图、股价图、曲面图、直方图、漏斗图及多种复合图表），并提供了多款内置配色的样式。同时，Excel 2016 提供三维地图的数据整合功能。

2）宏功能：Excel 2016 提供了宏功能和内置的 VBA，能让用户创建自定义函数和命令，并可以在工作表中配合图形、列表等可视化按钮来开发自定义应用软件。

3）模板与向导：Excel 2016 提供了大量且丰富的模板，使用户能快速新建专业表格。同时，Excel 2016 允许用户自己定义模板，为用户建立特殊文档的需求提供了高效而快捷的方法。

4）审阅协同：Excel 2016 可实现多人在线协同编辑，以及离线审阅编辑。文档可以通过 OneDrive 进行共享。

5）页面设置：Excel 2016 具有丰富的页面设置选项和样式，可高效率地进行表格格局设计、表格主题设计、页边距设计等工作。

6）自定义打印：Excel 2016 提供了多样的页面视图、打印标题设置和丰富的自定义打印选项，可由用户根据需求来进行设置。

3. 演示文稿设计软件 PowerPoint 2016

PowerPoint 2016 是一款专门进行演示文稿制作的应用软件。它具有丰富的多媒体处理功能，能将文字、图形、图像、音频、视频等多媒体元素进行整合处理，制作课件、相册、视频等内容并输出成演示文稿、图片、PDF 文件、视频等格式。在日常工作中，用户既能使用 PowerPoint 2016 进行专业的演示文稿制作，又能基于 PowerPoint 2016 的强大功能替代其他软件进行动静态素材的创作，是商务工作中最具有展示力的商务软件。PowerPoint 2016 的主要功能如下：

1）幻灯片制作：PowerPoint 2016 采用标准的 Windows 窗口，用画板的形式来管理和处理多媒体素材。所有的文字、图形、图像、音频、视频等多媒体元素都可以被拖拽到幻灯片上进行编辑处理，从而使演示文稿的设计更加直观。

2）多媒体素材插入：PowerPoint 2016 可以在演示文稿中插入表格、图片、形状、SmartArt 图形、图表、加载项、批注、文本框、页眉页脚、艺术字、日期、时间、编号、公式、符号、视频、音频等多种元素，并具备屏幕截图和屏幕录制功能。每项素材均可调整大小、位置及其他样式。

3）幻灯片切换：PowerPoint 2016 为用户提供了丰富的场景切换和自定义控制选项。用户可以根据需要进行效果选项、声音、持续时间、换片方式、自动换片时间等方面的设置。

4）动画设计：PowerPoint 2016 为用户提供了多样的动画效果、动画路径和自定义控制选项。用户可以根据需要对多媒体元素进行进入、强调、退出、自定义路径的动画设计，并对动画出现时间、次序和动画的效果、计时等选项进行设置。

5）幻灯片放映：在用户利用 PowerPoint 2016 进行演示文稿设计时，可随时进行幻灯片放映，以查看相关设置是否符合初始设计思路。同时，用户可以使用排练计时等功能辅助演示排练。

6）母版视图：PowerPoint 2016 提供了幻灯片、备注和讲义的母版设置，包含可出现在每一张幻灯片上的显示元素，便于统一幻灯片的风格。

7）模板与向导：PowerPoint 2016 提供了大量且丰富的模板，使用户能快速新建演示文稿。同时，允许用户自己定义模板。

8）审阅协同：PowerPoint 2016 可实现多人在线协同编辑，以及离线审阅编辑。文档可以通过 OneDrive 进行共享。

9）页面设置：PowerPoint 2016 具有主题设置和页面设置功能，可根据需要选择主题模板、设置幻灯片大小及背景。

10）自定义打印：PowerPoint 2016 提供了自定义打印范围、单页打印数量、单页打印内容、打印色彩等打印选项，便于用户根据演示文稿的使用场景来进行自定义打印。

4. 数据库管理软件 Access 2016

Access 2016 是一款关系数据库管理系统（Relational Database Management System，RDBMS），是微软公司把数据库引擎的图形用户界面和软件开发工具结合在一起的一个数据库管理系统。商务工作中，用户既能使用 Access 2016 进行数据库构建与管理，还能使用 Access 2016 开发软件应用程序，是商务工作中技术性和专业性较强的一款商务软件。Access 2016 的主要功能如下：

1）表设计：Access 2016 采用标准的 Windows 窗口，可以进行数据表的定义和设计。该软件提供数据表视图和设计视图两种视图，支持表中字段命名、数据类型设定、数据表增减、相关性设定等功能。

2）数据分析：Access 2016 有强大的数据处理、统计分析能力。该软件利用查询功能和VBA，可以方便地进行各类汇总、平均等统计，处理十几万及以上条记录的数据时速度快且操作方便，提高了工作效率和工作能力。

3）软件开发：Access 2016 提供了多种类型的窗体和报表等设计元素，支持用户开发多种软件，如人力资源管理、销售管理、库存管理等企业管理软件。同时，利用 Access 2016 进行软件开发的门槛较低，便于非计算机专业人员的学习和开发。

4）模板与向导：Access 2016 提供了大量且丰富的模板，使用户能快速应用模板窗体及数据库的设置进行数据管理和开发。

5. 数字笔记本软件 OneNote 2016

OneNote 2016 是一套用于自由形式的信息获取及多用户协作的工具。该软件最常用于便携式或台式计算机，但更适合用于支持手写笔操作的平板计算机，用户可以在这类设备上可使用触笔、声音或视频创建笔记。OneNote 2016 的主要功能如下：

1）笔记本创建与共享：OneNote 2016 采用标准的 Windows 窗口，可以进行笔记本的初始创建和信息输入。在初始创建时，用户可以选择是否共享该笔记本。在笔记本创建后，用户仍可以选择是否共享该笔记本给其他指定邮箱的用户。其他用户可以通过 Web 端直接进行笔记本内容的共享编辑。

2）多媒体素材插入：OneNote 2016 可以在笔记本中插入空间、表格、Excel 表格、Visio 图表、图片、截屏、在线视频、日期、时间、公式、符号、音视频录制文件、文件附件等素材，全方位丰富笔记的内容。

3）绘图：OneNote 2016 提供笔记本上的绘图工具，包含多种颜色的绘图笔、几何图形、套索工具、橡皮擦、分层工具、旋转工具、空间工具、墨迹转换工具等。该功能最适合用于支持手写笔操作的平板计算机。

4）审阅：OneNote 2016 在审阅功能上提供了拼写检查、信息检索、同义词库、翻译、密码、链接笔记等选项，用户可以利用这些功能及时修正笔记错误、获取笔记译文并安全分享笔记。

6. 桌面出版应用软件 Publisher 2016

Publisher 2016 是一款入门级的桌面出版应用软件，它能提供比 Microsoft Word 更强大的页面元素控制功能。该软件最常用于快捷的出版物设计工作。Publisher 2016 的主要功能如下：

1）页面创建：Publisher 2016 采用标准的 Windows 窗口，提供多种页面大小和多媒体元素控件，支持样式选择、模板设计和邮件分发，可以进行出版物的快速设计工作。

2）多媒体素材插入：Publisher 2016 可以在出版物页面中插入页面、目录、表格、图片、页面部件、日历部件、边框线、强调线、文本框、业务信息、艺术字、日期、时间、页眉和页脚等素材，并针对每类素材都可进行格式设置，能够全方位地丰富出版物的内容。

3）模板与向导：Publisher 2016 提供了大量且丰富的模板，使用户能快速使用模板进行出版物设计。

7. 办公绘图软件 Visio 2016

Visio 2016 是一款专业的办公绘图工具，具有丰富的绘图场景和素材，能够支撑用户将复杂信息与流程进行可视化处理、分析和交流。Visio 2016 不仅能将用户的思想和设计演变成形象化的图形，还能帮助用户创建专业图表，便于记录、分析、共享与交流。同时，Visio 2016 的绘图成果可以植入其他 Microsoft Office 软件进行使用。该软件常用于快捷的办公绘图工作。Visio 2016 的主要功能如下：

1）页面创建：Visio 2016 采用标准的 Windows 窗口，提供绘图面板和形状库。用户可以根据需要创建页面、绘图并进行形状间的准确连接和参数定义，进而绘制条理清晰的图形成果。

2）场景选择：Visio 2016 办公绘图为商务、地图和平面布置图、工程、常规、日程安排、流程图、网络、软件和数据库等类别的场景提供了专业的绘图形状库，用户可以在这些形状库中选择与应用场景相关的形状并组合成最终的文件。

8. 项目管理软件 Project 2016

Project 2016 是一款通用的项目管理软件程序，能够协助项目经理制定发展计划，为任务分配资源、跟踪进度、管理预算和分析工作量。该软件常用于研发、工程等项目管理环节，有助于制定项目实施计划基准并在具体实施过程中进行实时调整，提高项目管理的效率。Project 2016 的主要功能如下：

1）项目创建：Project 2016 采用标准的 Windows 窗口，支持用户创建新项目并设置项目的基本信息、WBS 编码、工作时间等信息。随后用户可以在甘特图中进行任务名称、开始时间、完成时间的信息输入，以及各任务间的关联关系设定。

2）资源分配：用户可以在 Project 2016 中进行资源信息的输入（包括资源名称、标准费率、加班费率、成本累算方法、基准日历等），并将资源分配到已设定好的项目具体任务上。

3）目标跟踪与优化：Project 2016 为用户提供了基于原始计划的实施目标基准，并在实施过程中对目标基准进行跟踪对比，及时发现项目在进度和成本等指标上的问题，设计优化整改方案。

4）模板与向导：Project 2016 提供了大量且丰富的模板，使用户能快速应用模板进行各个项目类型的计划安排。

9. 电子邮件信息管理软件 Outlook 2016

Outlook 2016 是一款围绕电子邮件管理为主的办公软件套装，可以用来收发电子邮件、管理联系人信息、记日记、安排日程和分配任务等。该软件可以对电子邮件的内容和发送进行多样化配置，并在商务信息传递的安全性和丰富性上能够提高商务信息价值。

10. 即时通讯软件 Skype

Skype 是于 2013 年替代微软公司 MSN 产品的一款即时通讯软件，其具备 IM 所需的功能，如视频聊天、多人语音会议、多人聊天、传送文件、文字聊天等功能。它可以高清晰与其他用户语音对话，也可以拨打国内国际电话。

1.4.4 Office 2016 新增功能

Office 2016 是一个功能强大、性能稳定的办公软件套装，可以服务于商务工作中文档处理、表格制作、数据分析、图形制作、幻灯片演示等的绝大部分工作。下面简单介绍 Office 2016 的新增功能。

（1）新增智能搜索框　在 Word、PowerPoint、Excel、Outlook、Project、Visio 和 Access 中，用户只需用自己的语言键入要在应用中执行的操作，智能搜索功能将指导用户完成该过程并提供额外的资源。

（2）新增六个图表类型　在 Word、PowerPoint 和 Excel 中使用新的图表类型突出显示数据的统计属性，这六个图表类型是树状图、瀑布图、排列图、直方图、箱形图和旭日图。

（3）新增智能查找　在 Word、PowerPoint、Excel 和 Outlook 中使用必应（Bing）提供技术支持的智能查找功能核查或探索文档中的术语。该功能已经集成到相关软件的右键功能列表中。

（4）新增墨迹公式　在 Word、PowerPoint 和 Excel 中可以通过墨迹公式输入任何复杂的数学公式。如果使用触摸设备，可以使用手指或触摸手写笔手写数学方程。

（5）新增屏幕录制　在 PowerPoint 中新增屏幕录制功能，可以录制屏幕操作，也可以插入已经准备好的录制内容。

（6）新增简单共享　在 Word、PowerPoint 和 Excel 中单击功能区中的"共享"按钮，即可直接从 Office 文档轻松实现共享。

（7）新增 OneDrive 集成　在 Word、PowerPoint、Excel、OneNote 和 Outlook 中将 Office 文档保存到 OneDrive 后，可在任意位置从任何设备访问它们，并且是从上次结束的位置继续处理，甚至可以和他人实现共同创作。

（8）新增 Office 主题　在 Word、PowerPoint、Excel、OneNote、Outlook、Access、Project、Visio 和 Publisher 中新增了深灰色、彩色和白色的 Office 主题，适用于更多场景。

（9）支持跨平台、跨设备　在 Word、PowerPoint、Excel、OneNote 和 Outlook 中实现跨平台和设备的轻松切换而不会丢失任何内容。支持在 Windows、Android 和 Apple 设备上使用外观一致且熟悉的用户体验查看和编辑 Office 文档。

（10）新增共同创作　在 Word 和 PowerPoint 中无论所使用的设备如何，都可与其他人同时协作处理文档。

（11）新增其他功能　Office 2016 还在共享笔记本（适用于 OneNote）、实时键入（适用于 Word）、邮件分拣（适用于 Outlook）、一键式预测（适用于 Excel）、新日程表（适用于 Project）、数据源信息导出到 Excel（适用于 Access）、新增形状（适用于 Visio）等功能上有所创新和更新，能更好地服务于商务工作的开展。

1.4.5　安装与卸载 Office 2016

通过前面对 Office 2016 组件及最新更新的介绍可知，Office 2016 作为一款成熟的办公软件，能很好地提高商务办公效率并带来更多的商务价值。在用户使用 Office 2016 制作商务文档之前，还需要熟悉安装与卸载 Office 2016 的基本操作。

1. Office 2016 安装须知

在 Office 2016 安装套件中包含 Word、Excel、PowerPoint、Access、OneNote、Outlook、Skype 等组件，Visio 和 Project 是 Office 2016 中需要单独销售和安装的两个组件，Publisher 和 Access 是仅可用于 Windows 操作系统的两个组件。在微软公司授权的软件销售代理商处购买正版软件时要详细阐述用户的需求和用户计算机操作系统等信息，以便获得正确的软件版本。另外，对 Office 2016 系列组件的安装要有如下认知：

1）Office 2016 有 64 位版本和 32 位版本。其中，64 位版本只可以运行在 64 位操作系统中，而 32 位版本可以运行在 64 位、32 位操作系统中。如果系统是 32 位，Office 2016 一定要是 32 位版本。

2）在 Visio 2016 和 Project 2016 的单独安装过程中，一般先要安装 Office 2016 套装。在同一系统中同时安装 Office 2016 套装、Visio 2016 和 Project 2016，所有软件需要具备相同的版本，即都安装 32 位版本或都安装 64 位版本。如果安装版本不同，在后者安装过程中会提示【32 位与 64 位版本的 Office 程序不兼容，因此您一次只能安装一种类型】。

3）Office 2016 套装、Project 2016 和 Visio 2016 分为即点即用（Click To Run）和 Windows Installer 这两种截然不同的安装方式。即点即用的办公室安装包，双击即可安装，中途无须任何干预，只要等待安装完成即可；Windows 安装程序安装包类似常规的 Windows 程序安装，需要选择路径及安装哪些组件，再执行下一步操作。两种安装方式不能混用，否则会出现安装错误提示【Windows Installer 和即点即用版本的 Office 程序不能并行，因此一次只能安装一种类型】。

2. 安装 Office 2016

本节以即点即用 64 位版本的 Office 2016 安装来讲解安装 Office 2016 的步骤。

1）首先要准备好安装程序，随后单击 setup64. exe 文件，系统会弹出【用户账户控制】对话框。

2）在【用户账户控制】对话框中单击【是】按钮，安装进程会自动进行后台安装。如果是采用 Windows Installer 模式安装，则可以进行安装位置和组件的自定义设计。如果用户计算机中安装有早期版本的 Office 组件，安装程序将会提示【升级】或【卸载】选项。

3）在安装过程中，如果正在运行之前安装的 Office 2016 组件，安装程序会提示用户关闭该组件。

4）在安装完成后，用户可以打开刚完成的组件图标。这时，组件会提示用户输入产品密匙。用户输入采购的密匙并激活即可完成该组件的安装。

3. 卸载 Office 2016

本节以即点即用 64 位版本的 Office 2016 卸载来讲解卸载 Office 2016 的步骤。卸载 Office 2016 就是从系统中删除 Office 2016 组件，其操作方法分为自动卸载与控制面板（在 Windows 10 中为 Windows 设置）卸载。在此，主要以 Windows 10 操作系统下的 Windows 设置卸载的方法来详细讲解卸载 Office 2016 的操作方法。

1）打开【Windows 设置】→【应用】，这是卸载所有安装在系统中程序的地方。单击【应用】会出现软件列表，找到已经安装的 Office 2016 组件列表项。

2）在软件列表中单击要卸载的 Office 2016 组件，就会弹出带有【修改】及【卸载】按钮的对话框。单击【修改】按钮弹出询问如何修复 Office 程序的对话框。单击【卸载】按钮会弹出卸载 Office 程序的提示框，按提示可完成 Office 2016 组件的卸载。

3）如果采用 Windows Installer 的组件安装模式，则在卸载时可以重新打开安装程序，单击【删除】按钮并依次完成卸载操作。

1.4.6 启动与退出 Office 2016

在成功安装并激活 Office 2016 各个组件后，用户可以启动 Office 2016 的各个组件并尝试其强大的商务文档编辑处理功能。

1. 启动 Office 2016

Office 2016 各组件程序的启动方法基本形同，本节以 Windows 操作系统下的 Word 2016 组件程序为例介绍常用的启动方法。

1）从【开始】菜单启动：单击计算机桌面左下角的【开始】菜单或微软图标，在【所有程序】或程序列表中找到并单击 Word 即可启动 Word 2016 组件程序。

2）从桌面快捷方式启动：Office 2016 安装完成后会自动在计算机桌面创建 Word 2016 快捷启动图标，用户直接双击该图标即可打开 Word 2016 组件程序。如果没有自动创建启动图标，用户也可以手动创建，即在【开始】菜单的程序列表中右击 Word 组件程序所在行，在弹出的菜单中单击【发送到】→【桌面快捷方式】或单击【更多】→【固定到任务栏】。

3）从【任务栏】快捷方式启动：如果在计算机桌面下方的任务栏中已经添加 Word 2016 快捷方式，用户可以直接单击 Word 图标并打开 Word 2016 组件程序。

4）从新建 Word 文件启动：用户可以在桌面右击，在右键菜单单击【新建】命令，系统会弹出可新建的文档类型的子菜单。单击【Microsoft Word 文档】即可在计算机桌面新建一个 Word 文档。双击该文档即可开始操作。

5）从现有 Word 文件启动：用户直接双击现有的 Word 文件即可开始操作。

2. 退出 Office 2016

用户在使用完 Office 2016 的组件程序后，就需要退出 Office 2016。退出 Office 2016 各组件程序的操作方法相似，常用的退出方法主要包括以下几种。

1）单击 Office 2016 各组件程序标题栏上的【×】（关闭）按钮。

2）单击 Office 2016 各组件程序的文件菜单，选择【关闭】命令。

3）在 Office 2016 各组件程序的工作界面中按<Alt+F4>组合键（部分品牌便携式计算机需要按<Fn+Alt+F4>组合键）。

4）在 Office 2016 各组件程序的工作界面顶部标题栏上右击，并在弹出的菜单中单击【关闭】命令。

5）在系统关闭时可以强制关闭 Office 2016 各组件程序，但需要用户在系统关闭前保存 Office 2016 中各组件程序正在工作的相关内容。如果操作不当，有可能会丢失部分已编辑内容。

第2章　Word应用实训

Microsoft Word 是 Microsoft Office 系列产品的重要组件之一，用于编辑和制作文档，软件的主要功能包括文档管理、文本编辑、版面设计、表格处理、图形处理、制作 Web 主页等。通过使用 Word 中丰富的模板，并对艺术字、图片、形状、SmartArt、表格、图表、公式等多种元素进行混排，制作出一份形式多样、逻辑清晰、层次分明、重点突出且排版规范的商务文件是我们必须具备的基本技能。

本章主要介绍如何使用 Word 2016 创建、编辑、排版、修订和美化文档，并从基础操作、进阶操作、典型商务文件制作三个方面结合实训案例展开。通过对本章的学习，读者应掌握以下内容：

1）Word 文档的创建和保存。打开、新建、保存、共享与导出文档等。

2）Word 文档的编辑。在 Word 文档中输入文本、公式，插入图表、形状、艺术字、Smart Art 图形、文本框等。

3）Word 文档的排版。设置页面、段落、文本、图片、表格、形状、艺术字、Smart Art 图形、文本框等格式，对上述元素进行图文混排，自动生成目录，添加页眉、页脚和页码等。

4）Word 文档的修订。进行定位、查找、替换、拼写检查、翻译、批注、修订等。

5）Word 文档的美化。添加封面和页面背景，使用 Word 模板，美化图表等。

6）典型商务文件制作。

2.1　基础操作

2.1.1　界面认知

1. 启动 Word 2016

由于 Office 各组件程序的启动方法是一致的，因此启动 Word 2016 软件的方法可参照第 1.4.6 小节。另外，如果用户需要选择模板，则需要注意以下两种方法的区别。

方法一：双击 Word 2016 组件程序图标或在 Word 2016 文件菜单中单击【新建】命令。用这种方法打开的 Word 2016 工作界面可以选择模板。

方法二：双击已有的 Word 文件启动 Word 2016。用这种方法打开的工作界面不显示可选模板，而是直接打开可编辑的工作界面。

Word 2016 的工作界面可划分为快速访问工具栏、标题栏、功能区、工作区和状态栏五大部分，包含文件菜单、选项卡、标题栏、窗口控制、导航窗口、文档编辑区、显示比例等十余项具体功能项，如图 2-1 所示。

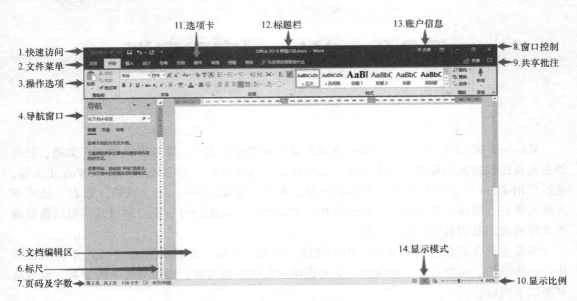

图 2-1　Word 2016 工作界面

2. 快速访问工具栏

快速访问工具栏是包含一组独立命令的自定义工具栏，用户可以自定义快速访问工具栏的位置和命令内容。默认状态下，如图 2-1 所示，快速访问工具栏的具体位置在左上方 1 号位。

（1）勾选常用命令　单击快速访问工具栏最右侧的下三角按钮，在下拉菜单中用户可以单击某项命令来确定其是否在 Word 工作界面上的快速访问工具栏中显示。如果某项命令前面有【√】，则该命令被设置为显示；如果没有【√】，则该命令被设置为隐藏。此处，选择【新建】、【打开】和【电子邮件】三个命令，则快速访问工具栏变成图 2-2 所示样式。

图 2-2　新增命令后的快速访问工具栏

（2）新增常用命令　在下拉菜单中单击【其他命令】则会弹出【自定义快速访问工具栏】对话框。首先，用户需要明确新增命令所属位置和新增命令用于何处，这两项任务的默认信息是【常用命令】和【用于所有文档（默认）】。单击【从下列位置选择命令】下方的下拉列表框，会出现命令所属位置列表。选择某个位置后即可显示该位置的所有命令。用户选择拟自定义快速访问的常用命令，通过双击该命令或者单击【添加】按钮来加入右侧自定义快速访问工具栏。

（3）删除常用命令　与新增常用命令的操作类似，用户如果要删除某项自定义的快速访问命令，则在【自定义快速访问工具栏】对话框的右侧列表中双击拟删除的常用命令，或单击拟删除的常用命令后单击【删除】按钮来删除该命令。

3. 功能区

Word 2016 中的功能区取代了旧版本中的菜单命令，并依据各项功能划分为开始、插入、设计、布局、引用、邮件、审阅和视图等选项卡。每种选项卡下划分了多种选项组，包含多个具体命令。

（1）隐藏功能区　在 Word 2016 中，用户可通过隐藏功能区的方式扩大工作区的可视面积。具体的方法有两种，一是通过双击选项卡名称的方法来显示或隐藏功能区，二是右击选项卡名称，在弹出的下拉菜单中单击【折叠功能区】命令。

（2）使用快捷键　在 Word 2016 工作界面中按<Alt>键即可打开功能区快捷键。用户可以根据快捷键提示来输入选项卡命令。如图 2-3 所示，用户在按<Alt>键后可以依据提示继续按下相应按键。如要执行加粗命令，依次按下<Alt>键、<H>键、<l>键即可。

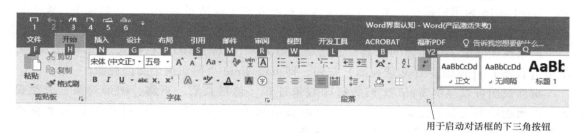

图 2-3　使用快捷键

（3）启动对话框　在很多选项组的右下角会有一个用于启动对话框的下三角按钮，单击该按钮就可以打开该选项组的对话框，并可以在该对话框中执行更多同类型命令。例如，单击【开始】→【字体】选项组中的下三角按钮，便可以打开【字体】对话框。

（4）开始选项卡　开始选项卡中包括剪贴板、字体、段落、样式和编辑 5 个选项组，主要用于帮助用户对 Word 2016 文档进行文字编辑和格式设置，是用户最常用的功能区。

（5）插入选项卡　插入选项卡中包括页面、表格、插图、应用程序、媒体、链接、批注、页眉和页脚、文本和符号 10 个选项组，主要用于在 Word 2016 文档中插入各种元素。

（6）设计选项卡　设计选项卡中包括文档格式和页面背景 2 个选项组，主要用于 Word 2016 文档的格式及背景设置。

（7）布局选项卡　布局选项卡中包括页面设置、稿纸、段落和排列 4 个选项组，主要用于帮助用户设置 Word 2016 文档页面样式。

（8）引用选项卡　引用选项卡中包括目录、脚注、引文与书目、题注、索引和引文目录 6 个选项组，主要用于实现在 Word 2016 文档中插入目录等比较高级的功能。

（9）邮件选项卡　邮件选项卡中包括创建、开始邮件合并、编写和插入域、预览结果和完成 5 个选项组，该功能区专门用于在 Word 2016 文档中进行邮件合并相关的操作。

（10）审阅选项卡　审阅选项卡中包括校对、语言、中文简繁转换、批注、修订、更改、比较和保护 8 个选项组，主要用于对 Word 2016 文档进行校对和修订等操作，适用于多人协作处理 Word 2016 长文档。

（11）视图选项卡　视图选项卡中包括文档视图、显示、显示比例、窗口和宏 5 个选项组，主要用于帮助用户设置 Word 2016 操作窗口的视图方式。

（12）文件菜单　在 Word 2016 中，文件菜单的具体位置在图 2-1 的 2 号位。单击文件按钮可以打开文件窗口，其中包括信息、新建、打开、保存、另存为、打印、共享、导出、关闭、账户和选项 11 个选项卡。文件窗口分为 3 个区域。左侧区域为命令选项组，该区域列出了与文档处理相关的操作命令。在命令选项组单击某个命令后，中间区域将显示该类命令的可用命令按钮。在中间区域单击某个命令后，右侧区域将显示其下级命令按钮。同时，右侧区域可以显示与文档有关的信息，如文档属性信息、打印预览或预览模板文档内容等。

4. 文档编辑区

文档编辑区位于工作界面的中间，主要显示处于活动状态的文档元素，用户可利用【视图】选项卡中的各种命令，来显示标尺、网格线、导航窗格、切换视图方式、调整显示比例和定义显示窗口等。

（1）页面视图方式　页面视图方式满足了用户在不同情况下编辑和查看文档效果的需要，Word 2016 为用户提供了多种不同的页面视图方式，包括阅读视图、页面视图、Web 版式视图、大纲视图和草稿等。

阅读视图隐藏了快速访问工具栏、选项卡等元素，以图书的分栏样式显示 Word 文档。单击【视图】→【视图】→【阅读视图】按钮，即可将 Word 页面切换至阅读视图。

页面视图可以显示 Word 文档的打印效果外观，包括页眉、页脚、图形对象、分栏设置、页面边距等元素，是最接近打印结果的页面视图。单击【视图】→【视图】→【页面视图】按钮，即可将 Word 页面切换至页面视图。

Web 版式视图以网页的形式显示 Word 文档，是 Word 视图中唯一一种按照窗口大小进行折行显示的视图方式。Web 版式视图适用于发送电子邮件和创建网页，其排版效果与打印结果不一致。单击【视图】→【视图】→【Web 版式视图】按钮，即可将 Word 页面切换至 Web 版式视图。

大纲视图主要用于为具有多重标题的长文档设置和显示标题的层级结构，用户可以方便地折叠和展开各层级的文档，使文档层次分明、易于编辑。大纲视图隐藏了页边距、页眉页脚、图片和背景等元素，所显示的缩进和符号等不会影响普通视图外观和打印效果。单击【视图】→【视图】→【大纲视图】按钮，即可将 Word 页面切换至大纲视图。

草稿视图隐藏了页面边距、分栏、页眉页脚和图片等元素，仅显示标题和正文，是最节省计算机系统硬件资源的视图方式。草稿视图可以完成大部分的文字录入和编辑工作，并能够实现文字和段落的格式设置。单击【视图】→【视图】→【草稿】按钮，即可将 Word 页面切换至草稿视图。拖动程序窗口右侧垂直滚动条上的滑块浏览文档的各页，用户可以看到在页与页之间出现的一条虚线，这条虚线称为分页线。同时，文档中原有的图片在草稿视图模式下不再显示。

（2）标尺　Word 标尺分为水平标尺和垂直标尺两种，可以用来设置或查看段落缩进、制表位、页面边界和栏宽等信息。在【视图】→【显示】中单击【标尺】复选按钮，当框内显示【√】时，即可显示标尺。如果想隐藏标尺，再次单击【标尺】按钮即可。如图 2-4 所示，水平标尺上设有三个游标，分别为【首行缩进】、【悬挂缩进】和【右缩进】。拖动水平标尺上的这三个游标，可以快速地设置段落（选定的或是光标所在段落）的首行缩进、悬挂缩进和右缩进。拖动水平和垂直标尺的边界，可以方便地设置页边距；如果同时按下<Alt>键，可以显示页面具体长度。双击水平标尺上任意一个游标，都将快速弹出【段落】对话框。双击标尺的数字区域，可弹出【页面设置】对话框。单击水平标尺的下部，可以设置制表位；若要取消，将其拖动到文本区即可。双击水平标尺的下方，不仅可快速设置制表位，还可以在弹出的【制表位】对话框中进行相关设置。

图 2-4　水平标尺

（3）网格线　在 Word 中可以给文档添加网格线，它可以作为用户对文字进行对齐等操作的辅助。在【视图】→【显示】中单击【网格线】复选按钮，当复选框内显示【√】时，即可显示网格线。如果想隐藏网格线，再次单击【网格线】按钮即可。网格线默认是水平显示的，如果需要垂直网格线，在【布局】选项卡下单击【页面设置】→【启动对话框】按钮，弹出对话框，切换至【文档网格】选项卡，单击【绘图网格】按钮，弹出【网格线和参考线】对话框，在【显示网格】选项组依次单击【在屏幕上显示网格线】→【垂直间隔】，此时【垂直间隔】右侧的文本框被开启，文本框内的数字默认为1，这是垂直间隔的间距，用户可根据需要进行自定义设置。设置【水平间隔】的操作与此相似，右侧显示的数字是软件默认的间距，用户可根据需要进行自定义设置。

（4）显示文档结构图和页面缩略图　用户可以在 Word 2016 的【导航窗格】中查看文档结构图和页面缩略图，从而帮助用户快速定位文档位置。在 Word 2016 文档窗口中显示【文档结构图】和【页面缩略图】的操作为，在【视图】→【显示】中单击【导航窗格】复选按钮，当框内显示【√】时，即可在文档中显示导航窗格。如果想隐藏导航窗格，再次单击【导航窗格】按钮即可。导航窗格中按照级别高低显示文档中的所有标题文本，单击窗格中带有斜下方箭头的标签可以将其展开，并查看其下级的结构。在左侧的【导航】窗格中单击一个标题，在右侧的文档编辑区中将显示所选择的标题。此时光标处于该标题处，可以直接对标题进行编辑修改。在左侧的【导航】窗格中单击【页面】按钮，【导航】窗格中的文档结构图会自动关闭，同时在窗格中显示文档各页的缩略图。光标所在页将呈现选择状态，在窗格中单击相应的缩略图，可以切换到相应的页。单击窗格右上角的【关闭】按钮即可关闭窗格。

（5）调整显示比例　在查看或编辑文档时，放大文档能够更方便地查看文档内容，缩小文档可以在一屏内显示更多内容。文档的放大和缩小，可以通过调整文档的显示比例来实现。在 Word 2016 中，一般可以通过【视图】选项卡或状态栏上的按钮来对文档的显示进行缩放操作，下面介绍具体的操作方法。

方法一：通过【视图】选项卡中的按钮进行缩放操作。打开 Word 2016 文档，单击【视图】→【显示比例】→【显示比例】按钮，弹出【显示比例】对话框，如图 2-5 所示。在【百分比】微调按钮中输入文档显示的缩放百分比，单击【确定】按钮后，文档将按照设定的比例进行缩放显示。如这里输入"65%"，如图 2-5 所示，文档即缩小为原始大小的 65%

显示。在【显示比例】选项组中，可以选择不同显示
比例来改变视图的大小，包括【页宽】、【文字宽度】、
【整页】和【多页】。

　　方法二：通过状态栏上的按钮对文档进行缩放操
作。图 2-1 中 Word 2016 工作界面的 10 号位置为显示比
例滚动条，拖动滚动条上的滑块可以直接设置页面的显
示比例，单击滑块左侧的【缩小】按钮（－）或右侧的
【放大】按钮（＋）即可调整页面的缩放比例。单击
【缩放级别】按钮也可以弹出【显示比例】对话框，对
显示比例进行设置。

　　（6）拆分文档窗口　　在进行文档处理时，常常需
要查看同一文档中不同部分的内容。如果文档很长，而
需要查看的内容又分别位于文档前后部分，此时拆分文
档窗口是一个不错的解决问题的方法。所谓拆分文档窗

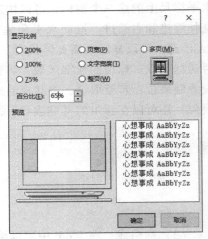

图 2-5　【显示比例】对话框

口，是指将当前窗口分为两个部分，该操作不会对文档造成任何影响，它只是文档浏览的一
种方式而已。拆分文档窗口的操作方法为，打开需要拆分的 Word 2016 文档窗口，单击【视
图】→【窗口】→【拆分】按钮。文档中出现一条拆分线，文档窗口将被拆分为两个部分，此
时可以在这两个窗口中分别通过拖动滚动条调整显示的内容。拖动窗格上的拆分线，可以调
整两个窗口的大小，如图 2-6 所示。此时，功能区中的【拆分】按钮变为【取消拆分】按
钮，单击该按钮就能够取消对窗格的拆分。需要注意的是拆分文档窗口是将窗口拆分为两
个，而不是将文档拆分为两个文档，在这两个窗口中对文档进行编辑处理对文档都会产生影
响。当需要对比长文档前后的内容并进行编辑时，可以拆分窗口后在一个窗口中查看文档内
容，而在另一个窗口中对文档进行修改。如果需要将文档的前段内容复制到相隔多个页面的
某个页面中，可以在一个窗口中显示复制文档的位置，在另一个窗口中显示粘贴文档位置。

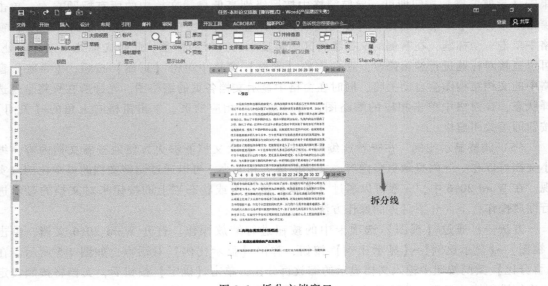

图 2-6　拆分文档窗口

（7）并排查看文档　在 Office 文档中经常会用到两个窗口的并排查看功能，这一功能使得两个窗口中的数据可以进行精确对比。在 Word 中并排查看文档的方法为，打开两个以上的 Word 窗口，选中其中一个需要进行并排查看的 Word 窗口，单击【视图】→【窗口】→【并排查看】按钮。在弹出的【并排比较】对话框中选择与上一步中的窗口进行并排查看的窗口，然后单击【确定】按钮。两个窗口会自动并排，并且占据整个屏幕。需要注意的是，滑动鼠标滚轮翻动其中一个窗口的页面，会发现另一个窗口的页面也会随之滚动，这是并排查看窗口时默认设置了同步滚动的原因。如果不需要将两个窗口同步滚动，单击【视图】→【窗口】→【同步滚动】按钮，使其呈现灰色，此时翻动其中一个窗口的页面，另一个窗口的页面将不再随之滚动。在完成两个文档的对比操作后，再次单击功能区中的【并排查看】按钮，可取消窗口的并排查看状态。

（8）文档窗口的切换和新建　在打开很多文档进行编辑时，可以单击【视图】选项卡中的【切换窗口】按钮来实现快速切换，以对不同的文档进行编辑。如果想在新的文档窗口打开当前文档，可以单击【视图】选项卡中的【新建窗口】按钮。具体的操作方法为，打开几个要进行编辑的文档，单击【视图】→【窗口】→【切换窗口】按钮，在打开的选项菜单中选择需要切换的文档即可实现文档窗口的切换。在【窗口】选项组中单击【新建窗口】按钮，可创建一个与当前文档窗口相同大小的新文档窗口，文档的内容为当前文档的内容。

5. 标题栏和状态栏

标题栏位于 Word 2016 界面的顶端，用于显示当前应用程序的名称和正在编辑的演示文稿名称。标题栏右侧有 4 个控制按钮，最左侧按钮为【功能区显示】，单击该按钮可在下拉菜单中选择【自动隐藏功能区】、【显示选项卡】和【显示选项卡和命令】三种功能区显示方式。标题栏后面 3 个按钮用来实现程序窗口的【最小化】、【最大化（或还原）】和【关闭】操作。

状态栏位于 Word 2016 应用程序窗口的最底部，通常用于显示页码及字数统计等。用户可以自定义在状态栏中显示的信息。具体操作方法是在状态栏空白处右击打开右键菜单，单击某项命令来确定其是否显示在 Word 2016 工作界面的状态栏中。如果某项命令前面有【√】，则该命令被设置为显示；如果没有【√】，则该命令被设置为隐藏。此处，选择【列】这个命令，返回 Word 中，就可以看到状态栏中显示出了列号。

2.1.2　常规操作

1. 新建空白文档

（1）直接创建　启动 Word 2016 组件程序，系统会自动弹出【新建】窗口。在该窗口中，为用户提供了模板文档和最近使用的文档等信息。单击【空白文档】命令即可新建空白文档。

（2）菜单命令创建　在已经打开的 Word 文档中，单击【文件】→【新建】命令，在展开的新建窗口中为用户提供了模板文档，单击【空白文档】命令即可新建空白文档。

（3）新建文档创建　在计算机中打开预保存新建文档的文件夹，在文件夹的空白区域右击，在弹出的右键菜单中依次单击【新建】→【Microsoft Word 文档】，此时可在文件夹中看到新建的 Word 文档。双击该文档图标可启动 Word 2016 打开该文档，并对文档进行编辑。

（4）快捷键创建　在已经打开的 Word 文档中，按<Ctrl＋N>快捷键可直接创建空白文档。

（5）快速访问工具栏创建　在已经打开的 Word 文档中，单击快速访问工具栏中自定义的【新建】按钮即可直接创建空白文档。

2. 打开 Word 文档

（1）直接打开　根据 Word 文档在计算机中的存储位置找到文档，双击文档图标，即可打开所需的 Word 文档。

（2）打开最近使用的文档　在已经打开的 Word 文档中，单击【文件】→【打开】命令，在 Word 界面的中间区域出现【打开】窗口。在【打开】窗口中选择【最近】，再在右侧区域中单击想要打开的文档即可将其打开。

（3）设置最近使用文档列表显示的数目　在已经打开的 Word 文档中，单击【文件】→【选项】命令，打开【Word 选项】对话框。单击【高级】命令，在【显示此数目的"最近使用的文档"】微调按钮中输入数字，这里输入的数字将决定文件菜单中【最近使用的文档】列表中可以显示的最近使用文档数目。

（4）根据存储路径打开文档　在已经打开的 Word 文档中，单击【文件】→【打开】命令，在中间区域出现的【打开】窗口中单击【浏览】命令，弹出【打开】对话框。根据文档存储路径逐级单击直到打开 Word 文档所在的文件夹，选定要打开的文档后单击【打开】按钮，即可将文档打开，如图 2-7 所示。

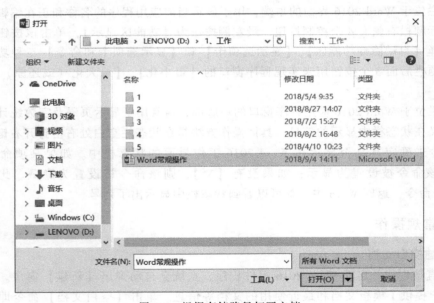

图 2-7　根据存储路径打开文档

（5）以副本方式打开文档/以只读方式打开文档/在受保护的视图中打开文档　以副本方式打开文档，即使在编辑文档过程中文档损坏或者对文档误操作，也不会对源文档造成破坏；如果在使用 Word 文档时，不希望对文档进行修改而只是想要阅读文档，可选择以只读方式打开文档；受保护的视图模式与只读模式很相似，此时同样不能直接编辑文档，但允许用户在该视图模式下进入编辑状态。文档在受保护的视图中打开时可以进行浏览，此时如果单击工具栏下方的【此文件已在受保护的视图中打开，请单击查看详细信息】超链接将能够在【文件】选项卡中查看文档的详细信息。单击【启用编辑】按钮将能够进入 Word 编辑状态并对文档进行编辑操作。

上述三种方式的操作方法相似，在已经打开的 Word 文档中，单击【文件】→【打开】命令，在中间区域出现的【打开】窗口中单击【浏览】，弹出【打开】对话框。根据文档存储路径逐级单击直到打开 Word 文档所在的文件夹，选定要打开的文档后单击【打开】按钮右侧的下三角，在弹出的菜单中选择【以副本方式打开】、【以只读方式打开】或【在受保护的视图中打开】选项，即可实现相应功能。

3. 保存 Word 文档

在编辑 Word 文档过程中或结束后，用户可以执行操作保存该文档。在保存过程中软件会根据 Word 文档创建的类型来判断是否要选择保存位置和类型。

（1）保存新建文档　通过 Word 2016 快捷方式、Word 2016 组件程序图标、<Ctrl+N>快捷键和快速访问工具栏【新建】按钮等方式新建的文档均没有预先指定存储位置。因此在首次保存时需要指定存储位置和保存类型等内容。对新建文档的保存操作有三种，分别是：<Ctrl+S>快捷键、快速访问工具栏【保存】按钮、【文件】菜单中的【保存】或【另存为】命令，弹出的均为【另存为】对话框。用户在该对话框中需要指定存储位置，并在弹出的【另存为】对话框中选择具体位置、文件名和保存类型等信息。

（2）保存已有文档　打开已有 Word 文档及通过在计算机桌面或文件夹的右击菜单中【新建】→【Microsoft Word 文档】命令创建 Word 文档后，用户可以直接完成保存操作。对已有文档的保存操作有三种，分别是：<Ctrl+S>快捷键、快速访问工具栏【保存】按钮、【文件】菜单中的【保存】或【另存为】命令。除【另存为】命令外，其他保存操作均为快速保存，不弹出含选择存储位置、文件名和保存类型的对话框。

（3）将文档保存为 PDF 格式　在 Word 文档编辑完成后，通过单击【文件】→【另存为】命令来打开【另存为】对话框，为文档命名并定义文档保存位置后，在【保存类型】中单击【PDF】后单击【保存】按钮，如图 2-8 所示，即可将文档保存为 PDF 格式。同理，在

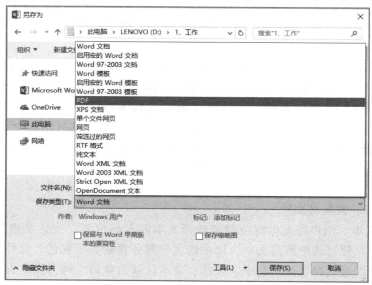

图 2-8　将文档保存为 PDF 格式

【保存类型】下拉列表框中单击不同的类型，即可将文档保存为相应类型，较常用的类型包括【Word 97-2003 文档】、【Word 模板】、【XPS 文档】、【网页】等。

（4）将 Word 文档转为 PPT　在已经打开的 Word 文件中，单击【文件】→【选项】命令，弹出【Word 选项】对话框。在左侧菜单中单击【快速访问工具栏】命令，在【从下列位置选择命令】的下拉列表框中选择【不在功能区中的命令】，并在列表框中选择【发送到Microsoft PowerPoint】，单击【添加】→【确定】按钮。返回 Word 后即可在【快速访问工具栏】中显示【发送到 Microsoft PowerPoint】按钮。单击快速访问工具栏中的【发送到 Microsoft PowerPoint】按钮便可将 Word 文档转为 PPT。

（5）设置自动恢复文件　在已经打开的 Word 文件中，单击【文件】→【选项】命令，弹出【Word 选项】对话框。在左侧菜单中单击【保存】命令，在右侧区域中单击【保存自动恢复信息时间间隔】和【如果我没保存就关闭，请保留上次自动保留的版本】复选按钮，并根据需要设置时间间隔和自动恢复文件位置，由此完成自动恢复文件的设置。

4. 输入文本

文本包含文字、标点符号、英文字母和特殊符号等。用户在创建 Word 文档后，第一项任务通常是在文档中书写内容，为此用户可以单击鼠标将光标定位到需要输入文本的位置，切换至所需的语言（中/英文）和常用输入法，即可通过键盘实现英文、汉字、标点符号和一些特殊符号的输入。此外，Word 提供了一些辅助功能，借助这些功能可以方便地输入特殊符号和日期等。

（1）输入特殊符号　Word 2016 中输入特殊符号相关功能集成在【插入】选项卡的【符号】选项组内。在符号选项组中包含了大量的符号和特殊字符，能够满足文档编辑的基本需求。输入特殊符号的方法为，将光标定位到需要插入符号的位置，单击【插入】→【符号】→【符号】→【其他符号】命令。弹出的【符号】对话框如图 2-9 所示，在【子集】下拉列表框中选择符号类别，如【数学运算符】，选择要插入的符号，如乘积符号【Π】，选定后单击【插入】按钮。此时，在光标所在的位置上就插入了【Π】符号。

如果要插入特殊字符，则将【符号】对话框切换到【特殊符号】选项卡，选择要插入的符号，如长画线【—】，选定后单击【插入】按钮。此时，在光标定位的位置上就插入了【—】符号。

（2）输入日期和时间　用户将光标定位到需要插入日期和时间的位置，单击【插入】→【文本】→【日期和时间】按钮，弹出的【日期和时间】对话框如图 2-10 所示。在【可用格式】列表框中根据需要进行选择，并选择【语言（国家/地区）】，设置完成后单击【确定】按钮，即可在光标所在位置插入日期和时间。在【日期和时间】对话框中，若单击【自动更新】复选按钮，则插入的日期和时间会随着日期和时间的改变而更新。此外，按下<Alt+Shift+D>组合键即可快速插入系统当前日期，按下<Alt+Shift+T>组合键即可插入系统当前时间。

5. 文本选择、复制与删除

（1）选择文本　用户将光标定位到需选择文本的开始位置，按住左键并拖动到需选择文本的末尾位置，便可选中所需文字，选中的文字部分背景显示灰色。此外，用户可使用键盘上的快捷键来快速选择字符、句子、段落、文本区域及整篇文档，操作方法如下：

1）选择连续的文本区域：按住<Shift>键单击要选择文本的开始和末尾处。

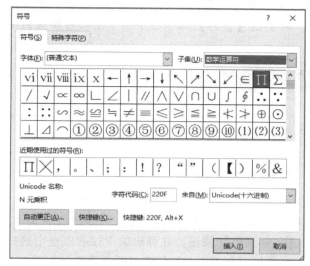

图 2-9 【符号】对话框

图 2-10 【日期和时间】对话框

2）选择不连续的文本区域：选择一个文本区域后，按住<Ctrl>键再选择其他文本区域。

3）选择整篇文档：按住<Ctrl+A>组合键可选择整篇文档内容。

4）选择一个英文单词：双击该单词。

5）选择一句话：按住<Ctrl>键，单击句子中的任何位置，可选中两个句号中间的一个完整句子。

6）选择光标所在处左侧的一个字符：按<Shift+Home>组合键。

7）选择光标所在处右侧的一个字符：按<Shift+End>组合键。

8）选择光标所在处至下一行对应位置的文本：将光标放在需选择文本的开始位置，按<Shift+PgDn>组合键，则光标所在处至下一行对应位置的文本将被选择。

9）选择光标所在处至上一行对应位置的文本：将光标放在需选择文本的结束位置，按<Shift+PgUp>组合键，则光标所在处至上一行对应位置的文本将被选择。

10）选择光标所在位置至本段段尾的文本：将光标放在需选择文本的开始位置，按<Shift+Ctrl+PgDn>组合键，则将选择光标所在位置至本段段尾的文本。

11）选择光标所在位置至本段段首的文本：将光标放在需选择文本的结束位置，按<Shift+Ctrl+PgUp>组合键，则将选择光标所在位置至本段段首的文本。

（2）复制文本 用户在制作 Word 文档的过程中经常需要复制已编辑完成的文本。用户可通过 Office 2016 的通用复制操作方法来实现文本复制。

（3）删除文本 对于 Word 文档中不再需要的文本，用户可以通过 Office 2016 的通用删除操作方法来实现文本删除。

2.1.3 文本格式设置

第2.1.2小节讲述了包括文字、标点符号、英文字母、符号、特殊符号、日期和时间等文本的输入方法，用户在完成文本输入之后还需对文本格式进行设置。文本格式设置相关功能集成在【开始】选项卡的【字体】选项组中，如图 2-11 所示。在【字体】选项组中列出了一些常用的文本格式设置按钮，其中包括字体、字号、颜色、字形、效果、底纹、更改大小写等近 20 项。如需进一步设置文本格式，可单击【字体】选项组中右下角的启动对话框按钮，在对话框中执行更多命令。

图 2-11 【字体】选项组

1. 快速设置文本格式

（1）设置字体、字号、字体颜色　用户选中需要设置字体、字号、字体颜色的文本，选择【开始】→【字体】→【字体】、【字号】、【字体颜色】按钮，在弹出的下拉列表框中选择所需字体、字号、字体颜色，如【宋体】、【五号】、【红色】，即可完成相应设置。

（2）设置下划线　用户选中需要添加下划线的文字，单击【开始】→【字体】→【下划线】按钮，在弹出的下拉菜单中选择所需线型，即可为所选文字添加下划线。

（3）设置加粗、倾斜、字符底纹　用户选中需要设置加粗、倾斜、字符底纹的文字，单击【开始】→【字体】→【加粗】、【倾斜】、【字符底纹】按钮，即可完成相应设置。

（4）更改大小写　用户选中需要更改大小写的字母，选择【开始】→【字体】→【更改大小写】按钮，在弹出的下拉菜单中根据需要进行选择，即可完成更改大小写设置。

（5）标注拼音　用户选中需要标注拼音的文字，选择【开始】→【字体】→【拼音指南】按钮，弹出【拼音指南】对话框。根据需要设置【对齐方式】、【偏移量】、【字体】和【字号】，然后单击【确定】按钮，即可完成拼音标注。

（6）带圈字符　用户将光标定位到需要插入带圈字符的位置，选择【开始】→【字体】→【带圈字符】按钮，弹出【带圈字符】对话框。根据需要选择带圈字符的样式，包括【缩小文字】和【增大圈号】，并在【圈号】选项组中输入需要设置带圈效果的字母、文字或数字；选择圈号，包括【○】、【□】、【△】和【◇】。然后单击【确定】按钮，即可在光标所在位置插入带圈字符。

2. 使用字体对话框设置格式

（1）设置字体颜色　用户如果在【字体】选项组的【字体颜色】中未找到所需的颜色，则需启动【字体】对话框，在字体颜色下拉菜单中选择【其他颜色】，弹出【颜色】对话框。在图 2-12 所示的【标准】选项卡中选择所需颜色，并单击【确定】按钮，即可完成字体颜色设置。如果在【标准】选项卡中仍无法找到所需颜色，则单击【自定义】选项卡，如图 2-13 所示，在色板中选取颜色或根据颜色组成自定义颜色即可。

（2）设置下划线　用户如果在【字体】选项组的【下划线】中未找到所需的下划线线型，则需启动【字体】对话框，在下划线线型下拉列表框中选择所需线型，然后单击【确定】按钮，即可完成下划线设置。

（3）设置字体效果　用户启动【字体】对话框，如图 2-14 所示，根据需要在【效果】选项组中选择需要设置的效果，然后单击【确定】按钮，即可完成文字效果设置。

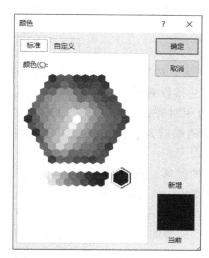

图 2-12 颜色【标准】选项卡

图 2-13 颜色【自定义】选项卡

（4）调整字符宽度 用户选中需要调整字符宽度的文字，启动【字体】对话框并切换至【高级】选项卡。根据需要在【字符间距】选项组中调整缩放比例，然后单击【确定】按钮，即可完成字符宽度的设置。

（5）设置字符间距、位置 用户选中需要调整字符间距和位置的文字，启动【字体】对话框并切换至【高级】选项卡。根据需要在【字符间距】选项组的【间距】和【位置】下拉列表框内选择间距类型和位置类型，如【加宽】、【提升】等，在右侧【磅值】微调按钮设置间距值，如【1.2磅】、【3磅】，然后单击【确定】按钮，即可完成字符间距和位置的设置。

2.1.4 段落管理

当文档内容由一个以上的段落组成时，就需要对段落格式进行设置。段落格式设置相关功能在【开始】选项卡的【段落】选项组中，见图 2-15。

图 2-14 设置字体效果

在【段落】选项组中列出了一些常用的段落格式设置按钮，其中包括项目符号、编号、多级列表、减少缩进量、增加缩进量、中文版式、排序、对齐方式、行和段落间距、底纹和边

图 2-15 【段落】选项组

框等 15 项。如需进一步设置段落格式，可单击【段落】选项组中右下角的启动对话框按钮，在对话框中执行更多命令。

1. 快速设置段落格式

（1）设置段落对齐方式 Word 2016 中有左对齐、居中对齐、右对齐、两端对齐和分散对齐五种段落对齐方式，用户单击【段落】选项组中并排设置的 5 个段落对齐方式按钮即可完成相应设置。其中，【左对齐】按钮使内容与左边距对齐；【居中】按钮使内容在页面上居中对齐；【右对齐】按钮使内容与右边距对齐；【两端对齐】按钮在边距之间均匀分布文本；【分散对齐】按钮在左右边距之间均匀分布文本。

（2）设置段落行间距 用户选中需要设置行间距的段落，选择【开始】→【段落】→【行和段落间距】按钮，弹出的下拉菜单中为用户提供了常用的行距选项，用户可单击相应命令进行行距的设置。此处单击【1.5】，则其前方显示【√】，说明已设置 1.5 倍行距。

（3）在段前、段后增加空格 用户选中需要在前、后增加空格的段落，选择【开始】→【段落】→【行和段落间距】按钮，在弹出的下拉菜单中单击【增加段落前的空格】命令，便可在选中的段落之前增加空格；同理，单击【增加段落后的空格】命令便可在选中的段落之后增加空格。

（4）设置段落底纹 用户选中需要设置底纹的段落，单击【开始】→【段落】→【底纹】按钮，弹出的下拉菜单中为用户提供了常用的底纹颜色，用户根据需要选择一种颜色，即可完成底纹设置。如果这些常用底纹颜色不能满足用户需求，则在下拉菜单中单击【其他颜色】命令，并在弹出的【颜色】对话框中进行相关设置，设置方法可参照字体颜色设置。

如需在添加底纹的同时设置底纹图案，则单击【开始】→【段落】→【边框】→【边框和底纹】命令，弹出【边框和底纹】对话框。切换至【底纹】选项卡，根据需要在【填充】下拉列表框中选择填充颜色，在【图案】选项组的【样式】下拉列表框内选择填充样式，在【应用于】下拉列表框中选择应用范围，然后单击【确定】按钮，即可完成底纹设置。

（5）设置段落边框 用户选中需要设置边框的段落，选择【开始】→【段落】→【边框】按钮，在弹出的下拉菜单中有【下框线】、【上框线】、【左框线】、【右框线】、【无框线】、【所有框线】、【外侧框线】、【内部框线】、【内部横框线】、【内部竖框线】、【斜下框线】、【斜上框线】等选项，将光标移动到某个选项时文档中显示了预览效果，预览完成后单击该选项，即可完成相应设置。

如需在添加段落边框的同时设置边框样式、颜色和宽度，则单击【边框】→【边框和底纹】命令。切换至【边框】选项卡，在【设置】选项组中选择边框类型，包括【方框】、【阴影】、【三维】和【自定义】，在【样式】列表框中选择边框的线型，并根据需要设置【颜色】和【宽度】。选择应用于【文字】或【段落】，然后单击【确定】按钮，即可完成段落边框的设置。

（6）减少、增加缩进量 用户选中需要减少、增加缩进量的段落，单击【开始】→【段落】→【减少缩进量】或【增加缩进量】按钮，此时选中段落将靠近或远离页边距，重复执行上述操作直到达到所需效果。

（7）引用项目符号 用户将光标定位到需要设置项目符号的位置，单击【开始】→【段落】→【项目符号】按钮，展开项目符号下拉菜单。根据需要选择对应的项目符号，则选中的项目符号被应用到光标所在的小节标题前。如果列表中未找到所需的项目符号，则单击

【定义新项目符号】命令，弹出【定义新项目符号】对话框，如图2-16所示。单击【符号】按钮，在弹出的【符号】对话框中选择所需项目符号，或单击【图片】按钮选择图片作为项目符号。设置【对齐方式】，然后单击【确定】按钮，则选中的项目符号会被应用到光标所在的小节标题前。

（8）排序　在文档中输入文字，如【苹果、香蕉、橘子、草莓】。单击【开始】→【段落】→【排序】按钮，弹出【排序文字】对话框。使用默认选项【段落数】、【拼音】、【升序】，单击【确定】按钮，则按照拼音顺序排序为【草莓、橘子、苹果、香蕉】。根据需要修改排序【类型】和【顺序】，并单击【确定】按钮，即可完成对文字的排序。

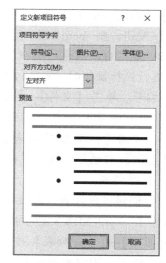

图2-16　【定义新项目符号】对话框

2. 引用编号

（1）创建编号　用户将光标定位到要设置编号的位置，单击【开始】→【段落】→【编号】按钮，展开编号下拉菜单。弹出的下拉菜单中为用户提供了常用的编号样式，用户根据需要选择一种样式，则选中的编号会被应用到光标所在的小节标题前。如果这些常用编号样式不能满足用户需求，则单击【定义新编号格式】按钮，弹出【定义新编号格式】对话框。根据需要选择【编号样式】，单击最右侧的【字体】按钮，在弹出的对话框中设置编号的字体。在【编号格式】文本框内输入所需格式，设置【对齐方式】，然后单击【确定】按钮，则选中的编号会被应用到光标所在的小节标题前。

（2）更改编号级别　如果文档中需要设置多级编号，单击【编号】按钮，在展开的编号下拉菜单中单击【更改列表级别】选项，展开编号级别子菜单。用户可以根据当前编号所在级别，单击对应的级别命令即可，在Word 2016中，为用户提供了九个编号级别。

（3）继续上一列表　从用户设定的编号值开始，Word 2016会顺序编号多个连续的段落，并将这一组编号称为一个列表。用户如果需要在列表中的某一段落之后插入多个空白段落，并且为这些段落自动编号时，需执行下列操作。单击【编号】→【设置编号值】命令，弹出【起始编号】对话框，如图2-17所示。在该对话框中单击【继续上一列表】单选按钮，此时【前进量（跳过数）】复选按钮被开启，单击并在【值设置为】微调按钮中输入需插入空白段落的个数，然后单击【确定】按钮，至此操作完成。另外，如果用户需要将两个列表合并为一个，也就是下一列表的起始编号延续上一列表的终止编号，则将光标定位到第二

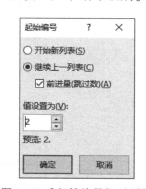

图2-17　【起始编号】对话框

个列表的起始段落，在【起始编号】对话框中单击【继续上一列表】单选按钮，即可实现所需功能。

（4）开始新列表　如果用户需要从某一段落起开始一个新的编号列表，则将光标定位到该段落，单击【编号】→【设置编号值】命令，弹出【起始编号】对话框。在该对话框中

单击【开始新列表】单选按钮，在【值设置为】微调按钮中输入起始编号值，然后单击【确定】按钮，则 Word 2016 会从光标所在段落起开始新的列表。

（5）取消自动编号　用户为 Word 文档中的一个段落设置编号，然后通过键盘上的<Enter>键进行换行操作时，Word 2016 会自动地按顺序编号新的段落，用户执行下列操作可取消自动编号。单击【文件】→【选项】命令，在弹出的【Word 选项】对话框中单击【校对】→【自动更正选项】按钮。在弹出的【自动更正】对话框中单击【键入时自动套用格式】选项卡，找到【自动编号列表】，单击取消其前方的【√】，单击【确定】按钮返回到【Word 选项】对话框，再次单击【确定】按钮，此时 Word 2016 将不再自动编号。

3. 多级列表

（1）创建多级列表　多级列表是指 Word 文档中编号或项目符号列表的嵌套，以实现层次效果。在 Word 2016 文档中插入多级列表的操作方法为，新建 Word 2016 文档，单击【开始】→【段落】→【多级列表】按钮，展开多级列表菜单。弹出的菜单中为用户提供了常用的多级列表样式，用户根据需要选择一种样式，则选中的多级列表会被应用到文档中，用户在编号后输入条目内容即可。需要更改段落的列表级别时，选中该段落，单击【多级列表】→【更改列表级别】按钮，并在打开的下一级菜单中选择编号列表的级别，即可完成操作。

（2）定义新的多级列表　Word 2016 提供的多级列表无法满足需求时，用户可以自定义多级列表。单击【多级列表】→【定义新的多级列表】命令，弹出【定义新多级列表】对话框。单击对话框左下角的【更多】按钮，展开完整的【定义新多级列表】对话框，如图 2-18 所示。在对话框的中间区域显示了列表的预览效果，左侧区域列出了要修改的列表级别，共包括九个级别，各级别的设置方法相同。在此以 1 级列表的设置为例，在【单击要修改的级别】列表框中选择【1】，在【输入编号的格式】文本框内输入所需的 1 级列表

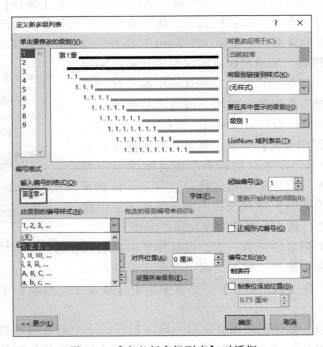

图 2-18　【定义新多级列表】对话框

格式，如【第1章】，单击右侧【字体】按钮可打开【字体】对话框，并在其中设置1级列表的字体格式，设置方法可参照文本格式设置。选中【第1章】中的数字【1】，单击【此级别的编号样式】选项，在展开的下拉列表框中选择编号样式，如【1，2，3，…】，此时所选编号样式被链接到【输入编号的格式】框内的【第1章】中。在右侧的【起始编号】微调按钮中可调整起始编号值，此处为【1】。在【位置】选项组中设置【编号对齐方式】、【对齐位置】和【文本缩进位置】，并可定义【编号之后】为【制表符】、【空格】或【不特别标注】，此处使用默认设置。在【将级别链接到样式】下拉列表框内选择【标题1】，然后单击【确定】按钮，文档中显示了设置完成的1级列表。

4. 中文版式

（1）双行合一　用户选中段落中没有换行符的两行，单击【开始】→【段落】→【中文版式】→【双行合一】命令，弹出【双行合一】对话框。根据需要单击【带括号】单选按钮，并选择括号样式，可在预览框中查看效果，然后单击【确定】按钮，则选中的两行文字被缩小为一行显示。

（2）纵横混排　用户选中需要竖排的文字，单击【开始】→【段落】→【中文版式】→【纵横混排】命令，弹出【纵横混排】对话框。单击【适应行宽】单选按钮，文字纵排后只占一行，否则文字将超过一行。根据需要选择【适应行宽】，单击【确定】按钮，即可完成纵横混排设置。

（3）合并字符　用户选中需要设置合并字符的文字，单击【开始】→【段落】→【中文版式】→【合并字符】命令，弹出【合并字符】对话框。合并的文字最多只能为六个，用户根据需要设置字体和字号，然后单击【确定】按钮，原来一行文字会被合并为两行，但文字被缩小且仍然占一行。

5. 使用段落对话框设置格式

（1）设置段落行间距　用户如果在【段落】选项组的【行和段落间距】中未找到所需的段落间距，则需启动【段落】对话框，单击【行距选项】命令，在弹出的【段落】对话框中选择行距，可选项包括【单倍行距】、【1.5倍行距】、【2倍行距】、【最小值】、【固定值】和【多倍行距】，再在右侧【设置值】微调按钮内输入行距值，然后单击【确定】按钮，即可完成行距的设置。其中，【最小值】指行距不小于设定的最小值，但可随着字号的变大或内容的增加而自动加大。【固定值】指固定不变的行间距，不会因为字号变大或内容增加等原因发生变化。

（2）设置段落前后间距　段落间距是指段落前、后的空白距离，度量单位为行。设置方法为，用户选中需要设置间距的段落，启动【段落】对话框。根据需要调节【间距】选项组【段前】和【段后】微调按钮中的数值，然后单击【确定】按钮，即可完成段落前后间距设置。

（3）设置段落缩进　段落缩进是指段落左、右与页边距之间的空白距离，度量单位为字符。设置方法为，用户选中需要设置缩进的段落，启动【段落】对话框。根据需要调节【缩进】选项组【左侧】和【右侧】微调按钮中的数值，然后单击【确定】按钮，即可完成段落缩进设置。

（4）设置特殊缩进　Word 2016中特殊缩进方式包括首行缩进和悬挂缩进两种，首行缩进是指每段第一行向右空出的距离或者字符个数，中文文档习惯上向右空出两个字符。悬挂缩进与首行缩进相反，段落的第一行向左伸出一定的距离或者字符个数，但平时使用这种格式的文档比较少见。特殊缩进的设置方式为，用户选中需要设置特殊缩进的段落，启动【段落】对话框。根据需要在【缩进】选项组的【特殊格式】内选择特殊缩进类型，如【首行缩进】，在右侧【缩进值】微调按钮内调节缩进值，然后单击【确定】按钮，即可完成特殊缩进的设置。

（5）换行和分页　用户启动【段落】对话框，并切换至【换行和分页】选项卡。该选项卡中列有【孤行控制】、【与下段同页】、【段中不分页】、【段前分页】、【取消行号】、【取消断字】六个复选按钮，这些选项的功能如下：

孤行控制：避免段落的最后一行出现在页首或段落的第一行出现在页尾，即一个完整的段落不会跨页显示。

与下段同页：实现自动粘连的作用，即段落设置了【与下段同页】后，若下段因为整体文章的调整进入了新的一页，则设置了此项的该段落会一起自动跳入下一页，从而避免两段分别在两页上。

段中不分页：防止在段落中出现分页符。同样可以实现整段的整体粘连，避免完整的一个段落分别显示在两个页面上。

段前分页：实现的效果是每一个段落自然成页。

取消行号：页面设置中可以对正文的每一行加上行号，如果其中某些段落不需要行号，可选中这些段落，并单击【取消行号】复选按钮，就可以跳过这些段落进行编号。

取消断字：使用自动断字后，Word 2016 会在需要连字符的位置自动插入连字符。例如比较长的单词在一行的末尾不能完整显示，Word 2016 就会在合适的位置插入连字符将这个单词在两行中分别显示一部分。单击【取消断字】复选按钮后 Word 2016 将不再自动断字。

2.1.5　页面设置

Word 2016 有默认的页面设置，但该页面设置并不一定适合所有用户，用户可以根据需要对页面进行设置。页面设置相关功能集成在【布局】选项卡的【页面设置】选项组中，见图 2-19。【页面设置】选项组中列出了一些常用的页面设置按钮，其中包括文字方向、页边距、纸张方向、纸张大小、分栏、分隔符、行号和断字八项。如需进一步设置页面格式，可单击【页面设置】选项组中右下角的启动对话框按钮，在对话框中执行更多命令。

图 2-19　【页面设置】选项组

1. 快速设置页面格式

（1）设置文字方向　用户选择需要设置方向的文字，单击【布局】→【页面设置】→【文字方向】按钮，展开文字方向下拉菜单。菜单为用户提供了常用的文字方向样式，用户根据需要选择一种样式，即可快速设置文字方向。如果常用的文字方向样式不能满足用户需求，还可在菜单中单击【文字方向选项】命令，在打开的对话框中选择所需样式。

（2）快速设置页边距　用户单击【布局】→【页面设置】→【页边距】按钮，展开页边距下拉菜单。菜单为用户提供了常用的页边距样式，用户根据需要选择一种样式，即可快速设置页边距。

（3）设置纸张方向　用户单击【布局】→【页面设置】→【纸张方向】按钮，在下拉菜单中可以设置纸张方向为【横向】或【纵向】，用户可根据需要进行选择。

（4）快速设置纸张大小　用户单击【布局】→【页面设置】→【纸张大小】按钮，展开纸张大小下拉菜单。菜单为用户提供了常用的纸张大小样式，用户根据需要选择一种样式，即可快速设置纸张大小。

（5）设置分栏　用户选中需要分栏的文字，单击【布局】→【页面设置】→【分栏】按钮，展开分栏下拉菜单。菜单为用户提供了常用的分栏样式，用户根据需要选择一种样式，即可快速设置分栏。如果常用的分栏样式不能满足用户需求，则可以通过【更多分栏】实现自定义分栏。单击【分栏】→【更多分栏】命令，弹出【分栏】对话框，如图 2-20 所示。选择分栏方式（平均、偏左、偏右），使用微调按钮调整栏数、宽度和间距，在【预览】区域预览效果，单击【确定】按钮后完成分栏。

（6）插入分隔符　用户单击【布局】→【页面设置】→【分隔符】按钮，便可展开分隔符下拉菜单。根据需要在【分页符】、【分栏符】、【自动换行符】、【下一页】、【连续】、【偶数页】、【奇数页】中进行选择，即可添加相应分隔符。这些分隔符的作用为：

分页符：在文档中输入文本时，Word 2016 会按照页面设置中的参数使文字填满一行时自动换行，填满一页后自动分页，叫作自动分页，分页符则可以使文档从插入分页符的位置强制分页。

分栏符：在设置【栏】后，Word 2016 会自动在每一栏的下方添加一个分栏符。但是如果分栏后的效果不理想，在需要分开的位置插入一个分栏符就可以重新定义分栏的位置。

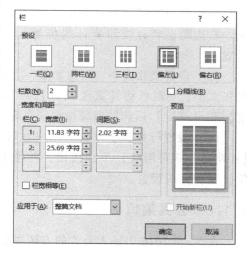

图 2-20　设置分栏

分节符：如果需要在一节中设置相对独立的格式，则首先需要使用分节符对文档内容进行分节。Word 2016 的分节符包括【下一页】、【连续】和【偶数页、奇数页】三种类型：插入下一页分节符之后，光标所在位置之后的全部内容被移到下一页面；插入连续分节符之后，光标所在位置之后的内容将按新的格式排版，但其内容不转到下一页，而是从当前空白处开始；插入偶数页或奇数页分节符之后，光标所在位置以后的内容将会转换到下一个偶数页或奇数页上，Word 2016 会自动在偶数页或奇数页之间插入空白页。

（7）删除分隔符　默认情况下分隔符是不显示的，单击【开始】→【段落】→【显示/隐藏编辑标记】按钮，便可显示分隔符标记。将光标定位到分隔符标记位置，按下键盘上的<Delete>键，便可删除分隔符。

（8）设置行号　用户单击【布局】→【页面设置】→【行号】按钮，便可展开行号下拉菜单。菜单为用户提供了常用的编号方式，包括【连续】（所有行顺序编号）、【每页重新编号】、【每节重新编号】和【禁止用于当前段落】，用户根据需要选择，当选项前为【√】时表示应用该选项。

（9）设置断字　如果需要自动对整篇文档进行断字，单击【布局】→【页面设置】→【断字】→【自动】命令即可。如需进一步设置，则单击【断字选项】命令。在弹出的【断字】对话框中选择【自动断字】复选按钮，在【断字区】微调按钮中输入一行中最后一个单词末尾距右边距的间隔。若要减少连字符的数目，应放宽断字区；若要减少右边错落不齐的现象，应缩小断字区的大小。在【持续断字次数限为】微调按钮中输入可连续断字的行数，即可完成自动断字设置。

（10）设置稿纸　通过稿纸设置功能可根据需要将稿纸（工作区）设置为方格式、行线式和外框式三种格式。单击【布局】→【稿纸】→【稿纸设置】按钮，弹出【稿纸设置】对话框。在对话框中选择稿纸格式，以【方格式稿纸】为例，设置行数×列数、网格颜色、页眉、页脚等，单击【确认】按钮完成稿纸设置。

2. 使用页面设置对话框设置格式

（1）设置页边距　用户如果在【页面设置】选项组的【页边距】中未找到所需的页边距，则需启动【页面设置】对话框。将对话框切换至【页边距】选项卡，将上、下、左、右边距、装订线和装订线位置设置完毕后单击【确定】按钮，即可完成页边距的设置。

（2）设置纸张大小　用户如果在【页面设置】选项组的【纸张大小】中未找到所需的纸张大小，则需启动【页面设置】对话框。将对话框切换至【纸张】选项卡，单击【宽度】和【高度】后面的微调按钮设置完毕后单击【确定】按钮，即可完成纸张大小的设置。

（3）设置行数和字符数　用户在【布局】选项卡中启动【页面设置】对话框，单击【指定行和字符网格】单选按钮，并使用微调按钮调整每页行数和每行字符数，单击【确定】按钮完成设置。

2.1.6　公式编辑

在 Word 2016 中输入公式的方法主要有快速输入公式、插入新公式、手动输入公式和使用公式编辑器输入公式 4 种，用户可以根据具体情况和使用习惯选择一种方法完成公式的输入。

1. 快速输入公式

Word 2016 提供了普遍使用的公式模板，包括二次公式、二项式定理、傅里叶级数、勾股定理、多项式展开、绝对值等。可通过插入功能快速输入公式模板，并完成参数编辑。用户将光标定位到需要插入公式的文档位置，单击【插入】→【符号】→【公式】按钮，在弹出的下拉菜单中显示了普遍使用的公式。选择所需公式，如【二次公式】，则二次公式被插入在光标所在位置。在方框内对公式进行数值替换修改，以形成所需的公式。如果【公式】下拉菜单中没有所需的公式，可在【Office.com 中的其他公式】中查找并选取公式模板。插入公式模板后，在方框内对公式进行数值替换修改，以形成所需的公式。

2. 插入新公式

如果 Word 2016 未提供所需的公式模板，则通过【插入新公式】功能可完成公式的输入。用户将光标定位到需要插入公式的文档位置，单击【插入】→【符号】→【公式】→【插入新公式】命令，则在光标所在位置弹出公式输入框，根据个人需要在【公式工具】→【设计】选项卡中选择并输入公式即可。

3. 手动输入公式

用户将光标定位到需要插入公式的文档位置，单击【插入】→【符号】→【公式】→【墨迹公式】命令，弹出数学输入控件界面，如图 2-21 所示。在此界面手动输入公式，然后单击【插入】按钮，即可在光标所在位置插入公式。

4. 使用公式编辑器输入公式

用户将光标定位到需要插入公式的文档位置，单击【插入】→【文本】→【对象】按钮，弹出【对象】对话框。选择【MathType 6.0 Equation】选项，弹出公式编辑窗口，如图 2-22 所示，在此窗口中输入所需公式即可。

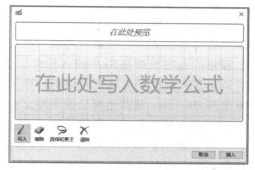

公式编辑器中提供了常用的数学符号，并根据数学符号的作用将其分为多个组，集成在符号栏中。其中包括关系符号、空格和椭圆、修饰、运算符符号、箭头符号、逻辑符号、设

图 2-21　手动输入公式

置理论符号、杂项符号、希腊字母（小写）、希腊字母（大写）、分隔符模板、分数和根号模板、下标和上标模板、求和模板、积分模板、底线和顶线模板、标签的箭头模板、结果和集合模板、矩阵模板、框模板。

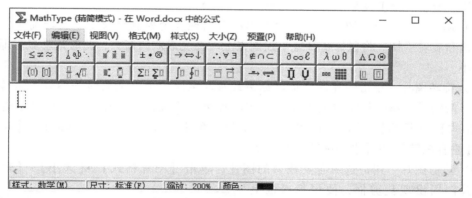

图 2-22　公式编辑窗口

2.1.7 图表插入

图表的应用使 Word 文档的内容更加丰富且表现形式更加多样化，也增加了文档的可读性，使读者能够更加快速和直观地阅读文档，因此在 Word 文档的制作过程中应注重图表元素的使用。

1. 插入图片

（1）插入本地图片　插入本地图片是指插入本地硬盘中保存的图片文件，以及通过各类接口连接到本地计算机中的移动硬盘、U 盘、数码相机或其他电子数码设备中的图片文件。具体操作方法是，用户将光标定位到需要插入图片的文档位置，单击【插入】→【插图】→【图片】按钮。打开【插入图片】对话框，逐级单击直到打开图片所在的文件夹，选择需要插入的图片，单击【插入】按钮，所选图片将被插入到光标所在位置处。

　　用户还可直接复制本地硬盘中保存的图片文件，以及通过各类接口连接到本地计算机中的移动硬盘、U盘、数码相机或其他电子数码设备中的图片文件，在Word文档中的文档编辑区使用<Ctrl+V>快捷键来插入图片。

　　（2）插入联机图片　在Word 2016中，系统将"联机图片"功能代替了"剪贴画"功能，可以同时插入剪贴画或网络中搜索的图片。具体操作方法是，用户将光标定位到需要插入图片的文档位置，单击【插入】→【插图】→【联机图片】按钮，在弹出的【插入图片】对话框中的【搜索必应】搜索框内输入关键词后单击搜索按钮。用户选择图片后，单击【插入】按钮即可完成联机图片插入操作。如果在【插入图片】对话框中单击【OneDrive-个人】则可进入在线图片搜索对话框，单击【登录】按钮使用个人Microsoft账户登录后即可搜索来自OneDrive及其他网站的照片。

　　（3）插入屏幕截图　用户将光标定位到需要插入截图的文档位置，单击【插入】→【插图】→【屏幕截图】按钮，在【可用的视窗】下拉菜单中将列出当前打开的所有程序窗口。选择需要插入的窗口截图，则该截图将插入到光标所在位置处。单击【屏幕截图】→【屏幕剪辑】选项，当前文档的编辑窗口将最小化，屏幕为灰色显示，拖动鼠标框选出需要截取的屏幕区域，单击鼠标，被选择范围内的屏幕图像将插入文档中。

2. 图片排列

　　在文档页面中插入图片后，为使图片在文档中的排列更加美观，还需要对图片进行大小、位置、旋转、裁剪及显示层次的调整。

　　（1）调整大小　单击图片后，图片四周将会出现8个控制点及1个旋转箭头，也就是选择手柄和旋转手柄。将鼠标指针置于控制点上时会变成双向箭头，此时拖动鼠标即可调整图片大小。

　　（2）旋转图片　单击图片后，将鼠标指针移动至图片上方的旋转手柄处。当指针变成黑色弧形箭头时，单击并左右拖动即可旋转图片至合适位置。另外，用户可以单击【图片工具|格式】→【排列】→【旋转】按钮，在下拉菜单中选择【向右旋转90°】、【向左旋转90°】、【垂直翻转】和【水平翻转】4种旋转方式。

　　（3）裁剪图片　用户选中需要裁剪的图片，单击【图片格式】→【大小】→【裁剪】按钮，图片四周出现裁剪框，使用裁剪框上的控制柄调整裁剪框包围住图像的范围，如图2-23所示。操作完成后，按<Enter>键，裁剪框外的图像将被删除。用户还可按照创建的纵横比裁剪图片，操作方法为，单击【图片格式】→【大小】→【裁剪】→【纵横比】命令，在下拉菜单中选择裁剪图像使用的纵横比，则Word 2016将按照选择的纵横比创建裁剪框。按<Enter>键，裁剪框外的图像将被删除，即完成图片的裁剪。此外，用户可将图片裁剪为形状，操作方

图2-23　使用控制柄调整裁剪框

法为，单击【图片格式】→【大小】→【裁剪】→【裁剪为形状】命令，在下拉菜单中选择形状，则图像被裁剪为指定的形状。

（4）调整层次 当页面的某个区域内有多个图片时，为了突出显示图片的完整性，还需要设置图片的显示层次。具体操作方法是，用户双击需要调整层次的图片，单击【图片工具｜格式】→【排列】→【上移一层】或【下移一层】命令即可。如需将图片置于顶层，则单击【图片工具｜格式】→【排列】→【上移一层】→【置于顶层】命令。同理在【下移一层】下拉菜单中单击【置于底层】按钮，则可将所选图片置于最底层。

3. 插入形状

用户将光标定位到需要插入形状的文档位置，单击【插入】→【插图】→【形状】按钮，在下拉菜单中选择要插入的形状。此时光标变为十字，在需要插入形状的位置处拖动鼠标，即可绘制所需形状。选择已绘制的形状，单击【绘图工具｜格式】→【插入形状】→【添加文字】按钮，形状内部出现光标，即可输入文字。

4. 插入表格

用户将光标定位到需要插入表格的文档位置，单击【插入】→【表格】→【表格】→【插入表格】命令。弹出【插入表格】对话框，如图 2-24 所示，在【表格尺寸】选项组中输入【列数】和【行数】。利用【固定列宽】微调按钮调整表格列宽，默认为【自动】。根据需要选择【根据内容调整表格】或【根据窗口调整表格】选项，单击【确定】按钮，此时在光标所在位置插入表格。

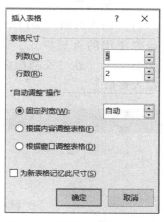

（1）绘制斜线表头 选中需要添加斜线的单元格，单击【表格工具｜设计】→【边框】→【边框】→【斜上框线】或【斜下框线】命令，即可在单元格中绘制斜线。

（2）快速插入行、列 将光标移动到需要插入行或列的位置，在两行或两列之间出现十字图标，单击该图标即可在此位置插入一行或一列。

图 2-24 【插入表格】对话框

（3）插入多行 如果需要在某一行的上方或下方插入多行，则从该行起向下或向上选中相应数目的多行。单击【表格工具｜布局】→【行和列】→【在上方插入】或【在下方插入】按钮，即可插入多行。

（4）插入多列 如果需要在某一列的左侧或右侧插入多列，则从该列起向右或向左选中相应数目的多列。单击【表格工具｜布局】→【行和列】→【在左侧插入】或【在右侧插入】按钮，即可插入多列。

（5）合并单元格 选中需要合并的几个单元格，单击【表格工具｜布局】→【合并】→【合并单元格】按钮，即可将所选的几个单元格合并为一个单元格。

（6）拆分单元格 选中需要拆分的单元格，单击【表格工具｜布局】→【合并】→【拆分单元格】按钮，弹出【拆分单元格】对话框。在对话框中输入需要拆分的【列数】和【行数】，然后单击【确定】按钮，即可将单元格拆分为指定列数和行数的多个单元格。

（7）拆分表格 选中需要拆分表格的位置，单击【表格工具｜布局】→【合并】→【拆分表格】按钮，则以所选位置为界，原表格被拆分为上、下两个表格。其中，选中的单元格所在的行被拆分到下方的表格中。

（8）设置单元格大小 选中需要调整大小的单元格，单击【表格工具｜布局】按钮，在【单元格大小】选项组中调整表格的【高度】和【宽度】，则选中的单元格所在行的高度和所在列的宽度进行相应的调整。

（9）设置单元格文字布局　选中需要调整文字位置的单元格，单击【表格工具｜布局】按钮，在【对齐方式】选项组中选择文字布局方式，包括【靠上左对齐】、【靠上居中对齐】、【靠上右对齐】、【中部左对齐】、【水平居中】、【中部右对齐】、【靠下左对齐】、【靠下居中对齐】、【靠下右对齐】。

（10）置单元格文字方向　选中需要调整文字方向的单元格，单击【表格工具｜布局】→【对齐方式】→【文字方向】按钮，则该单元格中文字的方向将在横向和纵向中进行切换。

2.1.8　信息标识

Word 2016 中信息标识功能主要包括为文档添加页眉、页脚、题注和脚注等辅助信息，以方便文档的编辑和阅读。

1. 页眉编辑

（1）插入页眉　用户单击【插入】→【页眉和页脚】→【页眉】按钮，在下拉菜单中显示了普遍使用的页眉样式。选择所需的页眉样式，如【镶边】，则在页面顶端插入页眉如图 2-25 所示。在【文档标题】位置输入文字，单击【关闭页眉和页脚】按钮，即可在文档中插入页眉。

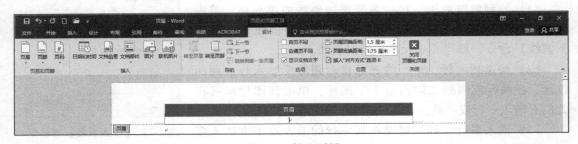

图 2-25　插入页眉

（2）链接到前一条页眉　【链接到前一条页眉】按钮位于【页眉和页脚工具｜设计】选项卡的【导航】选项组中，选中状态下该按钮呈灰色显示，如图 2-26 所示。当需要为存在两个以上节的文档添加页眉、页脚或页码时，需要使用【链接到前一条页眉】按钮。如果该按钮被选中，对当前节页眉、页脚和页码的修改将链接到下一节。如在第 1 节设置页眉【商务软件应用】，则第 2 节也会设置相同的页眉。而当取消【链接到前一条页眉】时，第 2 节的页眉将会消失，此时用户可以在第 2 节设置与上一节不同的页眉。

图 2-26　【链接到前一条页眉】按钮

（3）从任意页开始插入页眉　从任意页开始插入页眉是对某一节单独设置格式的典型

应用，需要借助分节符来实现。用户将光标定位到需要添加页眉一页的开始位置，单击【布局】→【页面设置】→【分隔符】→【下一页】命令并插入下一页分隔符，单击【插入】→【页眉和页脚】→【页眉】按钮，在下拉菜单中选择所需的页眉样式，单击【页眉和页脚工具｜设计】→【导航】→【链接到前一条页眉】按钮，并取消选择。删除需要添加页眉这一页之前各页的页眉，并单击【关闭页眉和页脚】按钮，即可完成页眉的添加。

（4）首页不同　首页不同一般是指在文档首页使用不同的页眉或页脚，以区别文档首页与其他页面。设置首页不同的方法为，双击页眉页脚区域，单击【页眉和页脚工具｜设计】→【选项】→【首页不同】按钮，然后根据需要设计首页的页眉页脚，设计完成后，双击文档编辑区域，退出页眉页脚编辑状态即可。

（5）奇偶页不同　奇偶页不同一般是指在奇数页和偶数页使用不同的页眉、页脚和页码，以体现不同页面的页眉、页脚和页码特色。设置奇偶页不同的方法为，双击页眉页脚区域，单击【页眉和页脚工具｜设计】→【选项】→【奇偶页不同】按钮，然后根据需要分别设计奇数页和偶数页的页眉、页脚和页码，设计完成后，双击文档编辑区域，退出页眉页脚编辑状态即可。

2. 页脚编辑

（1）插入页脚　用户单击【插入】→【页眉和页脚】→【页脚】按钮，在下拉菜单中显示了普遍使用的页脚样式。选择所需的页脚样式，如【空白】，则在页面底端插入页脚。在【在此处键入】位置输入文字，单击【关闭页眉和页脚】按钮，即可在文档中插入页脚。

（2）从任意页开始插入页脚　参照从任意页开始插入页眉的操作方法。

3. 页码编辑

（1）插入页码　用户单击【插入】→【页眉和页脚】→【页码】按钮，在下拉菜单中根据插入页码的位置进行选择，如单击【页面底端】命令，则显示了普遍使用的页码样式子菜单。根据需要选择，如单击【普通数字2】命令，则在页面底端插入页码。单击【关闭页眉和页脚】按钮，即可在文档中插入页码。

（2）从任意页开始插入页码　从任意页开始插入页码是对某一节单独设置格式的典型应用，需要借助分节符来实现。用户将光标定位到需要添加页码一页的开始位置，单击【布局】→【页面设置】→【分隔符】→【下一页】命令，插入下一页分隔符；单击【插入】→【页眉和页脚】→【页码】按钮，在下拉菜单中选择所需的页码样式；单击【页眉和页脚工具｜设计】→【页眉和页脚】→【页码】→【设置页码格式】命令，弹出【页码格式】对话框，如图2-27所示。在【页码编号】选项组中选择【起始页码】，并在后面的微调按钮中输入【1】，然后单击【确定】按钮。在【导航】组中取消对【链接到前一条页眉】的选择。删除需要添加页码这一页之前页的页码，并单击【关闭页眉和页脚】，则完成了页码的添加。

4. 脚注、尾注编辑

用户将光标定位到需要插入脚注或尾注的位置，单击【引用】按钮，在【脚注】选项组中启动【脚注和尾注】对

图2-27 【页码格式】对话框

话框。在【位置】选项组中单击脚注或尾注，并在后面的下拉列表中选择脚注或尾注位置。在【格式】选项组中设置编号格式、起始编号和应用范围，然后单击【插入】按钮，即可在光标所在位置插入脚注或尾注符号，并在相应位置显示脚注或尾注。在脚注或尾注位置输入需要注释的文字，即可完成脚注或尾注的插入。

5. 题注编辑

（1）插入题注　如果文档中包含大量的表格、图表、公式、图形等对象，要对这些对象设置题注，并在正文中引用这些题注，则可使用【插入题注】功能自动插入题注。以给文档中的图片添加题注为例，操作方法为，用户将光标定位到图片下方的位置，单击【引用】→【题注】→【插入题注】按钮。如图 2-28 所示，在弹出的【题注】对话框中单击【新建标签】按钮，弹出【新建标签】对话框。在【标签】文本框内输入个性化题注名，本例用【图】，然后单击【确定】按钮，返回【题注】对话框，其中【题注】文本框内容变为【图 1】，然后单击【确定】按钮，即可在光标所在位置插入题注。插入题注后，可自行为图添加说明。

（2）引用题注　用户将光标定位到需要引用题注的位置，单击【引用】→【题注】→【交叉引用】按钮，弹出【交叉引用】对话框，如图 2-29 所示。设置引用类型为【图】，并根据需要设置【引用内容】，一般为【只有标签和编号】，然后单击【插入】按钮，即可在光标所在位置引用题注，即【图 1】。按住<Ctrl>键并单击引用题注的位置（图 1），即可自动切换到题注所在位置。

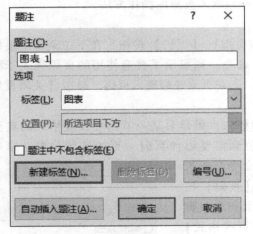

图 2-28　【题注】对话框

图 2-29　引用题注

6. 插入图表目录

用户将光标定位到需要插入图表目录的位置，单击【引用】→【题注】→【插入表目录】按钮，弹出【图表目录】对话框，在【常规】选项组中设置目录格式，在【题注标签】中选择【图】，然后单击【确定】按钮，即可在光标所在位置插入图表目录。

2.1.9　应用打印

将 Word 文件打印到纸张上可以便于用户查看和保存文档。为取得整齐规范的打印效果，需要进行打印设置。

1. 设置页面格式

在文档编辑过程中，用户可使用【布局】选项卡下的【页面设置】选项组来设置页面格式。在需要打印文档时，用户也可通过打印窗口中的相关操作快速设置页面格式。此外，通过打印窗口也可开启【页面设置】对话框，并在其中更为全面地设置页面格式。

（1）设置页面方向、纸张大小、页面边距　用户单击【文件】→【打印】按钮，在【打印】窗口中单击【设置】→【纵向】、【A4】、【正常边距】按钮，在下拉列表中选择相应的选项，可以完成页面方向、纸张大小、页面边距的设置。

（2）设置页眉、页脚与边界的距离　用户单击【文件】→【打印】按钮，在【打印】窗口中单击【页面设置】按钮，启动【页面设置】对话框。在【距边界】→【页眉】微调按钮内输入页眉距离上边界的距离，并在【距边界】→【页脚】微调按钮内输入页脚距离下边界的距离，单击【确定】按钮，即可设置页眉和页脚与边界的距离。

2. 设置打印效果

（1）设置打印范围　Word 2016默认的是打印文档中的所有页面，用户在【打印】窗口的【设置】分组中单击【打印所有页】按钮，在打开的下拉列表中选择相应的选项，可以设置需要打印的页面。如果只需要打印预览中可见的当前页面，则选择【打印当前页面】即可。如果需要打印其中的几页，则选择【自定义打印范围】，在【页数】文本框内输入需要打印的页数，页数之间用英文的逗号分隔，如输入【1，3】，则打印文档的第1页和第3页；如需打印连续的页面，则输入【起始页数-终止页数】，如输入【5-8】，则打印第5～8页的内容。也可根据需求选择【仅打印奇数页】或【仅打印偶数页】选项，此时将只打印文档中奇数页或偶数页的内容。

（2）设置单、双面打印　用户在【打印】窗口的【设置】分组中单击【单面打印】按钮，在打开的下拉列表中选择相应的选项，可以设置单面打印或双面打印。

（3）设置每版打印的页数　用户在【打印】窗口的【设置】分组中单击【每版打印1页】按钮，在打开的下拉列表中选择相应的选项，可以设置每页纸张打印的页数。

3. 预览并打印文档

用户单击【文件】→【打印】按钮，在页面右侧可查看文档的最终打印效果。在预览页面预览整个文档的打印效果后，设置【份数】选项，并单击【打印】按钮开始打印文档。

2.2 进阶操作

2.2.1 目录管理

完成文档编辑后，可以使用Word 2016的目录功能为文档自动添加目录。在生成目录之前，首先要完成文档的排版。文档排版的目的是使Word 2016能够区分出文档中各部分内容的角色或级别，如一级标题、二级标题、正文等。此时，Word 2016才能从文档中识别并提取出各级标题，并自动生成目录。

1. 文档排版

用户单击【视图】→【视图】→【大纲】按钮，此时页面切换为大纲视图。单击需要编为目录的标题前面的小圆点，选中标题行。单击【大纲】按钮，如图2-30所示，在【大纲工具】选项组中选择标题等级级数，其中 1 级为最高级，9 级为最低级。根据需要依次对所有标题进行等级级数的设置，设置完成后单击【关闭大纲视图】按钮，由此完成文档的排版。

2. 生成目录

用户将光标定位在需要插入目录的位置，单击【布局】→【页面设置】→【分隔符】→【下一页】命令，则在光标所在位置处插入一张空白页。将光标定位到空白页的起始位置，单击【引用】→【目录】→【目录】按钮，在下拉菜单中选择需要的目录样式，一般选择【自动目录 1】，即可自动生成文档目录。如果以后添加了目录内容，只要单击【引用】→【目录】→【更新目录】按钮即可完成目录的更新。

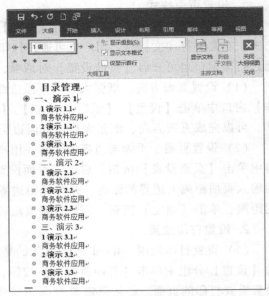

图 2-30　设置标题等级级数

2.2.2　页面美化

在完成文档的编辑和排版后，还可为文档添加封面和页面背景，并对图片、表格等元素进行美化，从而增强文档的可读性和吸引力。

1. 添加封面

用户单击【插入】→【页面】→【封面】按钮，在下拉菜单中选择一种封面，即可为 Word 文档添加封面。

2. 设置页面背景

（1）纯色背景填充　用户单击【设计】→【页面背景】→【页面颜色】按钮，在下拉菜单中选择所需颜色，即可完成纯色背景填充。如果在常用颜色中找不到所需颜色，则单击【其他颜色】按钮，在弹出的【颜色】对话框中选择所需颜色，即可完成背景颜色的设置。

（2）渐变背景填充　用户单击【设计】→【页面背景】→【页面颜色】→【填充效果】命令，弹出【填充效果】对话框，切换至【渐变】选项卡。在【渐变】选项卡中根据需要设置【颜色】、【透明度】、【底纹样式】和【变形】，然后单击【确定】按钮，即可完成渐变背景填充。

（3）纹理、图案背景填充　用户单击【设计】→【页面背景】→【页面颜色】→【填充效果】命令，弹出【填充效果】对话框，切换至【纹理】或【图案】选项卡。在【纹理】或【图案】选项卡中根据需要选择所需的纹理或图案样式，然后单击【确定】按钮，即可完成纹理或图案背景填充。

（4）图片背景填充　用户单击【设计】→【页面背景】→【页面颜色】→【填充效果】命令，弹出【填充效果】对话框，切换至【图片】选项卡。在【图片】选项卡中单击【选择图片】按钮，在弹出的【插入图片】对话框中单击【从文件】选项，弹出【选择图片】对话框，选择需要插入的图片，单击【插入】按钮。返回【填充效果】对话框，这里可以看到图片的预览效果，单击【确定】按钮，即可完成图片背景的填充。

3. 美化图片

在绘图页插入图片后，为使图片本身显示效果更加美观，还需要对图片进行亮度、对比度、饱和度、色调、艺术效果、压缩等调整。

（1）调整亮度、对比度　用户选中需要调整亮度和对比度的图片，单击【图片工具｜格式】→【调整】→【校正】按钮，在【亮度/对比度】列表中选择所需效果，即可完成对图片亮度和对比度的调整。图 2-31 中从左到右图片亮度/对比度设置分别为 0%/0%、+40%/0%、0%/+40%、+40%/+40%。

图 2-31　调整图片亮度、对比度

（2）调整图片饱和度　用户选中需要调整饱和度的图片，单击【图片工具｜格式】→【调整】→【颜色】按钮，在【颜色饱和度】列表中选择所需效果，即可完成对图片饱和度的调整。图 2-32 中从左到右图片饱和度设置分别为 33%、100%、300%。

图 2-32　调整图片饱和度

（3）调整图片色调　用户选中需要调整色调的图片，单击【图片工具｜格式】→【调整】→【颜色】按钮，在【色调】列表中选择所需效果，即可完成对图片色调的调整。图 2-33 中从左到右图片色调设置分别为 4700K、6500K、11200K。

（4）为图片重新着色　用户选中需要重新着色的图片，单击【图片工具｜格式】→【调

图 2-33　调整图片色调

整】→【颜色】按钮，在【重新着色】列表中选择所需效果，即可为图片重新着色。图 2-34 中从左到右图片着色设置分别为不重新着色、灰度、黑白、蓝色。

图 2-34　为图片着色

（5）设置图片艺术效果　用户选中需要设置艺术效果的图片，单击【图片工具｜格式】→【调整】→【艺术效果】按钮，选择所需的艺术效果即可。图 2-35 中从左到右图片艺术效果设置分别为无、铅笔灰度、画图笔画、纹理化。

（6）压缩图片　用户选中需要压缩的图片，单击【图片工具｜格式】→【调整】→【压缩图片】按钮，弹出【压缩图片】对话框。用户根据需求进行【压缩选项】及【分辨率】两部分内容的参数设置即可。

（7）自定义调整　用户选中需要调整的图片，单击【图片工具｜格式】→【调整】→【校正】→【图片校正选项】选项，在 Word 2016 工作界面的右侧区域内出现【设置图片格式】窗格，切换至【图片】选项卡。在此窗格内可以进行锐化、柔化、清晰度、亮度、对比度、颜色饱和度、色调等的设置。

（8）设置图片样式　用户选中需要编辑样式的图片，单击【图片工具｜格式】按钮，在【图片样式】选项组中单击图 2-36 所示的按钮，在下拉列表中选择所需样式，即可完成图片样式的设置。图 2-37 中从左到右图片样式设置效果分别为简单框架、金属框架、柔化边缘矩形。

图 2-35 设置图片艺术效果

图 2-36 设置图片样式

图 2-37 图片样式设置效果

4. 设置图片外观

在文档中插入图片后，为使图片本身显示效果更加美观，还可以对图片进行线条和外观效果两方面的调整。

（1）设置图片边框 用户选中需要设置边框的图片，单击【图片工具 | 格式】→【图片样式】→【图片边框】按钮，展开下拉菜单。根据需要设置轮廓颜色、线条粗细和线型，即可完成图片边框设置。

（2）设置图片效果 用户选中需要设置效果的图片，单击【图片工具 | 格式】→【图片样式】→【图片效果】按钮，展开下拉菜单。根据需要单击【阴影】、【映像】、【发光】、【柔

化边缘】、【棱台】和【三维旋转】命令，并选择所需效果，即可完成图片效果的设置。

5. 美化表格

（1）设置表格底纹　用户选中需要添加底纹的表格、行、列、单元格，单击【表格工具 | 设计】→【表格样式】→【底纹】按钮，在下拉菜单中单击所需颜色，即可为表格中选中的部分添加底纹。

（2）设置表格边框　用户选中需要调整边框的表格、行、列、单元格，单击【表格工具 | 设计】→【边框】→【边框】→【边框和底纹】命令，弹出【边框和底纹】对话框。选择【边框】选项卡，根据需要设置边框【样式】、【颜色】和【宽度】。在最右侧的【预览】选项组中单击图 2-38 中红色标注的上、中、下、左、中、右按钮，当按

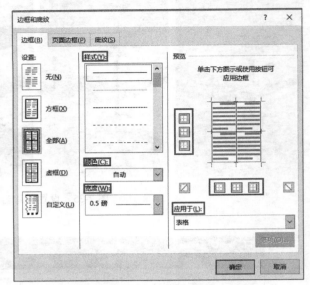

图 2-38　【边框】选项卡

钮为蓝色时显示相应的边框，当按钮为灰色时不显示相应的边框。选择应用范围，设置完成后单击【确定】按钮，即可完成表格边框的设置。

2.2.3　图文混排

图文混排是指将文本框、图片、形状、SmartArt 图形等多种元素插入文档中，为这些元素设置样式，并将它们与文字混合排列，最终形成完整的文档。

1. 文本框编辑

（1）插入文本框　用户将光标定位到需要插入文本框的文档位置，单击【插入】→【文本】→【文本框】按钮。在下拉菜单中显示了一些常用的文本框样式，根据需要选择一种文本框，如【简单文本框】选项，则该文本框被插入到光标所在位置。在文本框内单击使文字变为灰色背景填充，此时该文本框处于可编辑状态，可以对文本框内的文字进行编辑。

（2）手动绘制文本框　用户单击【插入】→【文本】→【文本框】→【绘制文本框】→【绘制横排文本框】按钮，此时光标变为十字，在需要插入文本框的位置斜向下拖拽鼠标，即可绘制出一个横排文本框，在光标所在位置可以进行文本编辑。

2. SmartArt 图形编辑

（1）插入 SmartArt 图形　用户将光标定位到需要插入 SmartArt 图形的文档位置，单击【插入】→【插图】→【SmartArt】按钮，弹出【选择 SmartArt 图形】对话框。对话框中包括【列表】、【流程】、【循环】、【层次结构】、【关系】、【矩阵】、【棱锥图】和【图片】八个选项。选择所需的 SmartArt 图形，如【基本列表】，则在光标所在位置插入基本列表。在左侧【在此处键入文字】对话框中选择某个【文本】，【文本】所在位置处出现光标，且右侧相应的形状会被选中。在光标所在位置处输入文字，则相应的形状内部将显示文字。

（2）添加 SmartArt 形状　用户选择需要添加形状的 SmartArt 图形，并选择插入点所在

的形状。单击【SmartArt 工具 | 设计】→【创建图形】→【添加形状】按钮，在弹出的下拉菜单中根据需要单击【在后面添加形状】或【在前面添加形状】命令，此时在已选择的形状之后或之前添加形状。

（3）调整 SmartArt 形状位置　用户选择 SmartArt 图形中需要调整位置的形状，单击【SmartArt 工具 | 设计】按钮，在【创建图形】选项组中单击【上移】、【下移】或【从右向左】按钮，则所选形状的位置将进行相应的调整。

（4）设置 SmartArt 样式　用户选择需要调整样式的 SmartArt 图形，单击【SmartArt 工具 | 设计】按钮，在【SmartArt 样式】选项组中单击图 2-39 所示的按钮，在弹出的下拉列表中选择所需的样式，即可完成 SmartArt 图形的样式设置。

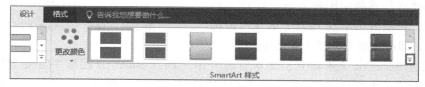

图 2-39　设置 SmartArt 样式

（5）设置 SmartArt 颜色　用户选择需要更改颜色的 SmartArt 图形，单击【SmartArt 工具 | 设计】→【SmartArt 样式】→【更改颜色】按钮，在弹出的下拉列表中选择所需的颜色，即可完成 SmartArt 图形的颜色更改。

3. 设置 SmartArt 形状格式

（1）更改 SmartArt 形状　用户选择 SmartArt 图形中需要更改的形状，单击【SmartArt 工具 | 格式】→【形状】→【更改形状】按钮，在弹出的下拉菜单中选择所需形状，即可完成 SmartArt 形状的更改。

（2）调整 SmartArt 形状的大小　用户选择 SmartArt 图形中需要调整大小的形状，单击【SmartArt 工具 | 格式】→【形状】→【增大】或【减小】按钮，即可对所选形状进行相应的调整。

（3）设置 SmartArt 形状样式　用户选择 SmartArt 图形中需要调整样式的形状，单击【SmartArt 工具 | 格式】按钮，在【形状样式】选项组中单击图 2-40 所示的按钮，在弹出的下拉列表中选择所需的形状样式，即可完成所选形状的样式设置。

图 2-40　设置 SmartArt 形状样式

（4）设置 SmartArt 形状填充　用户选择 SmartArt 图形中需要填充的形状，在功能区中切换至【SmartArt 工具 | 格式】选项卡。在【形状样式】选项组中单击【形状填充】按钮，在弹出的下拉列表中选择所需的填充颜色，即可在所选形状中填充颜色。

（5）设置 SmartArt 形状轮廓　用户选择 SmartArt 图形中需要设置轮廓的形状，在功能区中切换至【SmartArt 工具 | 格式】选项卡。在【形状样式】选项组中单击【形状轮廓】

按钮，在弹出的下拉列表中选择所需的轮廓颜色，即可完成所选形状的轮廓设置。

（6）设置 SmartArt 形状效果　用户选择 SmartArt 图形中需要设置效果的形状，在功能区中切换至【SmartArt 工具 | 格式】选项卡。在【形状样式】选项组中单击【形状效果】按钮，展开下拉列表。根据需要单击【阴影】、【映像】、【发光】、【柔化边缘】、【棱台】和【三维旋转】命令，并选择所需效果，即可完成 SmartArt 形状效果的设置。

4. 设置 SmartArt 文字格式

（1）设置 SmartArt 文字样式　用户选择 SmartArt 图形中需要调整文字样式的形状，在功能区中切换至【SmartArt 工具 | 格式】选项卡。在【艺术字样式】选项组中单击图 2-41 所示的倒三角按钮，在展开的下拉列表中选择所需的艺术字样式，即可完成文字样式的设置。

图 2-41　设置 SmartArt 文字样式

（2）设置 SmartArt 文本填充、文本轮廓　用户选择 SmartArt 图形中需要设置文本填充的形状，在功能区中切换至【SmartArt 工具 | 格式】选项卡。在【艺术字样式】选项组中单击【文本填充】或【文本轮廓】按钮，在弹出的下拉菜单中选择所需的文本填充颜色或文本轮廓颜色，即可完成 SmartArt 文本填充、文本轮廓的设置。

（3）设置 SmartArt 文本效果　用户选择 SmartArt 图形中需要设置文本效果的形状，在功能区中切换至【SmartArt 工具 | 格式】选项卡。在【艺术字样式】选项组中单击【文本效果】按钮，展开下拉菜单。根据需要单击【阴影】、【映像】、【发光】、【棱台】、【三维旋转】、【转换】命令，并选择所需效果，即可完成 SmartArt 文本效果的设置。

5. 首字下沉

用户选择需要设置首字下沉的文字，单击【插入】→【文本】→【首字下沉】按钮，展开下拉菜单。根据需要单击【下沉】或【悬挂】按钮，即可完成相应的首字下沉设置。如需进一步设置，单击【首字下沉】→【首字下沉选项】命令，弹出【首字下沉】对话框。根据需要设置首字下沉【位置】，包括【下沉】或【悬挂】，并设置【字体】、【下沉行数】和【距正文】选项，单击【确定】按钮后完成首字下沉设置。

6. 环绕文字

用户在文档中选择图片或形状，单击【图片工具 | 格式】→【排列】→【环绕文字】按钮，展开下拉菜单。根据需要选择文字环绕方式，包括【嵌入型】、【四周型】、【紧密型环绕】、【上下型环绕】、【衬于文字下方】、【浮于文字上方】等。

2.2.4　文档审阅

Word 2016 中文档审阅功能的作用是帮助用户快速发现文档中的错误，批量查找和替换文本，方便多人阅读和修改文档等。

1. 语法校对和自动更正

（1）开启检查拼写和校对语法　开启检查拼写和校对语法功能之后，如果用户无意中输入了错误的文本，Word 2016 就会在错误部分下用红色或绿色的波浪线进行标记。开启方法为，用户单击【文件】→【选项】命令，弹出【Word 选项】对话框。切换到【校对】选项卡，如图 2-42 所示，在【在 Word 中更正拼写和语法时】组中单击【键入时检查拼写】、

【键入时标记语法错误】、【经常混淆的单词】和【随拼写检查语法】复选按钮。单击【确定】按钮，在文档中就可以看到在错误位置标示的提示波浪线。

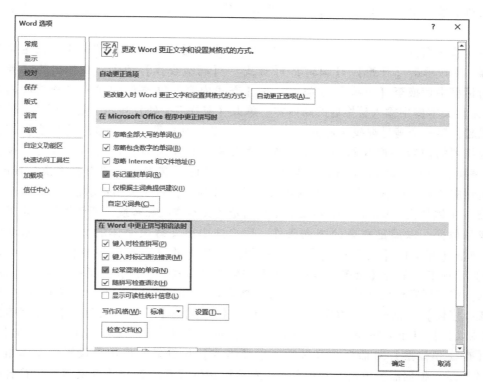

图 2-42　开启检查拼写和校对语法

（2）自动更正　用户使用自动更正功能可以检查和更正错误的输入。开启方法为，用户单击【文件】→【选项】命令，弹出【Word 选项】对话框。切换到【校对】选项卡，在【自动更正选项】组中单击【自动更正选项】按钮。在弹出的【自动更正】对话框中可以设置自动更正、数学符号自动更正、键入时自动套用格式、自动套用格式和操作等。设置完成后单击【确定】按钮返回【Word 选项】对话框，再次单击【确定】按钮返回到文档编辑模式。此时，Word 2016 能够检查和更正错误的输入。

2. 文本定位、查找和替换

（1）文本定位　用户单击【开始】→【编辑】→【查找】→【转到】命令，弹出【查找和替换】对话框，并单击【定位】选项卡。在【定位目标】列表框中选择定位方式（这里选择【页】），在右侧【输入页号】文本框中输入页号，单击【定位】按钮，将定位到相应的文档页面。

（2）文本查找　查找功能可以帮助用户定位到目标位置以便快速找到想要的信息，查找分为查找和高级查找。用户单击【开始】→【编辑】→【查找】→【查找】按钮，在文档的左侧打开【导航】任务窗格，在下方的文本框中输入要查找的内容，则文本框的下方就会显示查找结果，并且在文档中查找到的内容都会以黄色背景显示。

（3）高级查找　用户单击【开始】→【编辑】→【查找】→【高级查找】命令，弹出【查找和替换】对话框。在【查找】选项卡中的【查找内容】文本框中输入要查找的内容，单击【查找下一处】按钮，Word 即可开始查找。如果查找不到，则弹出提示信息对话框，提示未找到结果。如果查找到文本，Word 将会定位到文本位置并将查找到的文本背景用灰色显示。

（4）文本替换　文本替换功能可以帮助用户快捷地更改查找到的文本或批量修改相同的内容。用户单击【开始】→【编辑】→【查找】→【高级查找】命令，在弹出的【查找和替换】对话框中切换至【替换】选项卡，在【查找内容】文本框中输入要查找的内容，在【替换为】文本框中输入替换后的新内容。单击【查找下一处】按钮，定位到从当前光标所在位置起，第一个满足查找条件的文本位置，并以灰色背景显示，单击【替换】按钮就可以将查找到的内容替换为新的内容。如果需要将文档中所有相同的内容都替换掉，单击【全部替换】按钮，Word 2016 就会自动将整个文档内所有查找到的内容替换为新的内容，并弹出相应的提示框显示完成替换的数量。单击【确定】按钮关闭提示框。

（5）字体替换　Word 2016 不仅能根据指定的文本查找和替换，还能根据指定的格式进行查找和替换，以满足复杂的查询条件。用户选中需要替换字体的文字，例如【商务软件】。单击【开始】→【编辑】→【替换】按钮。在弹出的【查找和替换】对话框中切换至【替换】选项卡，单击【更多】按钮，展开完整的【查找和替换】对话框。单击【替换为】选项框，将光标定位到此输入框内。单击【格式】按钮，展开下拉菜单，选择【字体】，打开【查找字体】对话框，设置字体格式，包括【字体】、【字形】、【字号】、【字体颜色】、【下划线线型】、【下划线颜色】，采用图 2-43 所示的设置。设置完成后单击【确定】按钮，返回【查找和替换】对话框，该对话框中【格式】位置显示出用户设置的字体格式，如图 2-44 所示。根据需要单击【替换】（从光标所在位置开始查找并替换第一个符合查找要求的内容）或【全部替换】（替换所有符合查找要求的内容）按钮，即可完成对查找内容的格式替换。

图 2-43　字体替换设置

图 2-44　设置完替换字体格式的替换选项卡

3．批注编辑

（1）添加批注　批注是对文档的特殊说明，添加批注的对象可以是文本、表格或图片等文档内的所有内容。批注以有颜色的括号将批注的内容括起来，背景色也将变为相同的颜色。默认情况下，批注显示在文档页边距外的标记区，批注与被批注的文本使用与批注相同颜色的虚线连接。如果添加批注，用户可在文档中选择要添加批注的文字，单击【审阅】→【批注】→【新建批注】按钮，在后方的批注框中输入批注的内容即可。

（2）删除批注　选择要删除的批注，单击【审阅】→【批注】→【删除】按钮，即可将选中的批注删除。

（3）删除所有批注　用户单击【审阅】→【批注】→【删除】→【删除文档中的所有批注】命令，即可删除所有的批注。

4．修订文档

（1）启动修订模式　修订是显示文档中所做的诸如删除、插入或其他编辑更改的标记。启用修订功能，审阅者的每一次插入、删除或是格式更改都会被标记出来。这样能够让文档作者跟踪多位审阅者对文档所做的修改，并接受或者拒绝这些修订。单击【审阅】→【修订】→【修订】按钮，即可使文档处于修订状态。此后，对文档所做的所有修改将会被记录下来。

（2）接受修订　如果修订的内容是正确的，这时就可以接受修订。操作方法为，用户将光标放在需要接受修订的内容处，单击【审阅】→【更改】→【接受】按钮，即可接受文档中的修订，此时系统将选中下一条修订。将光标放在需要接受修订的内容处，然后右击，在弹出的菜单中单击【接受修订】命令，也可接受文档中的修订。

（3）接受所有修订　如果所有修订都是正确的，需要全部接受，可以使用【接受所有修订】命令。操作方法为，用户单击【审阅】→【更改】→【接受】→【接受所有修订】命令，即可接受所有修订。

（4）拒绝修订　如果要拒绝修订，可以将光标放在需要删除修订的内容处，单击【审阅】→【更改】→【拒绝】→【拒绝并移到下一条】命令，即可拒绝修订。

（5）删除修订　用户单击【审阅】→【更改】→【拒绝】→【拒绝所有修订】命令，即可删除文档中的所有修订。

2.2.5　宏制作

宏是一段定义好的操作，是一批指令的集合。创建自动运行的操作时，只需将这些重复的操作录制为宏，在需要的时候运行宏即可。

1．开启宏制作

用户在文档中输入需要进行处理的文字，单击【视图】→【宏】→【宏】→【录制宏】命令。弹出【录制宏】对话框，在【宏名】文本框中输入宏的名称，在【将宏保存在】下拉列表中选择宏保存的文档，这里选择当前打开的文档。在【录制宏】对话框中单击【按钮】按钮将弹出【Word选项】对话框，可以将当前的宏添加为快速访问工具栏中的一个按钮，单击该按钮便可启动宏的运行；如果单击【键盘】按钮，则可以弹出【自定义键盘】对话框，可以为宏的运行指定快捷键。单击【确定】按钮关闭【录制宏】对话框后开始录制宏，此时光标变为▢形状，表示现在正处于宏录制状态。

2. 录制宏

如果需要将添加页眉和页码的操作录制为宏，则在进入宏录制状态后，用户进行添加页眉和页码的操作。完成操作后，在 Word 2016 状态栏上单击【停止】按钮停止宏的录制。录制宏时，单击【视图】→【宏】→【宏】→【暂停录制】命令将暂停宏的录制。另外，在录制宏时，为了避免出错，可以在录制宏之前先将整个过程操作一遍。

3. 保存宏

用户单击【文件】→【另存为】按钮，打开【另存为】对话框。在【保存类型】下拉列表中选择文档类型为【启用宏的 Word 模板】。完成设置后单击【保存】按钮完成文档的保存。启用了宏的文档是无法保存为普通 Office 文档的，在保存文档时，Office 会给出提示，要求保存为启用宏的文档形式。

4. 运行宏

单击【视图】→【宏】→【宏】→【查看宏】命令，则弹出【宏】对话框。选择需要运行的宏后单击【运行】按钮，即可运行宏。

2.2.6 水印设置

水印是一种特殊的背景，可以设置在页面的任何位置。在 Word 2016 中，可将图片、文字等设置为水印。

1. 添加文字水印

用户单击【设计】→【页面背景】→【水印】→【自定义水印】命令，弹出【水印】对话框，单击【文字水印】单选按钮，在【文字】文本框中输入水印文字，并设置水印字体、字号、颜色和版式，然后单击【应用】按钮，即可为文档添加文字水印。

2. 添加图片水印

用户单击【设计】→【页面背景】→【水印】→【自定义水印】命令，弹出【水印】对话框，单击【图片水印】→【选择图片】按钮，在弹出的【插入图片】对话框中选择图片，调整图片缩放比例，根据需要单击【冲蚀】复选按钮，然后单击【应用】按钮，即可为文档添加图片水印。

2.2.7 文档保护

Word 2016 中的文档保护功能主要包括文档加密、限制编辑、限制访问和添加数字签名等。通过加密文档，只有知道密码的人才能够对文档进行阅读和编辑，这就起到了保护文档的效果；通过限制编辑可以控制其他人能够做的更改类型；通过限制访问可以授予用户访问权限，同时限制其编辑、复制和打印的能力；通过添加不可见的数字签名可以确保文档的完整性。其中加密文档是最为常用的文档保护方式，操作方法为，用户单击【文件】→【信息】命令，在信息窗口中单击【保护文档】按钮。在弹出的下拉菜单中显示了 6 种类型的保护方式，分别为【标记为最终】、【用密码进行加密】、【限制编辑】、【限制访问】、【添加数字签名】和【始终以只读方式打开】。选择【用密码进行加密】，弹出【加密文档】对话框。输入密码，然后单击【确定】按钮。确认密码，单击【确定】按钮后返回【信息】页面，则完成文档的页面保护。此时【信息】窗口中的【保护文档】选项为黄色背景填充，并显示【必须提供密码才能打开此文档】信息。

2.2.8 页面模板

Word 2016 为用户提供了丰富的文档模板，包括【简历】、【论文】、【卡片】、【信件】等。这些模板能够帮助用户更加快速有效地编辑文档，并使页面更加简洁和美观。操作方法为，用户单击【文件】→【新建】按钮，在右侧区域出现新建文档模板，如图 2-45 所示。根据需要选择模板，此时单击【事件菜单（简约设计）】打开模板说明，如确认要根据该模板创建新文档，单击【创建】按钮，等待几秒后便可看到【事件菜单（简约设计）】模板。

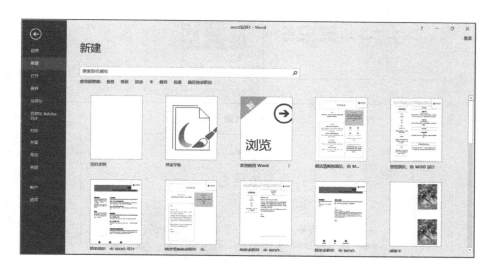

图 2-45 Word 文档模板

如果用户在 Word 2016 中未找到需要创建的新文档模板，则可以通过【联机搜索】功能在互联网上寻找并下载模板。

2.3 典型商务文件制作

2.3.1 求职简历

用户单击【文件】→【新建】按钮，在右侧区域出现新建文档模板。在【搜索联机模板】中输入【简历】，便可获得适合各种职业和身份的简历模板缩略图。选择一个合适的模板，并单击【创建】按钮（见图 2-46），等待几秒后便可看到"简洁清晰的简历，由 MOO 设计模板"，如图 2-47 所示。用户在模板中的相应位置输入内容，便可完成简历的制作。如果需要修改简历的字体，则选中需要修改字体的位置，右击并在弹出的菜单中单击【删除内容控件】命令，则所选内容被删除，用户在该位置重新输入的内容便可进行字体的修改。此外，用户可根据需要修改简历模板、插入图片等。

图 2-46　创建简历

图 2-47　简洁清晰的简历，由 MOO 设计模板

2.3.2　调查问卷

1. 调出窗体工具

用户单击【文件】→【选项】按钮，弹出图 2-48 所示对话框，在对话框中单击【自定义功能区】选项卡，在最右边【自定义功能区】下拉列表中单击【主选项卡】→【开发工具】复选按钮，然后单击【确定】按钮，则【开发工具】被添加到菜单栏中。单击【开发工具】→【控件】→【旧式工具】，在展开的【旧式窗体】列表中便可看到各种窗体域控件。

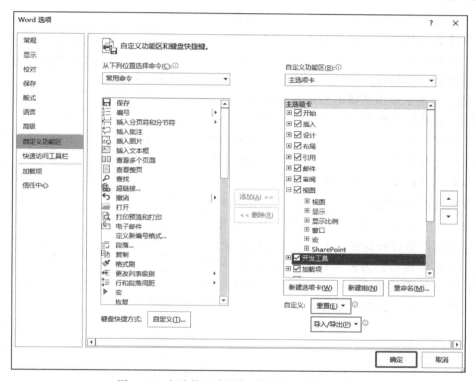

图 2-48　在功能区中添加【开发工具】对话框

2. 设置适用于文本输入的文字型窗体域

在编制调查问卷时，有时会要求受访者填写一些内容，这时便可使用文字型窗体域来设置。操作方法为，用户将光标定位到需要受访者填写文字的位置，然后单击【旧式工具】中的【文本域】按钮（图 2-49），此时需要受访者填写文字的位置呈灰色长方形显示 。如果输入的文本是日期或数字，则双击所创建的文字型窗体域，弹出【文字型窗体域选项】对话框。单击展开【类型】下拉列表框，可选择的文字型窗体域类型包括常规文字、数字、日期、当前日期、当前时间和计算六种，根据需要进行相关设置即可。

3. 设置适用于单项选择的下拉型窗体域

当问题要采集的答案唯一时，可以采用下拉型窗体域，如人员性别、学位等。操作方法为，用户将光标定位到需要插入下拉型窗体域的位置，单击【旧式工具】中的【组合框】按钮（图 2-50），则光标所在位置呈灰色长方形显示 。双击该下拉型窗体域，在弹出的【下拉型窗体域选项】对话框中进行下拉选项的设置。如图 2-51 所示，在【下拉项】

图 2-49 【文本域】按钮

图 2-50 【组合框】按钮

中输入一个选项后，单击【添加】按钮，该选项便可添加到【下拉列表中的项目】列表框内，然后用同样的方法添加其他选项。全部选项添加完成后，单击【确定】按钮即可。

4. 设置适用于多项选择的复选框窗体域

当问题要采集的答案可以是多项选择时，可以采用复选框窗体域。操作方法为，用户在文档中输入选项内容，然后将光标定位到选项内容的前方。单击【旧式工具】中的【复选框】按钮（图 2-52），则光标所在位置呈灰色方形框显示▢。双击该复选框窗体域，如图 2-53 所示，在弹出的【复选框窗体域选项】对话框中进行复选框大小、默认值等设置。设置完上述窗体域后，为使窗体域显示美观，可对各窗体域使用普通的格式工具进行字体、字号、加粗、下划线、字体颜色等的设置。

图 2-51 添加【下拉项】

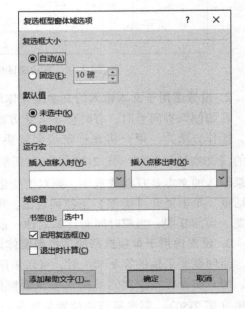

图 2-53 【复选框】设置

图 2-52 【复选框】按钮

5. 设置问卷保护

按上述方法对问卷全部编辑好后，还需对问卷进行保护设置，这样受访者就只能填写窗体域中的内容，无法修改其他文字内容。操作方法为，单击【开发工具】→【保护】→【限制编辑】按钮，在文档右侧弹出【限制编辑】任务窗口，如图 2-54 所示。在【编辑限制】选项组中单击【仅允许在文档中进行此类型的编辑】复选按钮，此时其下方的下拉列表框被激活。在下拉列表框中单击【填写窗体】选项，然后单击最下方的【是，启动强制保护】按钮（图 2-55）。弹出【启动强制保护】对话框，如图 2-56 所示，设置密码后，单击【确定】按钮即可。在设置文档保护后，如果要对调查问卷进行修改，必须先取消文档保护设置。单击【限制编辑】任务窗口最下方的【停止保护】按钮，在弹出的对话框中输入密码即可取消保护，此时可重新编辑问卷。

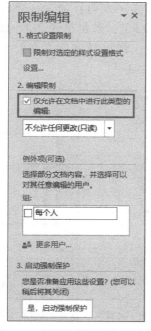

图 2-54 【限制编辑】任务窗口

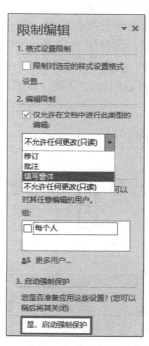

图 2-55 【是，启动强制保护】按钮

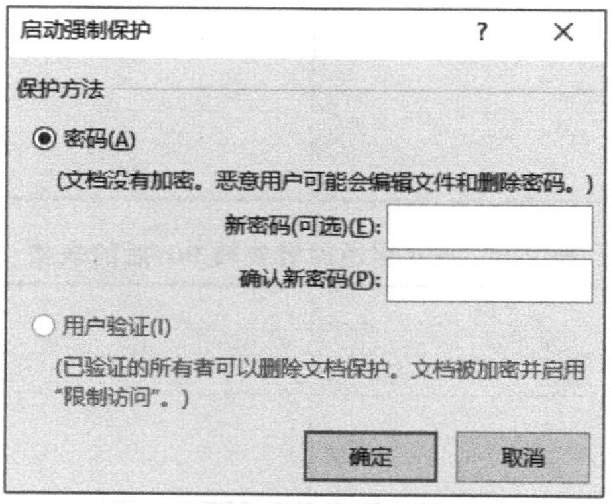

图 2-56 【启动强制保护】对话框

2.3.3 制作座席牌

1. 插入表格

见表 2-1，用户在 Word 文档中插入一个两行两列的表格。在表格的左右边分别输入同一个人的姓名（座席牌都是两面的），一张 A4 纸一般能制作两个人的座席牌，这里输入两个人的姓名。

表 2-1 在表格中输入两个人的姓名

张三	张三
李四	李四

2. 设置文字方向

选择表格中左侧的姓名，右击并在下拉菜单中单击【文字方向】命令，弹出【文字方向】对话框，选择图 2-57 所示的方向设置，即顺时针旋转 90°，效果见表 2-2。选择表格中右侧的姓名，右击并在下拉菜单中单击【文字方向】命令，弹出【文字方向】对话框，选择图 2-58 所示的方向设置，即逆时针旋转 90°，效果见表 2-3。

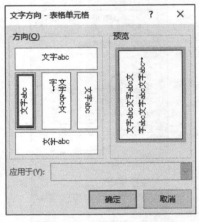

图 2-57　设置文字方向-顺时针旋转 90°　　　　图 2-58　设置文字方向-逆时针旋转 90°

表 2-2 将文字顺时针旋转 90° 后的表格

张三	张三
李四	李四

表 2-3 将文字逆时针旋转 90° 后的表格

张三	张三
李四	李四

3. 设置表格格式

设置【单元格对齐方式】为【居中对齐】；根据座席牌的实际大小设置表格的行高和列宽，这里设置行高为120mm，列宽为80mm；根据需要调整字体、字号和颜色，这里设置为华文中宋，字号为90。用A4纸打印文档，沿着中间的线裁切和折叠，即可完成座席牌的制作，制作完成的座席牌如图2-59所示。

2.3.4 制作电子签名章

1. 插入椭圆

用户将光标定位到需要插入签名章的位置，单击【插入】→【形状】→【椭圆】按钮。按住<Shift>键并拖动鼠标，绘制一个圆形。双击绘制的圆形，单击【绘图工具|格式】按钮，在【形状样式】选项组中设置【形状填充】为【白色】，【形状轮廓】为【红色】。

2. 插入艺术字

插入【艺术字】，设置合适的艺术字体。然后在弹出的文本框中输入文字，如"ABC公司"。选中艺术字，在【艺术学工具|格式】选项卡内设置【文本效果】为【转换】，

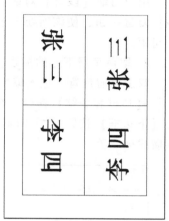

图 2-59　制作完成的坐席牌

并在【跟随路径】中选择【上圆弧】。根据圆形的大小调整字体和文本的格式，使之与圆形相匹配。设置完成的效果如图2-60所示。

3. 插入五角星

用户单击【插入】→【形状】→【五角星】按钮。在圆形内正中间画出五角星，将其填充颜色和轮廓都设置为红色，设置完成的效果如图2-61所示。

图 2-60　插入艺术字1

图 2-61　插入五角星

图 2-62　插入艺术字2

4. 插入艺术字

插入艺术字，输入【行政部章】，对字体大小和文字样式进行调整，将其放在五角星的正下方，设置完成的效果如图2-62所示。

5. 组合图形

选中所有的对象，单击【布局】→【排列】→【组合】按钮，则所有对象组合为一个整体而可共同移动，由此完成电子签名章的制作。

2.4 常见问题解析

1. 无法调整行间距

用户启动【段落】对话框，如图 2-63 所示，单击【如果定义了文档网络，则对齐到网络】复选按钮，使该项处于未选中状态，然后单击【确定】按钮，关闭对话框后便可调整行间距。

2. 取消页眉下方的横线

双击页眉位置，进入编辑页眉的状态。选择页眉文字，单击【开始】→【段落】→【边框】→【边框和底纹】命令，在弹出的【边框和底纹】对话框内最右侧的【预览】区域内单击【下边框】按钮（图 2-64），使该按钮变为灰色，然后单击【确定】按钮，则页眉下方的横线被取消。

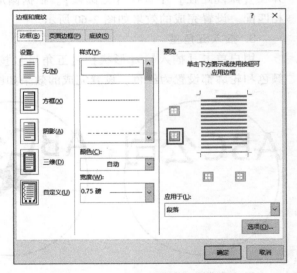

图 2-63 【如果定义了文档网络，则对齐到网络】按钮

图 2-64 取消页眉下方的横线

3. 文档中的图片显示不全

用户选中图片，单击【开始】选项卡，在【段落】分组内调整行间距为任意值，此时图片便可完全显示。

4. 设置单击鼠标就可访问超链接

用户单击【文件】→【选项】按钮，在打开的【Word 选项】对话框内单击【高级】选项卡，如图 2-65 所示，在【编辑选项】组中单击【用"Ctrl+单击"跟踪超链接】复选按钮，使该项处于未选中状态，然后单击【确定】按钮，此时直接单击就可访问超链接。

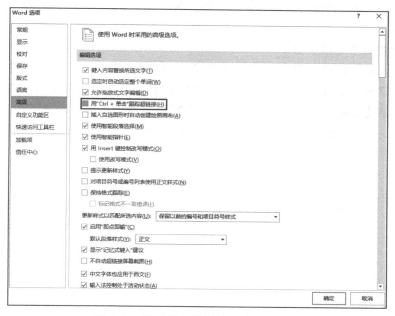

图 2-65　设置单击鼠标就可访问超链接

5. 输入带框对号

将光标对位到需要输入带框对号的位置，在字体选项中选择【Wingdings 2】，此时输入字母【R】即可输入带框对号。

6. 同时选择多个图形

双击其中一个图形，单击【图片工具 | 格式】→【排列】→【选择窗格】按钮（图 2-66），弹出【选择】窗格，在窗格中可以看到当前页的所有图形，按住<Ctrl>键在【选择】窗格中单击多个图形即可。

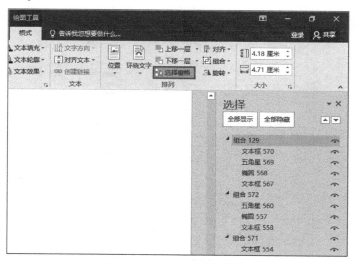

图 2-66　同时选择多个图形

7. 去除文档中所有超链接

按住<Ctrl+A>组合键将文档内容全部选择，再按住<Ctrl+Shift+F9>组合键即可去除文档中所有超链接。

8. 文档空白处下划线不显示

用户单击【文件】→【选项】按钮，在打开的【Word 选项】对话框内单击【高级】选项卡，如图 2-67 所示，在【以下对象的布局选项】中单击【为尾部空格添加下划线】复选按钮，然后单击【确定】按钮，此时文档空白处的下划线便可显示。

图 2-67　显示文档空白处的下划线

9. 修改下划线样式

用户选中需要去除下划线的超链接，单击【开始】→【样式】→【样式】→【超链接】右侧的下三角按钮（图 2-68），单击【修改】命令，在弹出的【修改样式】对话框内根据需要修改下划线样式，然后单击【确定】按钮，即可完成下划线样式的修改。

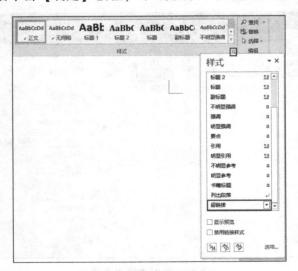

图 2-68　修改下划线样式

2.5 拓展案例

【**案例名称**】：学位论文排版

【**适用场景**】：在无纸化办公时代，规范、美观、高效的文档排版是专业化和敏捷化办公的基本体现，也是在校学生和职场人员必须具备的基本素养。本案例以学位论文排版为例，系统地梳理了文档排版中常用的页面设置、图表设置、页眉页脚设置、目录设置等功能。通过学习本案例，能够帮助读者熟练掌握文档排版的基本操作，并形成规范美观排版的意识。

【**案例要求**】：使用文档"学位论文排版"，完成以下任务：

1）页面设置：将纸张大小设置为 B5 JIS，页边距设置为上边距 4.5cm、下边距 1.5cm、左边距 2.5cm、右边距 1.5cm。

2）表格设置：将文档中的表格修改为三线表，要求上下两根线宽为 3/2 磅，中间一根线宽为 1/2 磅。

3）公式设置：在文档中任意位置插入公式，要求公式与文字分开单独占用一行，并为公式添加编号。

4）页眉设置：从文档第 2 页开始，插入页眉"××××大学学士学位论文"，使用宋体五号字。

5）页码设置：从文档"引言"页开始插入页码，要求页码位于页面底端居中，使用宋体五号字。

6）目录设置：在文档目录页自动生成目录。

7）图题设置：将文章中图号修改为题注方式引用，效果为在正文中单击图号，则自动跳转至该图所在位置。

8）保存设置：将文档另存为 PDF 格式。

9）打印设置：将文档进行自定义打印设置，预览并打印。

10）模板设置：在文档的"封面""摘要""关键词"等处添加输入提示，并固定输入文本的格式。

【**操作提示**】

1）页面设置相关操作见【布局】→【页面设置】，其中包括【页边距】、【纸张方向】、【纸张大小】等设置。

2）在【插入】功能区可实现【页面】、【表格】、【插图】、【媒体】、【链接】、【批注】、【页眉和页脚】、【文本】、【符号】等的插入。

3）表格设置相关操作见【表格工具】→【设计】，其中包括表格【底纹】、【边框】等设置。

4）公式设置相关操作见【公式工具】→【设计】。

5）从第 2 页开始插入页眉时需要勾选【首页不同】，见【页眉和页脚工具】→【设计】→【首页不同】。

6）从"引言"页开始插入页码时，首先在"引言页"开始位置插入分节符，见【布局】→【分隔符】→【下一页】；然后插入页码，见【插入】→【页码】；最后对页码格式进行设置，见【页眉和页脚工具】→【设计】→【页码】→【设置页码格式】。

7）自动生成目录时，首先设置标题级别，见【视图】→【大纲】；然后插入目录，见【引用】→【目录】。

8）将图号修改为题注方式引用时，首先插入题注，见【引用】→【插入题注】；然后在正文中引用图号位置设置交叉引用，见【引用】→【交叉引用】。

9）文档保存和打印设置见【文件】→【另存为】和【打印】。

10）在文档中添加输入提示时，首先插入域，见【插入】→【文档部件】→【域】；然后对显示文字修改格式。

【操作演示】：扫描下列二维码，观看拓展案例视频。

2.6 习题

1. 制作个人简历

提示 1：在 Word 2016 中新建并修改简历模板。

提示 2：内容需包含基本情况介绍、学历背景、求职意向、工作经验、个人荣誉、爱好和特长等。

提示 3：内容分区合理，版面整洁美观，简历页数不超过一页。

2. 设计旅游活动策划书

提示 1：内容需包含旅游景点介绍、行程安排、预算、活动报名表等。

提示 2：图文并茂，注意使用文本、首字下沉、艺术字、列表、图片、形状、SmartArt 图形、表格、封面、页面背景等多种元素。

提示 3：排版规范，要求自动生成目录，并且从正文的第一页起添加页码。

3. 完成论文排版

提示 1：封面页不加页码，从文档的第 2 页开始插入页眉，从引言页开始插入页码。

提示 2：为图片添加题注并在正文中引用题注。

提示 3：所有表格使用三线表，上下两根线宽设置为 1.5 磅，中间一根线宽为 0.5 磅。

提示 4：根据要求设置页面，每页约 35 行，每行约 34 字；页面设置为 B5 JIS（18.2cm× 25.7 cm）；上边距：4.5cm，下边距：1.5cm，左边距：2.5cm，右边距：1.5cm；行距为 1.5 倍行距；页码用五号宋体字，页面底端居中设置。

第3章 Excel应用实训

Excel 2016 是 Microsoft Office 系列产品的重要组件之一，用于电子表格制作与处理。Excel 2016 不仅能够处理表格，还内置了大量的函数以帮助用户处理数据。同时，Excel 2016 的成果还可以植入其他 Microsoft Office 2016 软件进行使用。熟练掌握 Excel 2016 能够极大地提高数据处理效率。

本章主要介绍如何使用 Excel 2016 创建、编辑、计算和分析数据，并从基础操作、进阶操作、典型商务文件制作三个方面结合实训案例展开。通过对本章的学习，读者应掌握以下内容：

1）Excel 文档的创建和编辑：打开、新建、保存、打印等。

2）电子表格的创建和处理：表格设计、页面布局、数据录入等基本操作。

3）数据的计算与分析：单元格引用、函数计算、数据透视表等进阶操作。

4）数据的可视化：图表的编辑与美化等。

5）Excel 典型商务文件制作。

3.1 基础操作

3.1.1 界面认知

1. 启动 Excel 2016

由于 Office 各组件程序的启动方法是一致的，因此启动 Excel 2016 软件的方法可参照第 1.4.6 小节。另外，如果用户需要选择模板，则需要注意以下两种方法的区别。

方法一：双击 Excel 2016 组件程序图标或在 Excel 2016 文件菜单中单击【新建】命令。用这种方法打开的 Excel 2016 工作界面可以选择模板，如图 3-1 所示。

方法二：双击已有的 Excel 文件启动 Excel 2016。用这种方法打开的工作界面不显示可选模板，而是直接打开可编辑的工作界面。

Excel 2016 的工作界面可分为快速访问工具栏、标题栏、功能区、工作区、状态栏等五大部分，共包含文件菜单、选项卡、标题栏、行号、列字母、显示比例、状态栏等十余功能项，如图 3-2 所示。

2. 快速访问工具栏

快速访问工具栏是包含一组独立命令的自定义工具栏，用户可以自定义快速访问工具栏的位置和命令内容。默认状态下，如图 3-2 所示，快速访问工具栏在左上方 1 号位。

（1）勾选常用命令　单击快速访问工具栏最右侧的下三角按钮，会弹出下拉菜单，在

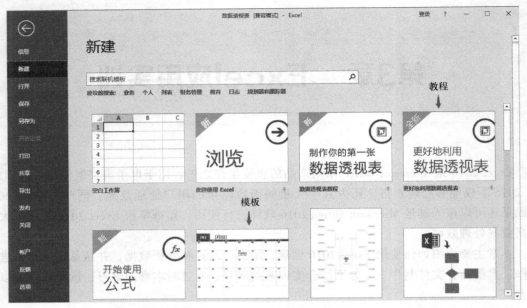

图 3-1　Excel 2016 模板选择工作界面

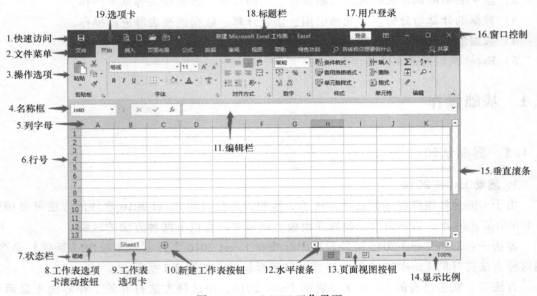

图 3-2　Excel 2016 工作界面

下拉菜单中用户可以单击某项命令来确定其是否在 Excel 工作界面上的快速访问工具栏中显示。如果某项命令前面有【√】，则该命令被设置为显示；如果没有【√】，则该命令被设置为隐藏。此处，选择【新建】、【打开】和【电子邮件】三个命令，则快速访问工具栏变成图 3-3 所示样式。

（2）新增常用命令　在下拉菜单中单击【其他命令】则会弹出【自定义快速访问工具栏】对话框。首先，用户需要明确新增命令所属位置和新增命令用于何处，这两项任务的默认信息是【常用命令】和【用于所有文档（默认）】。单击【从下列位置选择命令】下拉列表

图 3-3　新增命令后的快速访问工具栏

框，选择某个位置后即可显示该位置的所有命令。用户选择拟自定义快速访问的常用命令，通过双击该命令或者单击【添加】按钮来加入右侧的【自定义快速访问工具栏】列表框。

（3）删除常用命令　与新增常用命令的操作类似，用户如果要删除某项自定义的快速访问命令，则在【自定义快速访问工具栏】对话框的右侧列表中双击拟删除的常用命令，或单击拟删除的常用命令后单击【删除】按钮来删除该命令。

3. 功能区

Excel 2016 中的功能区取代了旧版本中的菜单命令，并依据各项功能划分为文件、开始、插入、页面布局、公式、数据、审阅和视图等选项卡。每种选项卡下划分了多种选项组，包含多个具体命令。

（1）隐藏功能区　在 Excel 2016 中，用户可通过隐藏功能区的方式扩大工作表的可视面积。具体的方法有两种，一是通过单击功能区最右侧向上的箭头按钮来隐藏功能区；二是通过单击【功能区显示选项】按钮进行设置。

（2）使用快捷键　在 Excel 2016 工作界面中按下 <Alt> 键即可打开功能区快捷键。用户可以根据快捷键提示来输入选项卡命令，如图 3-4 所示。

图 3-4　使用快捷键

（3）启动对话框　在很多选项组的右下角会有一个用于启动对话框的下三角按钮，单击该按钮就可以打开该选项组的对话框，并可以在该对话框中执行更多同类型命令。例如，单击【开始】→【字体】中的下三角按钮，便可以打开【字体】对话框。

4. 工作区

工作区是 Excel 2016 界面中最大的区域，主要用于表格设计和数据处理。工作区中的工作窗口是一个用行号、列字母标记的表格。Excel 2016 由 1048576 行和 16384 列组成。用户可利用【视图】选项卡中的各种命令来显示网格线、标题、编辑栏、分页符等。

（1）设置行号和列字母　Excel 默认用数代表行，字母代表列。用户可以更改显示形式，用数同时代表行列。单击【文件】→【选项】，弹出【Excel 选项】对话框并进行设置。

（2）工作窗口及辅助功能　对于较大页幅的数据，用户可通过水平或垂直滚条来查看不同区域，或者通过【视图】→【窗口】选项组中的按钮进行复杂设置，详细说明见第3.1.10 小节。

另外，用户可以通过单击工作窗口底端的页标签来切换不同的工作窗口，如图 3-5 所示。

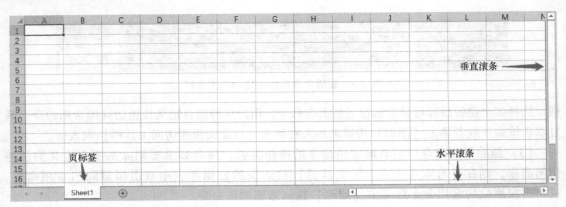

图 3-5　工作窗口

3.1.2　常规操作

1. 基本名称介绍

Excel 2016 最基本的元素有三个，分别为工作簿、工作表、单元格，如图 3-6 所示。

工作簿：用来储存 Excel 中数据的文件，一个 Excel 文件就是一个工作簿。

工作表：工作簿中的一个表，又称 Sheet 页。Excel 2016 默认的工作表名称为"Sheet1"，一个工作簿可以创建多个工作表。创建工作表的个数一般取决于计算机的内存大小。第 3.1.1 小节中提到的工作窗口就是工作表，页标签就是工作表名称。

单元格：组成 Excel 的最小单位，数据的录入与编辑都在其中进行。

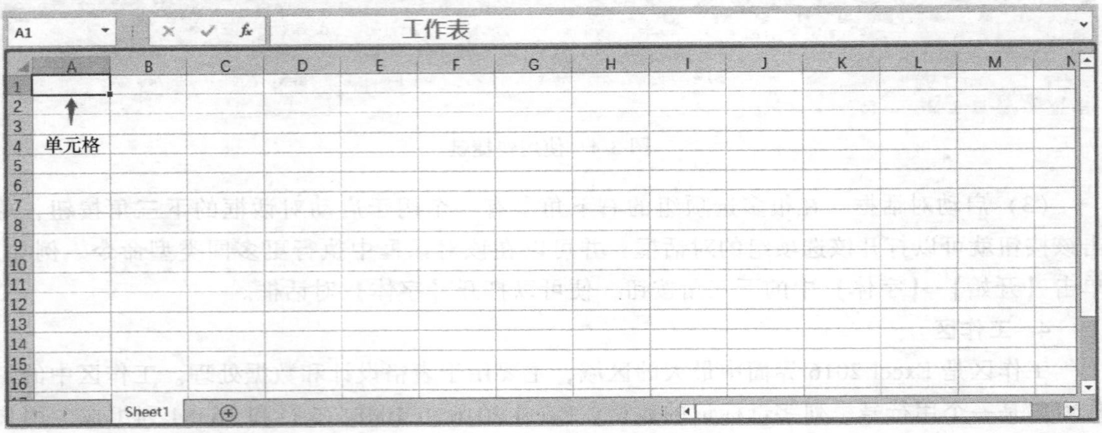

图 3-6　基本元素分布

2. 新建工作簿（两种常用方式）

（1）直接创建　启动 Excel 2016 组件程序，系统会自动弹出【新建】窗口。单击【空白工作簿】按钮即可新建空白工作簿。

（2）菜单命令创建　在已经打开的 Excel 文件中，单击【文件】→【新建】命令，在展开的【新建】窗口，单击【空白工作簿】即可新建空白工作簿。

3. 保存 Excel 工作簿

在编辑 Excel 工作簿过程中或结束后，用户可以执行操作保存该工作簿。在保存过程中软件会根据 Excel 工作簿创建的类型来判断是否要选择保存位置和类型。

（1）保存新建工作簿　新创建的 Excel 工作簿均没有预先指定存储位置，因此在首次保存时需要指定存储位置和保存类型等内容。对新建工作簿的保存操作有三种，分别是：<Ctrl+S>快捷键、快速访问工具栏【保存】按钮、【文件】菜单中的【保存】或【另存为】命令，用户在弹出的对话框中需要指定存储位置、文件名和保存类型等信息。

（2）保存已有工作簿　对已有 Excel 工作簿的保存操作有三种，分别是：<Ctrl+S>快捷键、快速访问工具栏【保存】按钮、【文件】菜单中的【保存】命令。

4. 文件格式

文件格式指的是文件后缀名，Excel 中不同版本间的后缀名不同，需要进行区分。.xls 文件对应的版本是 Excel 2003，.xlsx 文件对应的是 Excel 2007 及以上的版本。高版本可以向下兼容，即 Excel 2003 不能直接打开 Excel 2007 的文件，反之则可以。

5. 工作表基本操作

（1）新建工作表　打开一个 Excel 文件，系统已经为用户创建了一个默认的工作表即 Sheet1，用户可直接使用。如果用户需要创建更多的工作表，可以单击 Sheet1 后面的⊕按钮进行创建。新创建的工作表默认命名为"Sheet2"。以此类推，通过单击⊕按钮创建第三个、第四个甚至更多工作表，而这些工作表的默认名称为 Sheet3、Sheet4 等。

【学习提示】

需连续创建多个 Sheet 页时，可以在创建一个 Sheet 后，按<F4>快捷键，创建其他剩下的 Sheet 页。<F4>快捷键能够重复上次操作。

（2）工作表重命名　用户选中当前所在工作表的名称（如 Sheet1），右击并在弹出的菜单中单击【重命名】命令，就可以在原工作表名称位置输入新的名称。该操作过程同样适用于工作表的插入、删除、隐藏、工作表标签颜色设置等操作。

（3）选择或移动工作表　用户单击工作表名称即选择了该工作表，移动工作表是在选择工作表操作基础上进行的。用户选择工作表后按住左键，前、后拖动直至目标位置，放开左键，完成该工作表的移动。

6. 单元格基本操作

（1）选择单元格　用户只有选择了单元格或者单元格区域，才能对单元格进行编辑。单元格的选择分三种情况，选择单个单元格、选择连续的单元格区域和选择非连续的单元格区域。

【选择单个单元格】：直接单击需要操作的单元格即可。

【选择多个连续的单元格】：选中一片连续的区域，按住左键开始拖动直至整个区域选择完毕，放开左键，即完成操作。

【选择多个不连续的单元格】：选中一片不连续的区域，选择第一个区域后，按住<Ctrl>键选择另一个区域。

（2）选择单元格中数据　选择单元格中的数据有两种方式：单击单元格和双击单元格。两种方式的区别如下：单击单元格不仅选择了单元格中的全部数据，还选择了此单元格的格式。双击单元格，单元格进入编辑状态，用户选择的是单元格中全部或部分数据。

（3）插入、删除单元格　选择需要插入或删除单元格，右击，在打开的菜单中单击

【插入】或【删除】命令，用户在弹出的插入或删除对话框中选择单元格插入或删除的位置即完成操作。

7. 行列操作

行列操作是对一行（列）或者多行（列）单元格的操作。

（1）选择行列 【选择单行】将光标放置在行数字上，光标变成"→"时单击完成该行的选择。

【选择多行】将光标放置在行数字上，按住左键，向下拖动直至目标行为止，放开左键完成多行的选择。

【选择单列】、【选择多列】可参考行的相关操作。

（2）插入、删除行列 用户选择需要插入行（或列）的位置，右击并在弹出的操作菜单中单击【插入】命令。新插入的行（或列）会出现在所选行（或列）的上面（或左面）。

用户选择需要删除行（或列）的位置，右击并在弹出的操作菜单中单击【删除】命令。

（3）调节行高列宽 【调节行高】将光标移动到两行的行号之间，当光标变成"↕"形状，按住左键向上或向下拖动，直至调整到合适的行高为止，放开左键。

【调节列宽】将光标移动到两列的列字母之间，当光标变成"↔"形状，按住左键向左或向右拖动，直至调整到合适的列宽为止，放开左键。

【批量调节行列】选择操作行、列后，单击【开始】→【单元格】→【格式】按钮，在弹出的菜单中，用户根据需要单击【行高】或者【列宽】命令进行设置。

3.1.3 制作表格

Excel 2016 中对于表格制作的功能按钮集中在【开始】选项卡。当光标放置在这些功能按钮上时，Excel 2016 会自动提示相关功能说明。在设置单元格的样式时，可直接按 <Ctrl+1>快捷键，打开【设置单元格格式】对话框。

1. 设置【字体】选项组

在【字体】选项组中列出了一些常用的设置项，包括字体、字形字号、颜色等。如果用户需要进一步设置单元格格式，可单击【字体】选项组中右下角用于启动对话框的倒三角按钮，在图 3-7 所示的对话框中执行更多命令。

（1）设置字体 用户选中需要设置字体的单元格，单击【开始】→【字体】→【字体】倒三角按钮，在下拉列表中选择所需字体，如【宋体】，即可完成字体设置。该操作步骤同样适用于字号等设置。

图 3-7 【设置单元格格式】对话框

（2）设置颜色 用户选中需要设置颜色的单元格，单击【开始】→【字体】→【填充颜色】右侧的倒三角按钮，在弹出的下拉列表中选择颜色，即可为所选单元格添加颜色。该操作步骤同样适用于字体颜色设置。

用户如果在【字体】→【填充颜色】或【字体颜色】中未找到所需的颜色，则需单击【填充颜色】或【字体颜色】右侧的倒三角按钮，在下拉菜单中单击【其他颜色】命令，打开【颜色】对话框，从中选择所需颜色，并单击【确定】按钮，即可完成颜色设置。如果在【颜色】对话框的标准颜色中仍无法找到所需颜色，则单击【自定义】选项卡，在色板中选取颜色或根据颜色组成自定义颜色即可。

（3）修改拼音指南（拼音设置）

1）标注拼音：用户选择需要设置拼音的文字，单击【开始】→【字体】→【拼音指南】→【编辑拼音】命令，之后文字上会出现拼音输入文本框，输入拼音即可完成拼音标注。

2）编辑拼音：用户选择需要设置拼音的文字，在【拼音指南】下拉菜单中单击【编辑拼音】命令，在文字上方拼音编辑框中输入新的拼音，即可完成拼音编辑；或者单击【拼音设置】命令，设置拼音属性，包括对齐方式、字体、字号等。

3）拼音显示与隐藏：用户选择需要设置拼音的文字，在【拼音指南】下拉菜单中单击【显示拼音字段】命令，实现显示或隐藏拼音的效果。

拼音指南功能并不会自动添加拼音，该功能主要是用于输入拼音或对已有拼音进行编辑。

2. 设置【对齐方式】选项组

（1）设置"对齐方式" Excel 2016提供六种对齐方式，在竖直方向可以设置【顶端对齐】、【垂直居中】、【底端对齐】；在水平方向可以设置【左对齐】、【居中】、【右对齐】。用户可以同时设置竖直方向和水平方向上的对齐方式。选择需要设置的单元格，单击【开始】→【对齐方式】下的六种设置按钮中的一个或两个完成设置。

（2）设置字体方向 用户选中需要设置字体方向的单元格，单击【开始】→【对齐方式】→【方向】按钮，在下拉列表中选择所需方向，如【竖排文字】，即可完成单元格方向设置。

（3）设置换行方式 在Excel中，当输入数据的长度超过单元格宽度时，就会覆盖右侧单元格的位置，所以需要对单元格进行换行设置。单元格换行有两种方式：自动换行和强制换行。

自动换行是当输入的数据长度等于单元格宽度时，用户继续输入的数据会自动在单元格中换行。用户选中需要设置换行的单元格，单击【开始】→【对齐方式】→【自动换行】按钮，即可完成设置。

强制换行是当输入的数据长度小于单元格宽度时，就进行的换行操作。用户将光标放置在需要换行的位置，按<Alt+Enter>快捷键，实现强制换行。

3. 设置边框

Excel工作表中灰色的划分单元格的线并不是单元格的边框，而是网格线。为了使表格更加清晰，需要为单元格设置边框。

（1）设置【边框】 用户选择需要设置边框的单元格或者区域，单击【开始】→【字体】→【边框】按钮，在弹出的菜单中选择所需边框，如【粗下框线（H）】，即可完成边框设置。

（2）设置【绘制边框】 用户如果在【字体】→【边框】→【边框】中未找到所需的线条颜色、线型，则需单击【绘制边框】命令。

用户可以从【线条颜色】子菜单中选择需要的颜色。如果需要设置更多的颜色，单击【其他颜色】命令，弹出【颜色】对话框，选择所需颜色，即可完成颜色选择。如果在【颜色】对话框的标准颜色中仍无法找到所需颜色，则单击【自定义】选项卡，在色板中选取颜色或根据颜色组成自定义颜色即可。

用户可以从【线型】子菜单中选择需要的线型，如【虚线】，即可完成线型选择。

（3）设置【其他边框】 选择需要设置边框的单元格或者区域，单击【开始】→【字体】→【边框】按钮，在下拉菜单中单击【其他边框】，弹出【设置单元格格式|边框】对话框。该对话框不仅能实现【边框】和【绘制边框】功能，而且能够在单元格中绘制斜线，如图3-8所示。

4. 格式套用

Excel 2016提供多种单元格格式和表格格式，方便用户快速套用。样式是一组预先定义好的格式，包括字体和字号、单元格边框和单元格底纹格式。

（1）套用单元格格式 用户选择需要设置的单元格或者区域，单击【开始】→【样式】→【单元格样式】下方的倒三角按钮，在弹出的菜单中选择所需格式，即可完成格式设置。

如果【样式】选项组的【单元格样式】提供的样式未能满足需求，用户可以自定义样式单击【开始】→【样式】→【单元格样式】→【新建单元格样式】命令，弹出【样式】对

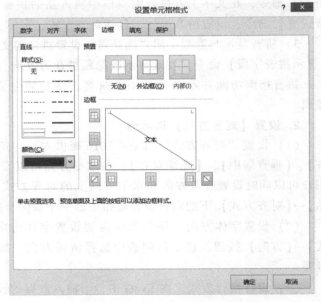

图3-8 绘制斜线

话框。在对话框中自定义"样式1"并进行设置，设置完成后自定义样式出现在【单元格样式】列表中。

用户需要删除自定义格式时，只需单击【开始】→【样式】→【单元格样式】下方的倒三角按钮，将光标放置在弹出的列表中"样式1"上，右击并单击【删除】命令即可。

（2）套用表格格式 用户选择需要设置的单元格区域（即表格），单击【开始】→【样式】→【套用表格格式】按钮，在弹出的列表中选择所需格式，即可完成字体设置。

如果【样式】选项组的【套用表格格式】提供的样式未能满足需求，用户可以自定义样式。单击【开始】→【样式】→【套用表格格式】→【新建表格样式】，在弹出的【新建表格样式】对话框中进行设置，设置完成后自定义样式"表样式1"出现在【新建表格样式】列表中。

用户需要删除自定义格式时，只需单击【开始】→【样式】→【套用表格格式】下方的倒三角按钮，将光标放置在弹出的列表中"表样式1"上，右击并单击【删除】命令即可。

5. 设置批注

批注对单元格有一定的注释作用。用户添加批注后，单元格的右上角会显示一个指示符号，当光标停留在该单元格时，将显示批注内容。

（1）插入批注　用户选择需要设置的单元格，右击并在弹出的菜单中单击【插入批注】命令即可完成设置。

（2）设置批注内容　批注的内容有两种形式：文字和图片。设置的方法如下：

1）当批注中内容为文字时，用户选择需要设置的单元格，右击并在弹出菜单中单击【插入批注】命令后，直接在批注编辑文本框中输入文字即可。

2）当批注中内容为图片时，首先，用户选择需要设置的单元格，右击并在弹出的菜单中单击【插入批注】后，将光标放在批注文本框的边框处，右击并在弹出菜单中单击【设置批注格式】命令，弹出【设置批注格式】对话框。在【设置批注格式】对话框中，单击【颜色与线条】→【填充】→【颜色】→【填充效果】。在【填充效果】对话框中，单击【图片】→【选择图片】按钮，完成设置。

（3）编辑批注（修改批注）　用户选择需要设置的单元格，右击并在弹出的菜单中单击【编辑批注】命令，批注进入编辑状态，之后参考"设置批注内容"中内容，进行相关设置即可。

（4）删除批注　用户选择需要设置的单元格，右击并在弹出的菜单中单击【删除批注】命令即可完成设置。

3.1.4　页面布局

Excel 2016 中对于页面布局的功能按钮集中在【页面布局】选项卡，如图 3-9 所示，包括主题、页面设置、调整为合适大小、工作表选项和排列五个选项组。

图 3-9　【页面布局】选项卡

1. 设置主题

设置主题可以快速地更新 Excel 文档风格，协调颜色、字体等元素。以"建筑系用品进货售卖一览表"为例进行设置，如图 3-10 所示。

（1）设置主题　用户打开需要设置的工作表，单击【页面布局】→【主题】→【主题】按钮，在弹出的菜单中选择所需主题，如【柏林】，即可完成主题设置。用户设置主题后，单击【开始】→【字体】→【填充颜色】右侧的倒三角按钮，弹出菜单中的颜色与【柏林】主题一致，如图 3-11 所示。

（2）设置颜色　用户打开需要设置的工作表，单击【页面布局】→【主题】→【颜色】按

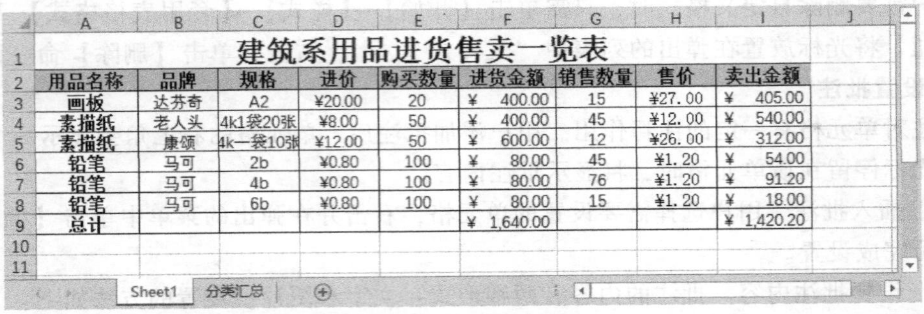

	A	B	C	D	E	F	G	H	I
1	建筑系用品进货售卖一览表								
2	用品名称	品牌	规格	进价	购买数量	进货金额	销售数量	售价	卖出金额
3	画板	达芬奇	A2	¥20.00	20	¥ 400.00	15	¥27.00	¥ 405.00
4	素描纸	老人头	4k1袋20张	¥8.00	50	¥ 400.00	45	¥12.00	¥ 540.00
5	素描纸	康颂	4k一袋10张	¥12.00	50	¥ 600.00	12	¥26.00	¥ 312.00
6	铅笔	马可	2b	¥0.80	100	¥ 80.00	45	¥1.20	¥ 54.00
7	铅笔	马可	4b	¥0.80	100	¥ 80.00	76	¥1.20	¥ 91.20
8	铅笔	马可	6b	¥0.80	100	¥ 80.00	15	¥1.20	¥ 18.00
9	总计					¥ 1,640.00			¥ 1,420.20

图 3-10　建筑系用品进货售卖一览表

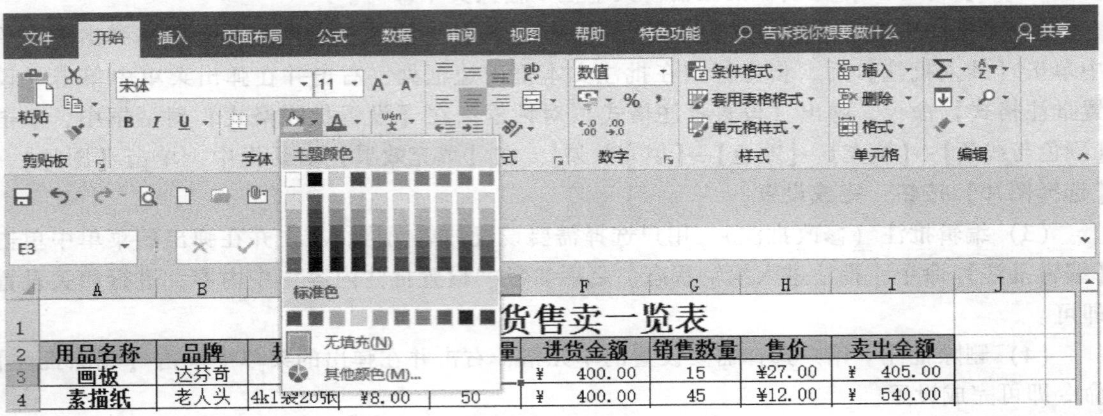

图 3-11　主题颜色

钮，在弹出的菜单中选择所需颜色组合，即可完成设置。

如果【主题】选项组的【颜色】中提供的样式未能满足需求，用户可以自定义颜色组合。单击【页面布局】→【主题】→【颜色】→【自定义颜色】，在弹出的【新建主题颜色】对话框中进行设置，设置完成后“自定义 1”出现在【颜色】菜单中。

2. 快速设置页面布局

页面设置主要包括页边距、纸张方向、纸张大小等选项。Excel 2016 提供默认页面设置，但该页面设置并不一定适合所有用户，用户可以根据需要对页面进行设置。页面设置操作一般在用户打印时使用。

（1）设置页边距　用户打开需要设置的工作表，单击【页面布局】→【页面设置】→【页边距】按钮，选择所需页面边距组合，即可快速完成设置。

如果【页面设置】选项组的【页边距】菜单中提供的样式未能满足需求，用户可以自定义。单击【页边距】→【自定义页边距】按钮，在弹出的【页面设置】对话框中进行设置。

（2）设置纸张方向　用户打开需要设置的工作表，单击【页面布局】→【页面设置】→【纸张方向】按钮，设置纸张方向为【横向】或【纵向】。

（3）设置纸张大小　用户打开需要设置的工作表，单击【页面布局】→【页面设置】→【纸张大小】按钮，选择所需纸张大小，即可快速完成设置。

如果【页面设置】→【纸张大小】菜单中提供的样式未能满足需求，用户可以自定义。单击【纸张大小】→【其他纸张大小】命令，在弹出的【页面设置】对话框中进行设置。

（4）其他设置　用户打开需要设置的工作表，单击【页面布局】→【页面设置】选项组中右下角用于启动对话框的按钮，启动【页面设置】对话框，如图3-12所示。

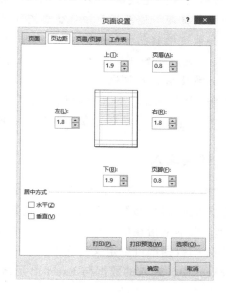

图3-12　【页面设置】对话框

【页面设置】→【页面】选项卡说明
- 缩放比例：打印时放大或缩小工作表或所选内容，使其符合指定页数。
- 调整为：可在"页宽"和"页高"微调按钮中输入数字。若要将宽度设为最大则在"页宽"中键入"1"，将"页高"留空。
- 纸张大小：选择打印纸张的大小。
- 打印质量：打印机支持的分辨率越高，打印质量越好。
- 起始页码：文本框中默认输入"自动"即起始页码设置为1，用户可根据需要输入其他数。

【页面设置】→【页边距】选项卡说明
- 调整"上""下""左"和"右"微调按钮中的度量值，设置数据和打印页面边缘之间的距离。
- 在"页眉"或"页脚"微调按钮中输入数字，调整页眉与页面顶部之间或页脚与页面底部之间的距离。该距离值应小于页边距设置，以防数据与页眉或页脚重叠。
- 居中方式：调节数据在页面中的位置。

【页面设置】→【页眉/页脚】选项卡说明
- 页眉/页脚：添加页眉/页脚，Excel 2016内置页眉，用户也可以自定义页眉或页脚。
- 单击【奇偶页不同】复选按钮，指定在奇数页和偶数页上分别显示不同的页眉和页脚。

- 单击【与页边距对齐】复选按钮，页眉边距或页脚边距与工作表的左右边距对齐。【页面设置】→【工作表】选项卡说明。
- 打印区域：单击打印区域框右侧的【折叠对话框】按钮，通过选择工作表中的单元格来进行输入。完成输入后，可再次单击此按钮，完成设置。
- 打印标题：使每页打印纸上都有工作表的标题，设置方式与【打印区域】相同。
- 如果使用彩色打印机，但打印时只想使用黑白色，请单击【单色打印】复选按钮。此按钮默认关闭。如果使用只能打印黑白单色的打印机，则此选项无效。
- 如果使用的打印机具有草稿品质模式，单击【草稿质量】复选按钮可通过降低打印质量加快打印速度。如果打印机没有草稿品质模式，则此选项无效。
- 单击【行和列标题】复选按钮，打印输出中显示这些列标。

3.1.5　数据输入

日常录入 Excel 中的数据类型大致可分为数值型、日期型和文本型三种。数值型指在单元格中输入的数据全部都是数值，包括整数、小数、分数等。日期型指在单元格中输入的数据是日期。文本型指在单元格中输入汉字、字母、符号、数值等组合，简单地说，除数值和日期类型外的数据都可以定义为文本型。

在 Excel 中，输入的数据与 Excel 单元格中最后显示的内容并不一定相同，所以需要区分不同的数据类型及其录入方法。

1. 典型数据类型的录入

（1）录入长数字　数值型数据在录入过程中的特点是，当数值长度超过 11 位时，Excel 会用科学计数法表示该数值。所以，在 Excel 单元格中显示长数字需要进行设置，方法如下。

方法一：用户选中需要设置的单元格，右击并在弹出的菜单中单击【设置单元格格式】命令，打开【设置单元格格式】对话框；或者按 <Ctrl+1> 快捷键，打开【设置单元格格式】对话框。在【设置单元格格式】对话框中单击【数字】选项卡，在【分类】列表中单击"文本"，则单元格格式设置为"文本"，完成设置。

方法二：用户双击需要设置的单元格使该单元格进入编辑状态，在单元格最前面输入"'"，完成设置。

（2）录入分数　在 Excel 中，如果用户直接按 Word 中的操作方法输入分数，该分数会以日期的形式进行显示，并且 Excel 中分数的显示形式与数学中显示形式有所不同。正确的输入规则为：先输入整数，按空格键，再输入分数。以"录入 2/3"为例，用户选中需要录入的单元格，先输入"0"，按空格键，再输入"2/3"，完成录入。以录入"$3\frac{7}{8}$"为例，用户选中需要录入的单元格，先输入"3"，按空格键，再输入"7/8"，完成录入。

（3）录入平方、立方　以输入"M^2"为例。用户在单元格中输入数据"M2"，输入完成后选中"2"，打开【设置单元格格式】对话框（打开方法参考"录入长数字"），在对话框中【字体】选项卡中单击【上标】复选按钮，完成设置。

（4）录入特殊符号　用户单击【插入】→【符号】→【符号】按钮，在弹出的对话框中选择所需符号，即完成设置。

（5）录入日期、时间　在Excel中正确的日期录入有三种形式：yyyy-mm-dd、yyyy/mm/dd、yyyy年mm月dd日，即年月日之间分别用"-""/"或汉字进行分隔。输入时间时，小时、分、秒用"："进行分隔。用户也可以使用快捷键进行快速录入，如按【Ctrl+；】快捷键，录入当前日期；按【Ctrl+Shift+；】快捷键，录入当前时间。

（6）录入以0开头的数字　Excel中输入以0开头的数字时，0会自动省略，所以需要用户进行格式设置。以录入001~010为例，方法如下。

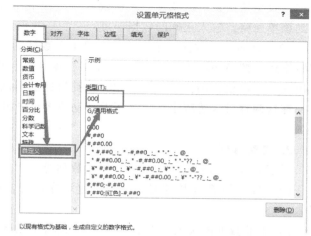

图3-13　自定义数据类型

方法一：首先，用户选择需要录入的单元格，打开【设置单元格格式】对话框（打开方法参考"录入长数字"），选择【数字】选项卡。其次，单击【分类】列表中的【自定义】；在【类型】文本框中输入"000"，如图3-13所示，完成设置。用户只需在单元格中输入"1"，即显示"001"。这种数据设置的方法叫作自定义数据类型。

方法二：将单元格格式设置为"文本"。用户双击需要设置的单元格，使该单元格进入编辑状态，在单元格最前面输入"'"，完成设置。

【学习提示】
● 【设置单元格格式】对话框能实现不同数据类型的设置。
● 区分不同数据类型是为了函数计算等操作做准备，如果用户录入的数据仅仅是为了显示之用，可以统一设置为"文本"。
● 设置为"文本"之后，单元格中输入与显示相同。
● 日期型数据中年、月、日分割方式为yyyy-mm-dd、yyyy/mm/dd和yyyy年mm月dd日这三种，其他分隔方式输入的数据为文本类型，如yyyy.mm.dd。
● Excel中输入标点符号时，必须在英文半角状态下进行，否则操作可能会失效。

2. 快速录入

用户在Excel工作表中连续区域录入数据，当数据录入到一行或一列末尾时，需要重新定位光标，才能继续新的一行或一列的录入。快速录入方法则省去了光标重定位的过程，极大地提高了工作效率。如图3-14所示，以此数据为例进行操作。

（1）横向录入数据　用户选择需要录入数据的区域，如图3-14所示，录入第一个单元格数据后，按＜Tab＞键录入下一个单元格

	A	B	C	D	E
1	用品名称	购买数量	销售数量	售价	卖出金额
2	画板	20	15	¥27.00	¥ 405.00
3	素描纸	50	45	¥12.00	¥ 540.00
4	素描纸	50	12	¥26.00	¥ 312.00
5	铅笔	100	45	¥1.20	¥ 54.00
6					
7					
8	用品名称	购买数量	销售数量	售价	卖出金额
9	画板				
10	素描纸				
11	素描纸				
12	铅笔				

图3-14　源数据

数据，直至填满整个区域。如果在录入的过程中出现录入错误，则按<Tab+Shift>快捷键回退到该单元格，输入正确的数据即可。

（2）纵向录入数据　用户选择需要录入数据的区域，如图3-14所示，录入第一个单元格数据后，按<Enter>键进行下个单元格数据录入，直至填满整个区域。如果在录入的过程中出现录入错误，则按<Enter +Shift>快捷键回退到该单元格，输入正确的数据即可。

在这两种录入过程中，用户不要移动或者单击鼠标，即鼠标不出现任何操作，否则设置失效。

3. 自动填充

对于有规律的数据，如等差或等比数列等，用户可以通过自动填充功能进行批量输入。

（1）简单填充（快速填充）　快速填充的方法主要适用于重复数据或者等差数据的录入。

1）重复数据的录入：在A1～A10单元格中录入数据1。用户在单元格A1中输入数字"1"，将光标放置在A1单元格右下方边框交点处，光标变成十字时，按住左键向下拖拽，直至目标单元格A10，放开鼠标，完成录入。

2）等差数列的录入：在A1～A10单元格中录入数据，d=2。首先，用户在单元格A1中输入数字"1"，在单元格A2中输入"2"。其次，同时选中A1、A2单元格，将光标放置在A2单元格右下方边框交点处，光标变成十字时，按住左键向下拖拽，直至目标单元格A10，放开左键，完成录入。

（2）复杂填充　当通过简单的拖拽鼠标不能满足用户需求时，需要更为复杂的设置。以输入8～32768，比为8的等比数列为例。用户在单元格A1中输入数字"8"，单击【开始】→【编辑】→【填充】按钮，在弹出的菜单中单击【序列】命令，启动【序列】对话框，如图3-15所示，进行设置。

4. 数据有效性

数据有效性指用户自行定义单元格内容的有效范围或条件，借此来保证单元格的输入值是符合"规定"的。

（1）设置数据有效性（验证设置）　用户选择需要设置的单元格，单击【数据】→【数据工具】→【数据验证】按钮，弹出【数据验证】对话框，如图3-16所示，进行验证。

【例3-1】　单元格中输入的数据是不超过10的整数。

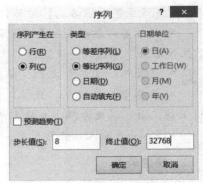

图3-15　【序列】对话框

步骤一，在【数据验证】→【设置】选项卡中设置验证条件，如图3-16所示。

步骤二，在【数据验证】→【输入信息】选项卡中设置提示信息。单击被设置有效性的单元格时，该信息就会显示，以提示用户。

步骤三，在【数据验证】→【出错警告】选项卡中设置警告信息。当单元格中输入的数据不符合"允许条件"时，该信息就会以对话框的形式提示，并发出声音，以提示用户输入的信息不符合要求。

【出错警告】→【样式】设置中有三种警告级别："停止""警告""信息"。选择"停

图 3-16 【数据验证】对话框

止"时，如果用户输入的数据不符合条件，该数据是不能被录入到单元格中的。而选择其他两种警告级别，即使数据不符合条件，最终也可以被录入到单元格中。

步骤四，在【数据验证】→【输入法模式】设置输入法模式，完成数据有效性设置。

完成该有效性设置后，当用户输入的数据不满足"小于或等于 10 的整数"时，Excel就会弹出警告对话框。

（2）设置"下拉列表""下拉列表"也是对单元格设置数据有效性的一种表现形式，所以设置方法基本与设置数据有效性一致。用户选择需要设置的单元格，单击【数据】→【数据工具】→【数据验证】按钮，弹出【数据验证】对话框，如图 3-17 所示，进行验证。

【例 3-2】 单元格下拉列表选项为"画板""素描笔""铅笔"。

步骤一，在【数据验证】→【设置】设置允许条件，在【允许】下拉列表框中单击【序列】，在【来源】文本框中输入下拉列表的内容。如图 3-17 所示。其中，选项之间用逗号分隔，逗号的输入状态为英文半角。

步骤二，其他方面的设置可参考【数据有效性设置】的方法，完成设置。

【学习提示】

在对数据有效性进行设置时，步骤二、三、四不是必要步骤，可以省略。如果用户选择不进行这三个步骤的设置，相当于使用Excel 提供的默认设置。

（3）圈释无效数据（验证数据）

【例 3-3】 圈出单元格中不满足小于或等于 10 的数据。

步骤一，用户选择已经输入数据的区域，如图 3-18 所示。进行【例 3-1】中数据有效性

图 3-17 设置验证条件

的设置。

步骤二，单击【数据】→【数据工具】→【数据验证】下方的倒三角按钮，在弹出的菜单中单击【圈释无效数据】命令，完成设置，如图 3-19 所示。

（4）清除标识圈　清除圈释无效数据的标识圈有两种方法。

方法一：将标识圈中的数据修改为符合"允许条件"的有效数据，修改完成后标识圈自动消失。

方法二：用户单击【数据】→【数据工具】→【数据验证】下方的倒三角按钮，在弹出的菜单中单击【清除验证标识圈】命令，完成设置。

进价	购买数量	销售数量	售价
¥2.50	20	8	¥5.50
¥0.80	100	45	¥1.20
¥12.00	50	12	¥26.00
¥8.00	20	7	¥15.00
¥2.50	20	10	¥5.50
¥0.80	100	15	¥1.20
¥2.50	20	16	¥5.50

图 3-18　源数据

图 3-19　圈释无效数据

（5）删除数据有效性　用户选择已经设置有效性的单元格，单击【数据】→【数据工具】→【数据验证】按钮，弹出【数据验证】对话框，单击对话框左下侧的【全部删除】按钮，进行删除。

3.1.6　排序筛选

1. 排序

排序是对单元格中的数据进行排序。

在对表格进行排序之前，被排序表格需符合以下条件：没有合并单元格，尽量不要出现空白单元格。

（1）简单排序　简单排序是指对表格中一行或一列进行排序。操作步骤如下：

步骤一，用户选择需要排序的行或列中任意单元格。

步骤二，单击【开始】→【编辑】→【排序和筛选】命令，在弹出的菜单中选择【升序】或【降序】，完成排序。或者单击【数据】→【排序和筛选】→【升序】或【降序】按钮，完成排序。

【学习提示】　Excel 2016 默认的排序规则（升序）：
- 数值：按数值大小排序。
- 字母：按字母 ASCII 顺序排序。
- 日期：按日期先后顺序排序。
- 汉字：按汉语拼音的顺序排序。
- 逻辑值：先 FALSE 后 TRUE。
- 空格：总排在最后。

（2）复杂排序　复杂排序是指对表格中多个字段进行排序即多行或多列排序。

【例 3-4】　将"建筑系用品进货售卖一览表"按"用品名称"排序，如果名称相同则购买数量多的用品排在前面。

步骤一，用户选择需要排序区域内的任意单元格，单击【开始】→【编辑】→【排序和筛选】→【自定义排序】命令，启动【排序】对话框。或者单击【数据】→【排序和筛选】→【排序】命令，启动【排序】对话框。

步骤二，设置【排序】对话框，如图 3-20 所示，完成排序设置。

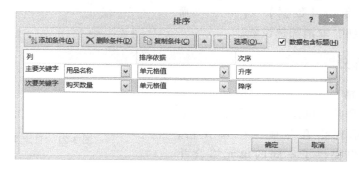

图 3-20 【排序】对话框

> 【学习提示】
> - 【主要关键字】中选择优先排序的字段。
> - 【次要关键字】中选择第二优先字段，以此类推。
> - 单击【添加条件】按钮，添加排序字段。
> - 单击【删除条件】按钮，删除排序字段。

（3）自定义排序　自定义排序是当 Excel 2016 内置的排序规则不能满足需求时，用户可以自定义新的排序规则。

【例 3-5】　按"学历"对表格排序。

步骤一，用户选择需要排序区域内的任意单元格，单击【开始】→【编辑】→【排序和筛选】→【自定义排序】命令，启动【排序】对话框。或者单击【数据】→【排序和筛选】→【排序】命令，启动【排序】对话框。

步骤二，在【排序】对话框中进行设置，弹出【自定义序列】对话框。

步骤三，单击【新序列】，在【输入序列】文本框中输入排序规则。规则输入完成后，单击右侧【添加】按钮，将排序规则添加到 Excel 中，单击【确定】按钮。在【输入序列】中输入排序规则时，输入"本科"之后按<Enter>键，再输入下一个字段，直至规则输入完成为止，如图 3-21 所示。

2. 简单筛选

通过 Excel 简单筛选功能，用户能够迅速找到表格中所需数据。

（1）设置简单筛选

步骤一，用户选择需要筛选区域内的任意单元格，单击【数据】→【排序和筛选】→【筛选】，启动筛选功能，此时排序表格标题字段名右侧出现下拉箭头。

步骤二，单击任一列首行单元格右侧下拉箭头，在弹出的下拉列表中取消选中【全选】复选按钮，单击拟设定要求复选按钮即可完成筛选。

（2）复制筛选结果　用户选中筛选结果，按<Ctrl+C>快捷键复制筛选结果，之后单击复制区域开始的单元格，按<Ctrl+V>快捷键粘贴筛选结果。

（3）取消筛选　用户选择需要筛选区域内的任意单元格，单击【数据】→【排序和筛选】→【筛选】按钮，取消筛选设置。

3.1.7　合并拆分

1. 合并单元格

（1）单元格合并　单元格合并是指将两个或多个相连的单元格合并成一个单元格。Excel 2016 为用户提供了不同的单元格合并方式。

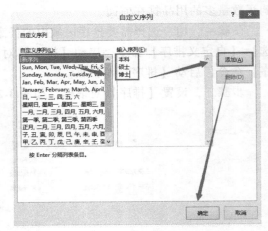

图 3-21　自定义序列

用户选择需要进行合并的单元格，单击【开始】→【对齐方式】→【合并后居中】右侧的倒三角按钮，在弹出的菜单中选择合并方式，完成设置。

（2）取消合并　用户选择需要取消合并的单元格，单击【开始】→【对齐方式】→【合并后居中】右侧的倒三角按钮，在弹出的菜单中单击【取消单元格合并】命令完成设置。

2. 拆分单元格

拆分单元格指将一个单元格中的内容，拆分到多个列中。

【例 3-6】　拆分图 3-22 中单元格。

步骤一，用户选择要拆分其内容的单元格 A2，单击【数据】→【数据工具】→【分列】按钮，弹出【文本分列向导】对话框。

步骤二，设置【文本分列向导—第 1步】。默认选择"分隔符号"，然后单击【下一步】按钮。

步骤三，设置【文本分列向导—第 2步】，选择分隔符号以定义拆分方式。如果

图 3-22　源数据

Excel 提供的分隔符不能满足需求，用户可以自定义设置，设置完成后，单击【下一步】按钮。【数据预览】框中显示拆分结果。

步骤四，设置【文本分列向导—第 3 步】，在【列数据格式】选项组中，为新的数据选择格式，一般选择【常规】，单击【完成】按钮完成拆分。

3.1.8　插入插图

Excel 2016 中可以插入图片、形状、SmartArt 等元素。

1. 插入图片

（1）插入图片　用户选择需要插入图片的工作表，单击【插入】→【插图】→【图片】按

钮，弹出【插入图片】对话框。在【插入图片】对话框中，逐级打开图片所在的文件夹，选择需要插入的图片，单击【插入】按钮，完成设置。

（2）编辑图片 用户单击插入图片，在功能区选项中出现一个新的名为【格式】的选项卡，该选项卡下的按钮能够实现图片编辑功能。

（3）删除图片 用户单击图片，按<Del>键删除图片。

2. 插入形状

（1）绘制形状 用户打开需要插入形状的工作表，单击【插入】→【插图】→【形状】按钮，在下拉菜单中选择要插入的形状。此时光标变为十字，在需要插入形状的位置拖动鼠标，即可绘制所需形状。

（2）编辑形状 以在形状上输入文字为例，选择已绘制的形状，单击【格式】→【插入形状】→【文本框】按钮并选择文本框方向。此时，光标变为十字，用户在需要输入文字的地方，绘制文本框，可输入文字即可。

3. 插入 SmartArt

步骤一，用户打开需要插入 SmartArt 的工作表，单击【插入】→【插图】→【SmartArt】按钮，弹出【选择 SmartArt 图形】对话框，如图 3-23 所示。SmartArt 图形主要包括【列表】、【流程】、【循环】、【层次结构】、【关系】、【矩阵】、【棱锥图】和【图片】八个选项。

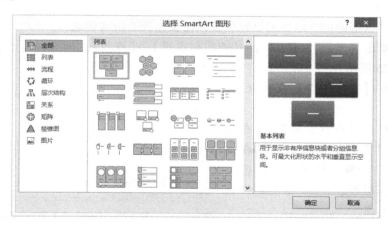

图 3-23 【选择 SmartArt 图形】对话框

步骤二，在【选择 SmartArt 图形】对话框中，选择所需的 SmartArt 图形即可插入图形。

步骤三，单击 SmartArt 图形中的"文本"位置，输入文字或者其他数据。

（1）添加形状 用户选择 SmartArt 图形插入点所在的形状，单击【设计】→【创建图形】→【添加形状】右侧的倒三角按钮，在弹出菜单中选择形状添加的位置，如图 3-24 所示。

（2）更改 SmartArt 颜色 用户选择需要设置的 SmartArt 图形，单击【设计】→【SmartArt 样式】→【更改颜色】按钮，根据需要选择菜单中的颜色，完成设置。

（3）更改 SmartArt 样式 用户选择需要设置的 SmartArt 图形，单击【设计】→【SmartArt 样式】选项组右下方的倒三角按钮，在弹出的菜单中选择所需的样式，即可完成样式设置。

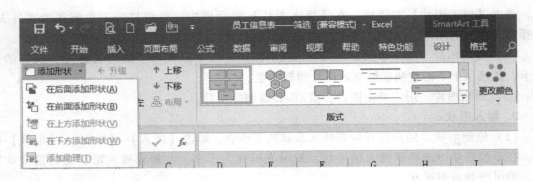

图 3-24　SmartArt 图形添加形状

（4）更改 SmartArt 形状　用户选择需要设置的 SmartArt 图形，单击【格式】→【形状】→【更改形状】按钮，在弹出的菜单中选择所需形状，即可完成 SmartArt 形状的更改。

除上述对 SmartArt 形状操作外，【设计】、【格式】选项卡提供更多的功能设置，如调整 SmartArt 形状的大小、填充、效果、文字样式等。

3.1.9　查找替换

1. 设置查找

查找功能可以帮助用户定位到目标位置以便快速找到所需信息。

步骤一，单击【开始】→【编辑】→【查找和选择】→【查找】，即打开【查找和替换】对话框，如图 3-25 所示。

步骤二，在【查找内容】文本框中，输入查找数据。

步骤三，单击【查找全部】、【查找下一个】，Excel 即开始查找。如果查找不到，则弹出提示框，提示未找到搜索项。如果查找到数据，Excel 将会定位到该数据所在单元格。

单击对话框中【选项】按钮，可以进行更多查找设置。

图 3-25　【查找和替换】对话框

2. 设置替换

替换功能可以帮助用户快捷地更改查找到的数据或批量修改相同的内容。

步骤一，用户单击【开始】→【编辑】→【查找和选择】→【替换】，即打开【查找和替换】对话框，如图 3-25 所示。

步骤二，在【替换】选项卡中的【查找内容】文本框中输入要查找的内容，在【替换为】文本框中输入替换后的新内容。

步骤三，单击【替换】按钮就可以将查找到的内容替换为新的内容。如果需要将工作表中所有相同的内容都替换掉，单击【全部替换】按钮，Excel 就会自动将整个文档内所有查找到的内容替换为新的内容，并弹出相应的提示框显示完成替换的数量。单击【确定】

按钮关闭提示框。

> **【学习提示】**
> Excel 2016 不仅能根据指定的文本查找和替换，还能根据指定的格式进行查找和替换，以满足复杂的查询条件。单击对话框中【选项】按钮，可以进行更多替换设置。

3.1.10 拆分冻结

1. 设置拆分窗口

用户查看同一工作表中不同部分的内容时，如果工作表中数据行或列过多，而需要查看的内容又分别位于工作表前后部分，此时拆分工作表窗口是一个不错的解决问题的方法。拆分窗口是指将当前窗口分为两个或四个部分。该操作不会对文档造成任何影响，它只是文档浏览的一种方式而已。

（1）拆分行或列　用户打开工作表，选中表格中任一行。单击【视图】→【窗口】→【拆分】按钮，即可完成拆分设置。

（2）拆分行列　Excel 2016 拆分窗口操作除了可以实现拆分行或列外，还可实现同时拆分行列。用户打开工作表，选中需要拆分的单元格。单击【视图】→【窗口】→【拆分】按钮，即可完成拆分设置。

（3）取消拆分　用户打开需要设置的工作表，单击【视图】→【窗口】→【拆分】按钮，即可完成取消拆分设置。

> **【学习提示】**
> ● 拆分窗口是将窗口拆分为不同的窗格，这些窗格中内容与原工作表一致，并且可单独滚动。
> ● 拆分窗口设置的重点在于拆分位置的选择。

2. 设置冻结窗口

冻结窗口与拆分窗口操作方法、使用情况基本相似。二者的区别在于，滚动工作表时，被设置冻结的行列始终可见。

（1）冻结行、列　用户打开工作表，选中该表格中任意单元格。单击【视图】→【窗口】→【冻结窗格】按钮下侧的倒三角，在弹出列表中选择【冻结首行】，即可完成设置。如果要冻结非首行（或首列）的其他行（或列），用户选择该行（或列）的下一行（或列），单击【视图】→【窗口】→【冻结窗格】按钮下侧的倒三角，在弹出列表中选择【冻结窗格】，即可完成设置。

（2）冻结行列　Excel 2016 冻结操作除了可以实现冻结行（或列）外，还可实现同时冻结行列。用户选择需要操作的单元格，单击【视图】→【窗口】→【冻结窗格】按钮下侧的倒三角，在弹出列表中选择【冻结窗格】，即可完成设置。

（3）取消冻结　用户打开需要操作的工作表，单击【视图】→【窗口】→【冻结窗格】按钮下侧的倒三角，在弹出列表中选择【取消冻结窗格】，即可完成设置。

3.2 进阶操作

3.2.1 公式与函数认知

公式与函数是 Excel 的重要功能，主要用于数据的计算。

1. 公式介绍

公式是对工作表中的数据进行计算和操作的等式，其结构为"＝运算码+运算符"。运算符的分类及其表现形式见表 3-1。

表 3-1　运算符信息

运算符分类	表现形式
算术运算符	%(百分数);^(乘方);*(乘法);/(除法);+(加法);–(减法)
比较运算符	=(等于);<>(不等于);<(小于);<=(小于等于);>(大于);>=(大于等于)
文本运算符	&(连字符)
引用运算符	:(区域运算符),(联合运算符);空格(交叉运算符)
逻辑表达式结果	TRUE,FALSE,1,0

2. 公式录入

在使用 Excel 进行计算时，必须先输入"＝"，否则输入的公式会被当成文本处理。公式录入的规则如下，先在单元格中输入"＝"，之后输入计算公式，最后按<Enter>键结束计算。以计算"666×666"为例：在单元格中输入"＝666*666"后，按<Enter>键结束计算。

3. 单元格引用概念

（1）单元格坐标　Excel 用单元格所在的行、列对单元格的位置和名称进行唯一标识，表现形式为列字母与行号的组合，如 A14 表示此单元格在工作表中的第 A 列，第 14 行。单元格坐标并无大小写区别。

（2）单元格引用　使用单元格坐标标识单元格的内容就是引用。假设单元格 A14 中的数据为"45"，用户引用 A14 就是引用其单元格中的数据"45"。单元格引用具体操作为：在单元格中输入"＝"，之后用单击 A14 单元格即可。单元格引用的表现形式为"＝A14"。

（3）单元格区域　单元格区域分为两种形式，连续的单元格区域，不连续的单元格区域。不同的单元格区域有不同的标识方法。其中，连续区域标识，使用"："表示；而非连续区域表示，使用"，"表示。

【例 3-7】　使用 SUM 函数对不同单元格区域求和。

SUM（参数 1，参数 2，参数 3，…），参数表示需要求和的数据。

情况一，不连续区域求和。对 A1，A5，A7 这三个单元格中数据求和，计算公式为"＝SUM（A1，A5，A7）"。

情况二，连续区域求和。对 A1 至 A5 这片区域的单元格中数据求和，计算公式为"＝SUM（A1：A5）"。

情况三，混合区域求和。表示对 A1 至 A5 区域、B1、B4 和 B5 中单元格中数据求和，计算公式为"=SUM（A1：A5，B1，B4：B5）"。

4. 单元格引用方式

Excel具有三种单元格引用方式，相对引用、绝对引用、混合引用。在默认情况下，单元格引用方式是相对引用。

（1）相对引用　在鼠标拖拽过程中，引用的单元格之间的相对位置保持不变，表现形式为：A3，B5：C10。

（2）绝对引用　在鼠标拖拽过程中，引用的单元格地址始终保持不变，表现形式为：C3，C10：E15，即行号、列字母前都有"$"锁定符号。

（3）混合引用　在鼠标拖拽过程中，引用的单元格只变换行号或列字母，表现形式为：$C3，C$10：E15，即不变的行或列前输入"$"锁定符号。

【例3-8】　使用相对引用和绝对引用计算"卖出金额""预测明年销售量"，如图3-26所示。

	A	B	C	D	E	F	G	H	I
1	用品名称	品牌	进价	购买数量	进货金额	销售数量	售价	卖出金额	预测明年销售量
2	美工刀	雄狮	¥4.00	10	¥ 40.00	4	¥7.00		
3	美工刀	得力	¥2.00	2	¥ 4.00	8	¥4.00		
4	铅笔	辉柏嘉	¥1.50	160	¥ 240.00	88	¥3.00		
5	铅笔	马可	¥0.80	100	¥ 80.00	45	¥1.20		
6	铅笔	马可	¥0.80	100	¥ 80.00	76	¥1.20		
7	铅笔	辉柏嘉	¥1.50	100	¥ 150.00	56	¥3.00		
8	铅笔	辉柏嘉	¥1.50	100	¥ 150.00	80	¥3.00		
9	铅笔	马可	¥0.80	100	¥ 80.00	15	¥1.20		
10	素描纸	康颂	¥12.00	50	¥ 600.00	12	¥26.00		
11	素描纸	老人头	¥8.00	50	¥ 400.00	45	¥12.00		
12	一次性针管笔	樱花	¥2.50	32	¥ 80.00	16	¥5.50		
13	一次性针管笔	三菱	¥3.50	30	¥ 105.00	15	¥6.50		
14	明年预测销售量增长率为								20%

图3-26　源数据

【分析】计算"卖出金额"采用相对引用，计算公式为"卖出金额=销售数量×售价"。

H2单元格中应该输入"=F2 * G2"，如图3-26所示；H3应该在单元格中输入"=F3 * G3"；以此类推。观察发现，"卖出金额"始终等于他前两列单元格相乘，所以应该选择相对引用。

步骤一，用户在H2单元格中输入"=F2 * G2"，按<Enter>键。

步骤二，将光标放在H2单元格右下方交点处，光标变成十字，按住左键向下拖拽直至H13位置，放开左键，完成计算。

【分析】计算"预测明年销售量"采用绝对引用，计算公式为"预计明年销售量=销售数量 *（1+20%）"。

I2单元格中应该输入"=F2 *（1+I14）"；计算I3应该在单元格中输入"=F3 *（1+I14）"；以此类推。观察发现，在计算的过程中114始终保持不变，所以应该选择绝对引用。

步骤一，用户在I2单元格中输入"=F2 *（1+I14）"，按<Enter>键。

步骤二，将光标放在I2单元格右下方交点处，光标变成十字，按住左键向下拖拽直至I13位置，放开左键，完成计算。

【例3-9】　使用混合引用计算"九九乘法表"。

【分析】计算图 3-27 所示单元格 B3 中的数值，公式为"=A3 * B2"。

通过观察发现，乘法表中的数据是由第 A 列数据乘与第 2 行数据所得，所有不论怎么拖拽都应该保证第 A 列和第 2 行不变。

	A	B	C	D	E	F	G	H	I	J
1				九 九 乘 法 表						
2		1	2	3	4	5	6	7	8	9
3	1	1	2	3	4	5	6	7	8	9
4	2	2	4	6	8	10	12	14	16	18
5	3	3	6	9	12	15	18	21	24	27
6	4	4	8	12	16	20	24	28	32	36
7	5	5	10	15	20	25	30	35	40	45
8	6	6	12	18	24	30	36	42	48	54
9	7	7	14	21	28	35	42	49	56	63
10	8	8	16	24	32	40	48	56	64	72
11	9	9	18	27	36	45	54	63	72	81

图 3-27 九九乘法表

步骤一，用户在 B3 单元格中输入"= $ A3 * B $ 2"，按<Enter>键。

步骤二，将光标放在 B2 单元格右下方交点处，光标变成十字，按住左键向右拖拽直至 J3，再继续向下拖拽至 J11 位置，放开左键，完成计算。

【学习提示】
- 不同引用方式之间用锁定符号" $ "区分。
- 不同引用方式之间用<F4>键进行切换。

5. 函数介绍

函数是按照特定的顺序、结构来执行计算、分析等数据处理任务的功能模块，由函数名和参数组成，具体表现形式为：函数名（参数 1，参数 2，…）。函数在使用时必须以"="开始，按<Enter>键结束。

（1）插入函数

方法一：单击【公式】→【函数库】选择所需函数的类型名称下方的倒三角按钮，在弹出的菜单中选择所需函数。

方法二：单击编辑栏中的【插入函数】按钮。

方法三：用户在已知函数名的情况下，可以在单元格中直接输入。

【例 3-10】 使用 SUM 函数计算"1+1"。

方法一：单击【公式】→【函数库】→【数学和三角函数】下方的倒三角按钮，在弹出的菜单中选择 SUM 函数。打开【函数参数】对话框进行设置。

方法二：在单元格中输入"=SUM（1，1）"，完成后按<Enter>键，完成计算。

（2）编辑函数 双击函数所在单元格，使单元格处于编辑状态，直接进行修改即可。

3.2.2 函数使用

用户可以通过参考 Excel 内置的帮助文档来使用函数。帮助文档中详细地介绍了各个函数的使用方法及每个参数代表的意义，还提供了相应的示例，以帮助用户更好的理解函数。

Excel 中的每个函数都包括函数名和参数，其中函数中的参数有些是必须输入的，有些则可以省略。具体情况可参考 Excel 帮助文档。在功能区选项卡右侧【操作说明搜索】文本框中输入需要的函数，如"SUM"，在弹出的列表中选择"获取有关 SUM 的帮助"，打开帮助文档。或者单击【帮助】→【帮助】按钮，获取帮助。

1. 数学和三角函数

数学和三角函数主要用于简单的数学计算。以 SUMIF 函数为例，该函数可以对范围中符合条件的值求和。

> 【语法】
>
> SUMIF(range, criteria, [sum_range])
>
> range 条件所在区域。
>
> criteria 求和的条件。例如，条件可以表示为 32、">32"、B5、"3?"、"苹果"或 TODAY()。
>
> 提示：任何文本、逻辑值或数学符号作为条件都必须使用双引号括起来。如果条件为数字，则无须使用双引号。
>
> sum_range 非必要参数。

【例3-11】 对"盈利与亏损"中小于 0 的数求和，即计算亏损额。

打开"建筑系用品进货售卖一览表"工作表，如图 3-28 所示，在单元格中直接输入公式"=SUMIF（J2：J19," <0"）"。或者使用函数输入对话框，按规则录入参数。

用品名称	品牌	规格	进价	购买数量	进货金额	销售数量	售价	卖出金额	盈利与亏损
建筑系用品进货售卖一览表									
一次性针管笔	樱花	0.1	¥2.50	20	¥ 50.00	8	¥5.50	¥ 44.00	(6.00)
铅笔	马可	2b	¥0.80	20	¥ 16.00	45	¥1.20	¥ 54.00	38.00
素描纸	康颂	4k一袋10张	¥12.00	50	¥ 600.00	12	¥26.00	¥ 312.00	(288.00)
一次性针管笔	红环	0.1	¥8.00	20	¥ 160.00	7	¥15.00	¥ 105.00	(55.00)
一次性针管笔	樱花	0.2	¥2.50	20	¥ 50.00	10	¥5.50	¥ 55.00	5.00
铅笔	辉柏嘉	2b	¥1.50	100	¥ 150.00	88	¥3.00	¥ 264.00	114.00
美工刀	雄狮	雕刻专用	¥4.00	10	¥ 40.00	4	¥7.00	¥ 28.00	(12.00)
一次性针管笔	红环	0.2	¥8.00	20	¥ 160.00	18	¥15.00	¥ 270.00	110.00
一次性针管笔	三菱	0.2	¥3.50	20	¥ 70.00	12	¥6.50	¥ 78.00	8.00
素描纸	老人头	4k1袋20张	¥8.00	50	¥ 400.00	45	¥12.00	¥ 540.00	140.00
铅笔	马可	4b	¥0.80	100	¥ 80.00	76	¥1.20	¥ 91.20	11.20
一次性针管笔	三菱	0.3	¥3.50	20	¥ 70.00	15	¥6.50	¥ 97.50	27.50
铅笔	辉柏嘉	4b	¥1.50	100	¥ 150.00	56	¥3.00	¥ 168.00	18.00
铅笔	辉柏嘉	6b	¥1.50	100	¥ 150.00	80	¥3.00	¥ 240.00	90.00
美工刀	得力	大号刀片可用	¥2.00	10	¥ 20.00	8	¥4.00	¥ 32.00	12.00
铅笔	马可	6b	¥0.80	100	¥ 80.00	15	¥1.20	¥ 18.00	(62.00)
一次性针管笔	樱花	0.3	¥2.50	20	¥ 50.00	16	¥5.50	¥ 88.00	38.00

图 3-28 源数据

2. 逻辑函数

逻辑函数用来进行逻辑判断。如果判断结果为真就返回 TRUE 或者 1，否则返回 FALSE 或者 0。如输入"=1>2"，返回结果为 FALSE。这种真伪判断的返回值就称为逻辑值。以函数 IF 为例。

> 【语法】
>
> IF（逻辑值，返回结果1，返回结果2）
>
> IF 语句可能有两个结果。如果第一个参数为真，则返回结果1；否则，返回结果2。

【例3-12】 判断"IF（A1>A2，10，20）"结果。

如果 A1 中的数据大于 A2 中的数据，参数 1 的返回值就是结果 1，即 10；否则 IF 函数的返回值是 20。

3. 文本函数

文本函数的操作对象是文本类型的数据。以函数 LEFT 和 MID 为例。

LEFT 函数从文本字符串的第一个字符开始截取指定个数的字符。

【语法】

LEFT(text，[num_chars])

text　　　　　文本字符串。

num_chars　　指定提取的字符的数量，num_chars 必须大于或等于零。

　　　　　　　如果 num_chars 大于文本长度，则 LEFT 返回全部文本。

　　　　　　　如果省略 num_chars，则假定其值为 1。

Mid 函数返回文本字符串中从指定位置开始的特定数目的字符，该数目由用户指定。

【语法】

MID(text，start_num，num_chars)

text　　　　　文本字符串。

start_num　　提取字符的开始位置。

num_chars　　提取的字符的数量。

【例3-13】 从"北方工业大学"中提取"北方工大"字符串。

步骤一，使用 LEFT 函数提取"北方工"几个字符，公式"=LEFT(A1,3)"，如图 3-29 所示。

步骤二，使用 mid 函数提取"大"这个字符，公式"=MID(A1,5,1)"。

步骤三，利用连接符将截取的字符串连接在一起，公式"=A2&A3"。

4. 日期函数

日期函数主要处理日期型数据。日期型数据有以下几个特点。

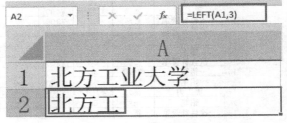

图 3-29　LEFT 函数使用

（1）日期是数值的一种特殊表现形式

在 Excel 中日期是以 1 开始的时间序列数，之后每增加一天，序列数也就相应加 1。例如，"1900 年 1 月 1 日"对应数值 1；那么"1900 年 1 月 2 日"则对应数值 2。

（2）日期可以进行计算　WEEKDAY 函数用于求某个日期所对应的是一周中的第几天。默认情况下，返回值是 1（星期日）到 7（星期六）范围内的整数。

【语法】

WEEKDAY(serial_number，[return_type])

serial_number　　此参数必须是日期型。

return_type　　用于确定返回值类型的数字。

如果第二个参数输入1或者省略时,返回值1表示这天为星期日,返回值2表示这天是星期一,以此类推。

如果第二个参数输入2时,返回值1表示这天为星期一,返回值2表示这天是星期二,以此类推。这种参数设置也比较符合常用习惯。

如果第二个参数输入3时,返回值从0开始,0表示这天为星期一,返回值1表示这天是星期二,以此类推。

5. 统计函数

统计函数主要用于统计单元格个数,以COUNTIF函数为例。

COUNTIF函数统计满足某个条件的单元格的数量。

【语法】

COUNTIF（range，criteria）

range　统计范围,必须使用单元格引用。

criteria　统计条件。

【例3-14】　统计"建筑系用品进货售卖一览表"中"一次性针管笔"出现的次数。公式为"＝COUNTIF（A3：A19,"一次性针管笔"）"。

【学习提示】函数使用注意事项:

- 函数名大小写均可。
- 参数要放在括号中。
- 多个参数用逗号分开。
- 无参数函数必须输入括号,如now（）。
- 最后的右括号不必输入,按<Enter>键系统会自动添加。

3.2.3　条件格式

该功能主要是为符合条件的数据设置格式,使之突出。Excel 2016中不仅提供颜色、背景等常规格式设置,而且内置了丰富的图标集。

1. 使用内置规则

【例3-15】　标出图3-28所示"建筑系用品进货售卖一览表"中前5的数值。

步骤一,用户选择要进行分析的单元格,单击【开始】→【样式】→【条件格式】按钮,弹出设置菜单。

步骤二,在弹出的菜单中单击【最前/最后规则】→【前10项】,弹出对话框。

步骤三,将弹出对话框中"数值"文本框内容修改为5,在"设置为"下拉列表中为单元格设置格式【浅红填充色涂红色文本】,单击【确定】按钮。用户也可选择【自定义格式】进行自定义设置。

2. 设置新规则

如果Excel内置的规则不能满足需求,用户需要自己定义新的规则。

【例3-16】　区分工作表某列中大于等于400,大于等于100且小于400,小于100三个区间段的数据。

步骤一，用户选中要进行分析的单元格，单击【开始】→【样式】→【条件格式】按钮，弹出设置菜单，单击【新建规则】命令，弹出【新建格式规则】对话框。

步骤二，设置【新建格式规则】对话框，分别给三个区间段的值配置不同颜色的图标，如图3-30所示。

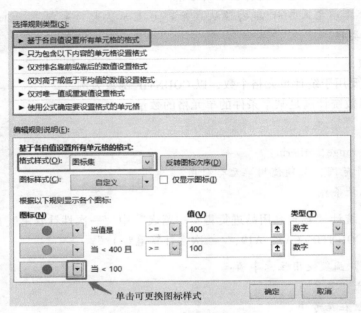

图 3-30　新建规则

步骤三，单击【确定】按钮，完成设置。

3. 管理规则

管理规则是对已经建立的规则进行管理。

（1）编辑已有规则　用户选择要进行分析的单元格，单击【开始】→【样式】→【条件格式】→【管理规则】，启动【条件格式规则管理器】对话框。在【条件格式规则管理器】对话框中，选择需要编辑的规则，单击【编辑规则】按钮，重新设置规则。

（2）删除规则　用户选择要进行分析的单元格，单击【开始】→【样式】→【条件格式】→【清除规则】→【清除所有单元格的规则】或【清除整个工作表的规则】，完成设置。

如果只需删除部分规则，用户可以打开【条件格式规则管理器】对话框，选择需要删除的规则，单击【删除规则】按钮，完成设置。

【学习提示】

　　格式会随着单元格内容的改变而变化。当单元格中的数据不满足条件时，设置的格式会自动失效；反之，有新的单元格满足时，该单元格格式会自动变成条件格式中设置的格式。

3.2.4　分类汇总

分类汇总能够快速地以某一个字段为分类项，对数据列表中的数值字段进行计算。基本操作流程为先对分类字段排序，再进行分类汇总操作。

分类汇总对表格有严格的要求：表格中不要出现合并单元格操作，一个字段只记录一种数据类型，字符之间不要输入空格。

1. 创建简单汇总

【例 3-17】 统计"建筑系用品进货售卖一览表"中每种用品的盈利情况。

步骤一，对分类字段"用品名称"排序。选中 A2 单元格下方任意一个单元格，单击【开始】→【编辑】→【排序与筛选】按钮，单击【升序】或【降序】等排序命令进行排序。排序的目的是将相同产品的数据放在一起并用于后续统计操作，如图 3-31 所示。

用品名称	品牌	规格	进价	购买数量	进货金额	销售数量	售价	卖出金额	盈利与亏损
美工刀	雄狮	雕刻专用	¥4.00	10	¥ 40.00	4	¥7.00	¥ 28.00	(12.00)
美工刀	得力	大号刀片可片	¥4.00	10	¥ 40.00	8	¥4.00	¥ 32.00	12.00
铅笔	马可	2b	¥0.80	20	¥ 16.00	45	¥1.20	¥ 54.00	38.00
铅笔	辉柏嘉	2b	¥1.50	100	¥ 150.00	88	¥3.00	¥ 264.00	114.00
铅笔	马可	4b	¥0.80	100	¥ 80.00	76	¥1.20	¥ 91.20	11.20
铅笔	辉柏嘉	4b	¥1.50	100	¥ 150.00	56	¥3.00	¥ 168.00	18.00
铅笔	辉柏嘉	6b	¥1.50	100	¥ 150.00	80	¥3.00	¥ 240.00	90.00
铅笔	马可	6b	¥0.80	100	¥ 80.00	15	¥1.20	¥ 18.00	(62.00)
素描纸	康颂	4k一袋10张	¥12.00	50	¥ 600.00	12	¥26.00	¥ 312.00	(288.00)
素描纸	老人头	4k1袋20张	¥8.00	50	¥ 400.00	45	¥12.00	¥ 540.00	140.00
一次性针管笔	樱花	0.1	¥2.50	20	¥ 50.00	12	¥5.50	¥ 44.00	(6.00)
一次性针管笔	红环	0.1	¥8.00	20	¥ 160.00	7	¥15.00	¥ 105.00	(55.00)
一次性针管笔	樱花	0.2	¥2.50	20	¥ 50.00	10	¥5.50	¥ 55.00	5.00
一次性针管笔	红环	0.2	¥8.00	20	¥ 160.00	18	¥15.00	¥ 270.00	110.00
一次性针管笔	三菱	0.2	¥3.50	20	¥ 70.00	12	¥6.50	¥ 78.00	8.00
一次性针管笔	三菱	0.3	¥3.50	20	¥ 70.00	15	¥6.50	¥ 97.50	27.50
一次性针管笔	樱花	0.3	¥2.50	20	¥ 50.00	16	¥5.50	¥ 88.00	38.00

图 3-31 分类字段排序

步骤二，用户选择表格中任意单元格，单击【数据】→【分级显示】→【分类汇总】按钮，弹出【分类汇总】对话框。

步骤三，设置【分类汇总】对话框相关参数，如图 3-32 所示。

步骤四，完成分类汇总，汇总完成后会将 Excel 分成 3 个级别的菜单，分别显示四种用品的盈亏情况。

2. 创建多级汇总

【例 3-18】 统计"建筑系用品进货售卖一览表"中每种用品不同品牌的盈利情况。

步骤一，对两个字段进行复杂排序，默认选择升序。主要关键字为"用品名称"，次要关键字为"品牌"，排序的目的是将相同产品的相同品牌放在一起，方便统计。

步骤二，用户选择表格中任意单元格，单击【数据】→【分级显示】→【分类汇总】按钮，弹出【分类汇总】对话框。

步骤三，设置【分类汇总】对话框，进行第一次分类汇总。【分类字段】中选择排序中的【主要关键字段】，【汇总方式】中选择统计方式，【选定汇总项】中选择统计字段，其他参数默认即可。

图 3-32 分类汇总设置

步骤四，单击【确定】按钮后重复步骤二操作，第二次设置分类汇总对话框。分类字段中选择排序中的次要关键字段，【选定汇总项】中选择统计字段。如果需要保留上一次分类汇总的结果，则不要选择【替换当前分类汇总】。

步骤五，完成分类汇总，汇总完成后会将 Excel 分成 4 个级别的菜单。菜单中分别显示四种用品中不同品牌的盈亏情况。

3. 删除分类汇总

用户选择设置分类汇总表格中任意单元格，单击【数据】→【分级显示】→【分类汇总】按钮，弹出【分类汇总】对话框。在【分类汇总】对话框中，单击【全部删除】按钮，取消设置。

3.2.5 高级筛选

当使用第 3.1.6 小节中提到的简单筛选不能满足用户需求时，则需要设置高级筛选。

1. 筛选规则

1) 在空白单元格中书写条件区域，条件区域中必须有要筛选的字段名和字段值。

2) 如果存在多个筛选条件，按照筛选条件之间的"与""或"关系。设置不同的条件区域：如果是"与"条件就写在同一行，如果是"或"条件就写在不同行。

2. 设置高级筛选

【例 3-19】 筛选出"建筑系用品进货售卖一览表"中"用品名称"为一次性针管笔，"购买数量"为 20 的数据。

步骤一，在工作表的空白区域，按照筛选规则，设置筛选条件。本例中的两个筛选条件需要同时满足，这两个条件为"与"的关系，条件区域设置如图 3-33 所示。

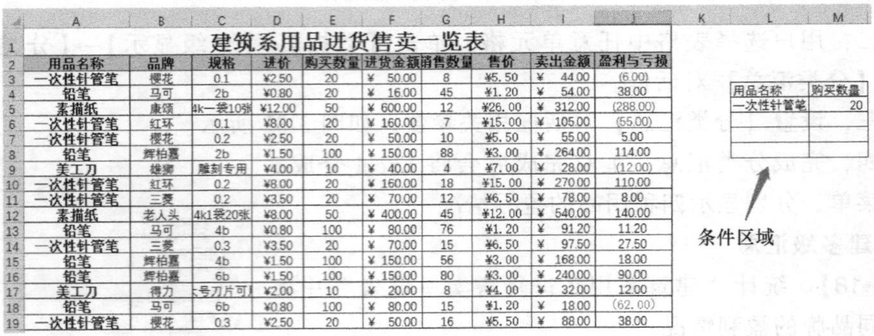

图 3-33 筛选条件

步骤二，用户选择需要筛选区域内的任意单元格，单击【数据】→【排序和筛选】→【高级】按钮，启动【高级筛选】对话框。

步骤三，设置【高级筛选】对话框，如图 3-34 所示。【方式】选择筛选结果放置的位置，【列表区域】选择筛选操作对象的区域，【条件区域】选择创建筛选条件的区域。

【学习提示】

设置【高级筛选】对话框中【条件区域】的方式：单击【条件区域】文本框右侧的向上的三角按钮，进入条件区域选择状态，用鼠标选择条件区域。条件区域选择完成后，单击向下箭头按钮，回到【高级筛选】对话框。

步骤四，单击【确定】按钮，完成筛选。

【例 3-20】 筛选出“建筑系用品进货售卖一览表”中“用品名称”为一次性针管笔，或“购买数量”为 20 的数据。

步骤一，与【例 3-19】同，将筛选条件变成“或”的关系。

步骤二～步骤四的操作内容与【例 3-19】相同。

3. 取消高级筛选

用户选择设置筛选区域内的任意单元格，单击【数据】→【排序和筛选】→【清除】按钮，取消高级筛选。

图 3-34 设置【高级筛选】

3.2.6 插入图表

图表是对表格中数据的展示。Excel 2016 提供丰富的图表类型，包括柱形图、折线图等。

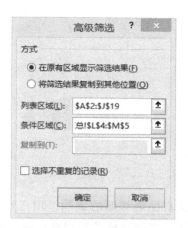

1. 初识图表

本小节介绍图表基本元素组成及其所处的位置，以柱形图为例，如图 3-35 所示。

(1) 图表区 图表区就是整个图表的背景区域，包括所有的数据信息及图表辅助的说明信息。

(2) 绘图区 它是根据用户指定的图表类型显示工作表中的数据信息。

(3) 图例 图例是用来表示图表中各个数据系列的名称或者分类而指定的图案或颜色。

(4) 数据系列 数据系列是根据用户指定的图表类型以系列的方式显示在图表中的可视化数据。

2. 创建图表

用户选择“建筑系用品进货售卖一览表”中的 A1：C6 单元格区域，如图 3-36 所示。单击【插入】→【图表】→【插入柱形图或条形图】按钮，在弹出的菜单中单击【二维柱形图】→【簇状柱形图】命令，完成创建。

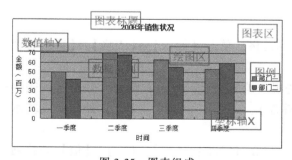

图 3-35 图表组成

	A	B	C
1	用品名称	购买数量	销售数量
2	画板	20	15
3	素描纸	50	45
4	美工刀	50	12
5	铅笔	100	45
6	一次性针管笔	100	76

图 3-36 源数据

3. 美化图表

(1) 放大或缩小图表 单击图表，图表边框出现圆圈形标识符号，如图 3-37 所示。用户将光标放置在圆圈处，光标发生变化，此时按住左键进行拖拽，实现放大或缩小图表区域的设置。如果用户要放大或缩小图形区域，需要选择绘图区进行操作。

(2) 删除或添加图表元素 用户单击表中需要删除的元素，如图表标题，按<Del>键，

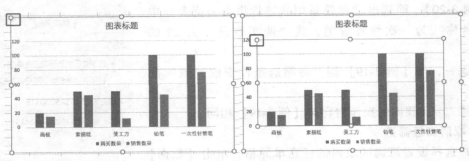

图 3-37　选择图表区和绘图区

完成图表标题的删除。用户选择图表，单击【设计】→【图表布局】→【添加图表元素】按钮，在弹出的菜单中选择需要添加的元素，完成设置。

（3）移动图表标题或图例　用户选择标题、图例，将光标变为十字箭头的时候，按住左键进行拖拽，直至目标位置，完成设置。

（4）选择数据序列　用户单击图 3-37 中任意表示购买数量的柱体，即选中图 3-36 源数据中"购买数量"下的所有数据。如果用户双击"画板"上方表示购买数量的柱体，即选中源数据中画板所对应的购买数量。

（5）设置数据序列填充颜色、边框颜色　选择数据序列，右击，在菜单中单击【设置数据序列格式】→【填充与线条】→【填充】按钮并进行设置。如果颜色填充不能满足需求，用户可以自定义使用图片等对数据序列进行填充。具体操作如下，选择数据序列，右击，在菜单中单击【设置数据序列格式】→【填充与线条】→【填充】→【图片或纹理填充】按钮并插入图片。插图后单击【层叠】或【层叠或缩放】单选按钮来调整图片所代表的数据大小。

3.2.7　数据透视表

数据透视表是一种对大量数据快速汇总和建立交叉列表的交互式动态表格，能帮助用户分析、组织数据。主要用于复杂数据源的分析。

1. 创建数据透视表

步骤一，用户选择需要设置区域内的任意单元格，单击【插入】→【表格】→【数据透视表】按钮，弹出【创建数据透视表】对话框。

步骤二，单击【确定】按钮后弹出数据透视表编辑页面，页面右侧为【数据透视表字段】窗格，单击需要分析的字段，拖动到【筛序】、【列】、【行】、【值】处，完成基本设置。

步骤三，如果用户需要修改字段的位置，可以在【筛序】、【列】、【行】、【值】处找到该字段，单击该字段重新进行设置。

步骤四，功能区中会增加【分析】、【设计】选项卡，其他关于数据透视表的设置在这两个选项卡实现。

2. 美化数据透视表

用户选择数据透视表，单击【开始】、【分析】、【设计】选项卡进行设置，如【套用表格格式】。具体案例见第 3.3.2 小节的客户信息分析。

3.2.8　页面保护

从权限上说，保护包括查看权限和编辑权限，即通过限制查看或者编辑的权限来保护Excel中的数据。从操作对象上说，包括单元格、工作表和工作簿。

1. 保护单元格

保护单元格主要包括隐藏单元格中的数据和禁止对单元格进行编辑。

【例3-21】　禁止查看和编辑"建筑系用品进货售卖一览表"中"盈利与亏损"字段数据。

步骤一，选择"盈利与亏损"字段下所有数据，按<Ctrl+1>快捷键弹出【设置单元格格式】对话框，自定义单元格格式为"；；；"。设置的目的是使单元中内容不显示。

步骤二，单击【设置单元格格式】对话框中【保护】选项卡，单击【隐藏】复选按钮。完成此步骤操作后，步骤一的设置生效。

步骤三，单击【审阅】→【保护】→【保护工作表】按钮，弹出【保护工作表】对话框，进行权限设置。

2. 保护工作表

【例3-22】　禁止查看"建筑系用品进货售卖一览表"。

步骤一，用户右击"建筑系用品进货售卖一览表"所在工作表标签，即Sheet页名称，右击，在弹出的列表中单击【隐藏】命令。

步骤二，单击【审阅】→【保护】→【保护工作簿】按钮，弹出【保护结构和窗口】对话框，进行权限设置。

3. 保护工作簿

当用户需要限制其他用户查看Excel文件时所进行的保护设置。

步骤一，用户打开需要保护的文件，单击【文件】→【另存为】，弹出【另存为】对话框。

步骤二，单击【另存为】→【工具】→【常规选项】命令。

步骤三，在【常规选项】对话框中设置Excel文件密码，完成保护。

3.2.9　打印设置

用户打印Excel文件前需要进行打印设置，相关操作包括设置打印份数、设置打印范围、设置纸张大小、设置页面边距等。

（1）设置打印范围　单击【文件】→【打印】按钮，在【设置】列表中单击【打印活动工作表】按钮，从下拉列表中选择打印区域。

（2）设置打印效果　单击【文件】→【打印】→【页面设置】，弹出【页面设置】对话框，可以设置更多打印效果。

3.3　典型商务文件制作

3.3.1　建筑系用品进货售卖一览表

（1）制作表格

步骤一，打开 Excel 2016，新建一个空白工作簿。右击【Sheet 1】，在弹出的菜单中单击【重命名】命令，将工作表名字改为"售卖表"。

步骤二，选择 A1：J1 区域，单击【开始】→【对齐方式】→【合并后居中】按钮，设置合并单元格。选择 A2：J19 区域，单击【开始】→【字体】→【边框】→【所有框线】按钮，为表格设置边框。

（2）数据录入

用户录入数据，其中"进价""进货金额""售价""卖出金额""盈利与亏损"字段需要进行单元格格式设置。选择"进价"字段下单元格（其他字段同理），按<Ctrl+1>快捷键，打开【设置单元格格式】对话框进行设置。

（3）调整单元格大小

在数据录入的过程中，用户根据数据的长短，调整单元格大小。

（4）计算

其中，"进货金额"等于"进价×购买数量"，"卖出金额"等于"售价×销售数量"，"盈利与亏损"等于"卖出金额−进货金额"，根据单元格引用规则，这三个字段均使用相对引用。

（5）设置字体

选择 A1 单元格，设置字体为"宋体"，字号为"20"，并单击【加粗】按钮。选择 A2：J2 和 A3：A19 单元格区域，设置字体为"宋体"，字号为"12"，并单击【加粗】按钮。

（6）设置填充效果 选择 A2：J2 单元格区域，设置单元格填充颜色为"绿色"。

（7）设置对齐方式 按<Ctrl+A>快捷键选择整个表格，设置对齐方式为"居中"。

3.3.2 客户信息分析

使用数据透视表，完成图 3-38 所示电信用户信息数据的分析。

ID	产品类型	用户类型	用户状态	教育程度	月收入	所在城市	手机价格	话费额度	话费总额
1	全球通	现有用户	机关员工	研究生	2363	重庆	1008	高额话费	351
2	神州行	其他用户	私企员工	研究生	3885	天津	1861	高额话费	468
3	神州行	现有用户	机关员工	初中	1790	天津	2596	高额话费	365
4	神州行	其他用户	机关员工	大学本科	4537	北京	2024	中高话费	121
5	神州行	潜在用户	外企员工	大专	1429	西安	1165	高额话费	387
6	神州行	现有用户	私企员工	初中	5474	重庆	896	中低话费	58
7	动感地带	现有用户	外企员工	大学本科	1403	上海	2692	高额话费	430
8	神州行	现有用户	外企员工	大学本科	4253	北京	3162	中高话费	120
9	神州行	其他用户	外企员工	大学本科	2874	重庆	1822	中高话费	136
10	神州行	现有用户	其他	研究生	3331	北京	1765	中低话费	51
11	动感地带	其他用户	个体户	大专	2626	广州	607	高额话费	338
12	全球通	其他用户	个体户	初中	2076	上海	3116	低话费	13
13	神州行	潜在用户	机关员工	大学本科	2865	西安	1551	中低话费	83
14	全球通	潜在用户	个体户	大专	1553	天津	2793	低话费	44
15	动感地带	现有用户	个体户	初中	3524	重庆	1053	低话费	38
16	神州行	潜在用户	外企员工	初中	2632	上海	2418	高额话费	388
17	全球通	潜在用户	个体户	研究生	6808	西安	2727	中低话费	77
18	动感地带	潜在用户	机关员工	初中	1229	北京	1474	低话费	32
19	神州行	潜在用户	个体户	大学本科	4236	重庆	2334	高额话费	292
20	神州行	其他用户	其他	大专	2797	西安	1490	低话费	31
21	神州行	潜在用户	其他	大学本科	6917	上海	3008	中低话费	55

图 3-38 电信用户信息数据

（1）创建数据源透视表 选择源数据表格中任意单元格，单击【插入】→【表格】→【数据透视表】按钮，进入数据透视表编辑页面。

（2）编辑数据透视表 单击【数据透视表字段】窗格，按住左键，将需要分析的字段分别拖动到【筛序】、【列】、【行】、【值】处，完成基本设置，如图3-39所示。其中【行】、【列】指的是这些字段在数据透视表中的位置，【值】中字段是数值型，如果字段中的数据不是数值型，则只能对其进行计数计算。

用户类型　(全部)

求和项:话费 / 所在城市

产品类型	用户状态	北京	广州	杭州	上海	沈阳	天津	西安	重庆	总计
动感地带	个体户		416						138	554
	机关员工	32			404					436
	其他		284	539				465		1288
	私企员工	364			8		416			788
	外企员工		426		430	309				1165
动感地带 汇总		396	1126	539	842	309	416	465	138	4231
全球通	个体户				13	84	44	77		218
	机关员工								351	351
	其他			298	31					329
	私企员工		494			116			342	952
	外企员工						272	278		550
全球通 汇总			494	298	44	200	316	355	693	2400
神州行	个体户			284					292	576
	机关员工	121	333			466	365	83	333	1701
	其他	51	7		55	118	412	31		674
	私企员工			377			468		58	903
	外企员工	120	385		388			387	136	1416
神州行 汇总		292	725	661	443	584	1245	501	819	5270
总计		688	2345	1498	1329	1093	1977	1321	1650	11901

图 3-39 数据透视表设置

通过该数据透视表，用户可以迅速、清楚地分析出以下内容：

1）统计用户话费与城市的关系，如"北京"。单击数据透视表中"所在城市"的下拉列表，选择"北京"即可得出北京用户的花费使用情况。

2）统计不同产品的花费情况，如"动感地带"。单击数据透视表中"产品类型"的下拉列表，选择"动感地带"即可得出动感地带用户花费使用情况。

（3）美化数据透视表 选择数据透视表，单击【设计】→【数据透视表样式】按钮，从弹出的菜单中选择模板，如图3-40所示。

用户类型　(全部)

求和项:话费总额 / 所在城市

产品类型	用户状态	北京	广州	杭州	上海	沈阳	天津	西安	重庆	总计
动感地带	个体户		416						138	554
	机关员工	32			404					436
	其他		284	539				465		1288
	私企员工	364			8		416			788
	外企员工		426		430	309				1165
动感地带 汇总		396	1126	539	842	309	416	465	138	4231
全球通	个体户				13	84	44	77		218
	机关员工								351	351
	其他			298	31					329
	私企员工		494			116			342	952
	外企员工						272	278		550
全球通 汇总			494	298	44	200	316	355	693	2400
神州行	个体户			284					292	576
	机关员工	121	333			466	365	83	333	1701
	其他	51	7		55	118	412	31		674
	私企员工			377			468		58	903
	外企员工	120	385		388			387	136	1416
神州行 汇总		292	725	661	443	584	1245	501	819	5270
总计		688	2345	1498	1329	1093	1977	1321	1650	11901

图 3-40 使用模板样式

3.4 常见问题解析

1. 输入数据后单元格显示"####"

单元格中显示"####"，一般说明单元格的列宽过小，增加列宽即可。

2. 数据有效性—下拉列表设置失败

用户在输入下拉选项时，每个选项之间用逗号分隔，并且确保是在英文状态下输入的逗号。

3. 复制分类汇总结果

步骤一，用户选中需要复制的区域，单击【开始】→【编辑】→【查找和选择】→【定位条件】命令，弹出【定位条件】对话框。或者按<F5>键，弹出【定位条件】对话框。

步骤二，在【定位条件】对话框中单击【可见单元格】单选按钮，选择分类汇总结果。

步骤三，按<Ctrl+C>快捷键，复制分类汇总结果。

4. 无法打印表格边框

Excel 文件边框需要在设置表格边框后才能被打印。因为 Excel 文件中存在的灰色浅线为网格线，默认不能打印出来。

3.5 拓展案例

【案例名称】：销售数据分析

【适用场景】：Excel 不只是数据存储工具，更是便捷而强大的数据分析工具。本案例以销售数据分析为例，系统地梳理了数据录入、函数、数据分析（排序、筛选、分类汇总）等基本功能及数据可视化（条件格式、复杂图表）、数据透视表等进阶功能。通过学习本案例，能够帮助读者熟练掌握 Excel 数据分析的基本操作，并通过数据透视表和可视化功能的使用，轻松高效地看透数据。

【案例要求】：使用工作簿"销售数据分析"，完成以下任务：

1）数据有效性：建立性别的数据有效性，要求性别可从下拉列表选择。

2）查表函数：根据姓名查找销售人员的性别和区域。

3）条件格式：使用图标集对数量列设置条件格式。

4）多重排序：按不同产品的销售数量排序。

5）高级筛选：筛选出货主城市为北京且数量大于 30 的数据。

6）多级分类汇总：统计每位销售人员在每个城市的数量合计。

7）数据透视表：使用数据透视表查看每位销售人员每种产品的销量。

8）切片器：通过切片器查看不同货主城市的数据。

9）数据透视图：计算每一位销售人员的销量在总销量中所占的百分比，并使用该百分比绘制饼图。

10）打印设置：将文档进行自定义打印设置，预览并打印。

【操作提示】

1）数据有效性见【数据】→【数据验证】。

2）查找条件"姓名"在表区域"销售人员信息"的第1列，此时使用按行查表函数VLOOKUP。

3）条件格式见【开始】→【条件格式】→【图标集】。

4）排序条件多于一个时使用多重排序，见【数据】→【排序】，需设置【主要关键字】和【次要关键字】。

5）筛选条件多于一个时使用高级筛选，见【数据】→【高级】。设置条件区域时注意条件之间为"与"关系时写在同一行，"或"关系时写在不同行。

6）分类汇总见【数据】→【分类汇总】，分类汇总之前必须根据分类字段对数据排序。分类字段多于一个时使用多级分类汇总，首先进行多重排序，然后分字段汇总，每次只能汇总一个字段，优先级高的先汇总。

7）创建数据透视表见【插入】→【数据透视表】。

8）插入切片器见【数据透视表工具】→【分析】→【插入切片器】。

9）在数据透视表中计算百分比时需设置值显示方式，见【数据透视表工具】→【分析】→【字段设置】→【值显示方式】。

10）文档打印设置见【文件】→【打印】。

【操作演示】：扫描下列二维码，观看拓展案例视频。

3.6 习题

1. 录入图 3-41 所示的数据

提示1：使用【设置单元格格式】对话框进行数据格式设定。

提示2：单元格内换行的命令使用<Alt+Enter>快捷键。

提示3：单击【插入】→【符号】按钮可查找特殊符号。

提示4：可以使用不同类型的中文输入法尝试特殊符号的快速输入。

0123456789012345	6789
（80）	-80
0.00	2/5
北方工业大学	北方工业大学
∫ ∞	√×

图 3-41　源数据

2. 使用函数提取身份证中信息

提示1：了解身份证信息中不同数字的含义。

提示2：输入身份证信息，使用【设置单元格格式】对话框进行数据格式设定。

提示3：使用文本函数、日期函数、逻辑函数进行字段截取、提取、计算或判断。

第4章 PowerPoint应用实训

PowerPoint，简称 PPT，是 Microsoft Office 系列产品重要组件之一，用于设计、制作演示文稿，广泛应用于报告、演讲、演示、交流和产品发布等场景。PowerPoint 2016 具备丰富的视觉元素插入和处理功能，内置便捷的图形设计、图片处理、动画设置等操作选项。使用 PowerPoint 2016 可以在各个场景中更准确地表达演示主题和内容。

本章主要介绍如何使用 PowerPoint 2016 设计、制作和放映演示文稿，并从基础操作、进阶操作、典型商务文件制作三个方面结合实训案例展开。通过对本章的学习，读者应掌握以下内容：

1）演示文稿的创建。空白演示文稿的创建，基于模板的演示文稿创建，幻灯片的新建、删除、移动、编辑等内容。

2）幻灯片版式、编辑。插入幻灯片版式，编辑版式，母版编辑修改。

3）幻灯片放映。在不同场景使用不同的幻灯片放映方式。

4）演示文稿模板、图形、图片管理。导入模板，新建模板，图形绘制、编辑，图片导入、编辑、组合、变换等内容。

5）动画设计、屏幕录制。基本动画的添加、参数设置，多动画的组合，动画时间轴编辑，以及音视频录制等内容。

6）保存导出、打印。演示文稿保存导出音视频文件、图片、PDF、网页等，以及演示文稿打印设置等内容。

7）演示文稿典型商务文件制作。

4.1 基础操作

4.1.1 界面认知

1. 启动 PowerPoint 2016

由于 Office 各组件程序的启动方法是一致的，因此启动 PowerPoint 2016 软件的方法可参照第 1.4.6 小节。另外，如果用户需要选择模板，则需要注意以下两种方法的区别。

方法一：双击 PowerPoint 2016 组件程序图标或在 PowerPoint 2016 文件菜单中单击【新建】命令。用这种方法打开的 PowerPoint 2016 工作界面可以选择模板，如图 4-1 所示。

方法二：双击已有的 PowerPoint 文件启动 PowerPoint 2016。用这种方法打开的工作界面不显示可选模板，而是直接打开可编辑的工作界面。

2. 界面认知

PowerPoint 2016 的工作界面可分为快速访问工具栏、标题栏、功能区、工作区和状态栏

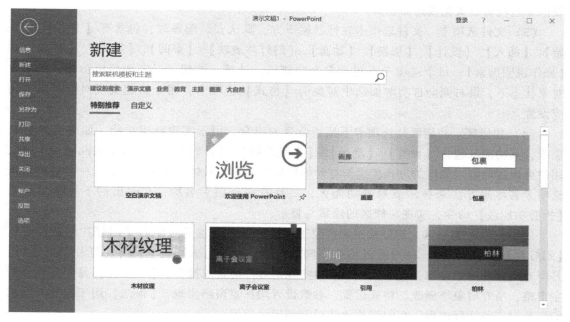

图 4-1 PowerPoint 2016 模板选择界面

五大部分，共包含文件选项卡、菜单选项卡、标题栏、对象属性操作区、幻灯片浏览视图、幻灯片编辑区、显示比例、状态栏等十余功能项，如图 4-2 所示。

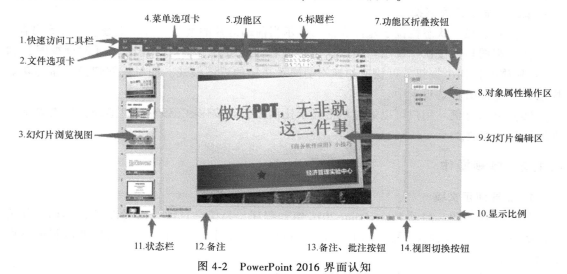

图 4-2 PowerPoint 2016 界面认知

（1）快速访问工具栏 快速访问工具栏位于窗口的左上角，通常由五个图标组成，分别是【保存】、【撤销】、【重复】、【从头开始】和【自定义快速访问工具栏】。通过【自定义快速访问工具栏】按钮，用户可以增加或更改快速访问工具栏。

快捷操作：<F4>键同样可以实现"重复上次操作"功能。

（2）标题栏 标题栏位于窗口顶部，显示当前文件名称，右侧依次为【登录】、【功能区显示选项】、【最小化】、【最大化/还原】和【关闭】按钮。可选中标题栏进行窗口移动，双击标题栏可最大化或还原窗口。

（3）文件选项卡　文件选项卡在标题栏下方，默认安装配置时，包含有【文件】、【开始】、【插入】、【设计】、【切换】、【动画】、【幻灯片放映】、【审阅】、【视图】、【帮助】和【操作说明搜索】。每个选项卡下包含多个功能区、选项、按钮，以实现相应功能。在选中对象状态下，最右侧会自动增加选中对象的【格式】选项卡，用于快速实现对该对象的相应设置。

（4）功能区　功能区是选项卡下某些命令的组合，用于实现特定功能。如【动画】选项卡，其功能区包含【预览】、【动画】、【高级动画】、【计时】等。在 PowerPoint 2016 中，用户可通过隐藏功能区的方式扩大幻灯片编辑区的面积。具体的方法有两种，一是通过双击选项卡名称的方法来显示或隐藏功能区，二是右击选项卡名称，在弹出的下拉菜单单击【折叠功能区】命令，实现功能区的隐藏与显示。

（5）幻灯片编辑区　幻灯片编辑区位于功能区下方，包括左侧的【幻灯片浏览视图】、【幻灯片】和【备注】，用户通过窗格之间的分割线可进行大小调整。【幻灯片浏览视图】是所有幻灯片的缩略图，可通过右键菜单实现幻灯片的常规操作。【幻灯片】是用户操作的主窗格，所有对象增删改、格式设置、参数设置均在主窗格实现，【备注】用于添加与当前幻灯片对应的注释内容，在幻灯片放映时起到提示使用。

（6）对象属性操作区　对象属性操作区是选项卡功能区的扩展，一般是用户选择对象后，通过右键菜单或功能区选项展开的。例如，单击【开始】→【编辑】→【选择】→【选择窗格】命令，幻灯片窗口右侧会弹出对象属性操作区，可查看当前幻灯片中的所有对象，可对对象进行显示或隐藏操作。

（7）状态栏　状态栏位于左侧底部，显示当前幻灯片的编号、拼写检查、语言等内容。

（8）视图切换按钮　视图切换按钮包含【普通视图】、【幻灯片浏览】、【阅读视图】和【幻灯片放映】四个按钮，可快速切换当前演示文稿的视图模式。同时视图切换按钮的功能均包含于【视图】选项卡中。

（9）显示比例　用户可以通过单击显示比例按钮或按住<Ctrl>键同时滚动鼠标滚轮来实现幻灯片的缩放。

4.1.2　常规操作

1. 新建演示文稿

（1）直接创建　启动 PowerPoint 2016 组件程序，系统会自动弹出【新建】界面。并为用户提供了幻灯片模板和最近使用的幻灯片等信息。单击【空白演示文稿】即可新建空白演示文稿。

（2）菜单命令创建　在已经打开的 PowerPoint 文件中，单击【文件】→【新建】命令，在展开的新建界面中为用户提供了幻灯片模板，单击【空白演示文稿】即可新建空白演示文稿。

（3）新建演示文稿创建　打开计算机中拟存储新建演示文稿的文件夹，在文件夹的空白区域右击，在弹出的快捷菜单中依次单击【新建】→【Microsoft PowerPoint 演示文稿】，此时可在文件夹中看到新建的 PowerPoint 演示文稿。双击【新建 Microsoft PowerPoint 演示文稿】图标可启动 PowerPoint 2016 打开该演示文稿，并对演示文稿进行编辑。

（4）快捷键创建　在已经打开的 PowerPoint 演示文稿中，执行<Ctrl+N>快捷键可直接创建空白演示文稿。

（5）快速访问工具栏创建　在已经打开的 PowerPoint 演示文稿中，单击快速访问工具栏中自定义的【新建】按钮即可直接创建空白演示文稿。

2. 保存演示文稿

用户可采用下列方式保存演示文稿：使用【文件】选项卡下的【保存】或【另存为】按钮实现演示文稿的保存，使用【快速访问工具栏】中的【保存】按钮实现演示文稿的保存，使用<Ctrl+S>或<Ctrl+Shift+S>快捷键实现保存或另存为功能。

更多演示文稿保存参数设置和保存类型选择，参见第4.2.9小节。

3. 选中幻灯片操作

用户新建演示文稿后，即可进入幻灯片设计、编辑步骤，通过幻灯片表达内容。在对幻灯片进行处理前，必须先选中幻灯片。

选中幻灯片操作一般是在左侧的【幻灯片浏览视图】中进行。单击当前幻灯片即选中该幻灯片。按住<Shift>键后，单击首尾的幻灯片可实现连续多选。按住<Ctrl>键后，连续单击单张幻灯片可实现不连续多选。

4. 插入幻灯片操作

插入幻灯片可分为插入新幻灯片、插入当前幻灯片的副本和插入已复制幻灯片三类。一般是在"幻灯片浏览视图"窗格通过右键菜单实现。幻灯片插入后可自行修改幻灯片版式，具体参考第4.1.4小节。

三种幻灯片插入方法的具体操作步骤为：

（1）插入新幻灯片　将光标放置到【幻灯片浏览视图】窗格，选中要插入幻灯片的位置，新幻灯片插入的位置是当前选中幻灯片的下方。选中幻灯片后右击，在弹出的右键菜单中单击【新建幻灯片】命令，即可实现插入新幻灯片。

（2）插入当前幻灯片的副本　选中幻灯片后右击，在弹出的右键菜单中单击【复制幻灯片】命令，即在当前幻灯片下方插入选中幻灯片的副本。

（3）插入已复制幻灯片方法　选中幻灯片后右击，在弹出的右键菜单中单击【复制】命令，然后将光标移动到用户指定位置，右击并在弹出的右键菜单中单击【粘贴选项】命令，选择三种方式中的前两种均可实现已复制幻灯片的插入操作。三种粘贴方式分别是【使用目标主题】、【保留源格式】和【图片】，对应含义为：源幻灯片（复制的幻灯片，可能来自于其他演示文稿）主题自动修改为当前演示文稿的主题，源幻灯片主题设置保持不变；源幻灯片作为一张图片元素插入到选择的幻灯片中，不会增加幻灯片张数。

快捷操作：按<Enter>键可实现新幻灯片快速插入。

5. 删除幻灯片操作

删除幻灯片操作是指删除被选择的幻灯片，操作区域在【幻灯片浏览视图】窗格。删除方法为右击在弹出的右键菜单中进行删除或按<Del>键，可一次删除多个连续或非连续的幻灯片。

6. 移动幻灯片操作

移动幻灯片操作是指调整幻灯片顺序，操作区域在【幻灯片浏览视图】窗格。移动方法为单击幻灯片，直接拖动幻灯片到指定位置，可一次移动多张幻灯片。

7. 编辑幻灯片操作

演示文稿中的幻灯片可编辑元素较多，包括文本、图片、表格、图形、多媒体音视频等，用户可根据需求自行添加，并进行元素属性格式修改设置。编辑幻灯片操作主要集中在【开始】选项卡和【插入】选项卡。

8. 幻灯片放映操作

用户对演示文稿中的幻灯片进行设计、编辑后，最终是需要将幻灯片放映到指定投影或显示设备上的。幻灯片放映操作可通过【快速访问工具栏】中的【从头开始】按钮或【幻灯片放映】选项卡中的【开始放映幻灯片】功能区中的按钮实现。

快捷操作：<F5>键可实现幻灯片从头开始放映；<Shift+F5>键可实现幻灯片从当前页开始放映。

4.1.3 模板选择

用户对 PowerPoint 2016 有了初步认知后，可以使用软件自行设计、编辑、放映包含多张幻灯片的演示文稿。PowerPoint 软件提供了多种演示文稿外观设计功能，帮助用户提升幻灯片水准，达到圆满的演示效果。一般情况下可通过内置模板和主题、联机搜索模板和主题和导入用户自定义或下载模板和主题三种方式实现演示文稿外观设计。

1. 使用内置模板和主题

【设计】选项卡下【主题】功能区中，通过单击右侧下拉按钮，弹出图 4-3 所示主题选择菜单。用户可使用软件提供的主题快速修改当前演示文稿风格样式。

主题是演示文稿设计的一种手段，包含背景图形、字体选择和元素效果等设置。主题作为一套方案供用户选择使用，极大地简化了演示文稿创建流程，同时保证了演示文稿的风格统一。用户选择主题后，可在此基础上修改编辑，形成用户自定义主题。

图 4-3 内置模板和主题

用户使用主题时，选中某主题后右击，弹出图 4-4 所示右键菜单。其中【应用于相应幻灯片】是指将当前选中主题应用到选中幻灯片对应主题的所有幻灯片，【应用于所有幻灯片】是指将当前选中主题应用到演示文稿中所有幻灯片，【应用于选定幻灯片】是指将当前选中主题应用到当前处于选中状态的一张或多张幻灯片。

2. 联机搜索模板和主题

如果内置主题无法满足需求，可通过【搜索联机模板和主题】功能按关键字搜索模板和主题。

3. 使用导入模板和主题

"导入模板和主题"功能是指已有模板和主题文件，一般文件名称后缀为"thmx""pot""potx""potm"。用户可通过图4-3菜单偏下位置的【浏览主题】按钮导入已有模板或主题文件，之后即可作为内置模板和主题使用。

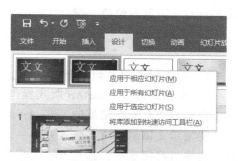

图4-4 主题应用于幻灯片方式选择

4.1.4 版式设定

幻灯片版式是PowerPoint 2016软件中的一种排版格式，版式确定了幻灯片内容的布局，用户可根据需要自主选择幻灯片的版式。

1. 版式设定

版式设定步骤为单击【开始】→【幻灯片】→【版式】按钮，弹出版式选择菜单，如图4-5所示。用户也可通过在【幻灯片浏览视图】窗口，选中幻灯片后右击，在弹出的右键菜单设定修改版式。用户确定幻灯片的版式后，即可在幻灯片相应的栏目或对象框中添加文本、图片、表格、图形、图表等。

幻灯片母版版式的插入、编辑修改是在【幻灯片母版视图】选中后，【幻灯片母版】选项卡弹出状态下实现的，具体如图4-6所示。母版版式编辑修改操作方式同幻灯片编辑方式，可通过【幻灯片母版】→【母版版式】→【插入占位符】按钮实现版式设定。

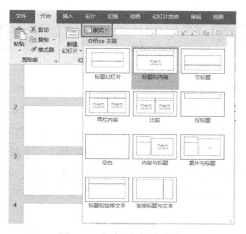

图4-5 幻灯片版式选择

图4-6 幻灯片母版视图中版式编辑

2. 新增幻灯片 SmartArt 版式

操作步骤：

1）插入版式。单击【视图】→【母版视图】→【幻灯片母版】→【编辑母版】→【插入版式】按钮实现新增幻灯片版式。

2）编辑版式。将新增自定义版式拖动到标题幻灯片版式上方，在新增版式幻灯片中插入 SmartArt 图形占位符，调整 SmartArt 图形占位符至位置、大小适当。

3）完成编辑后，通过右键菜单中的【重命名版式】命令修改版式名称为"SmartArt 版式"。

4）单击【幻灯片母版】→【关闭】→【关闭母版视图】按钮，退出母版视图状态。

5）新增幻灯片 SmartArt 版式操作完成，可在【开始】选项卡【幻灯片】中的【版式】下拉菜单中查看到新增加的 SmartArt 版式。

在演示文稿制作时，版式并非一无是处。在现实生活中，无论是图书设计或报纸、杂志页面的排版都很重要，都是遵循一定规律而不是随意产生的。不同的版式设计能引导观众按照不同的方式获取到幻灯片中不同的侧重点，因此不要随意调整幻灯片版式。新增版式时要遵循人的认知规律、符合阅读观看顺序。

4.1.5 信息输入

用户选择确定幻灯片版式后，则进入幻灯片编辑状态。信息输入是幻灯片编辑最基本的内容，也是最重要最常用的演示文稿制作方式。但演示文稿绝不是简单的堆叠，而是能让人赏心悦目的作品展示。本小节内容是幻灯片的信息输入，包括文本、艺术字、符号和媒体。

1. 文本输入编辑

PowerPoint 软件中文本输入不同于 Word，文本内容需要一个容器来容纳，一般为幻灯片版式设计中的文本框占位符、用户插入的新文本框或其他载体容器，本小节讲解文本框的使用。

（1）插入文本框 文本框一般出现在三个位置，分别是【开始】选项卡【绘图】功能区，【插入】选项卡【插图】功能区【形状】按钮的下拉菜单中，【插入】选项卡【文本】功能区【文本框】按钮，如图 4-7 所示。

图 4-7 信息输入菜单（文本、符号、媒体）

（2）设置文本格式 插入文本框后，幻灯片中有了文本输入编辑的载体，用户即可通过键盘录入或复制粘贴文本内容。文本格式的设置是在【开始】选项卡【字体】、【段落】两个功能区实现的，具体如图 4-8 所示，两个功能区右下角均有高级设置对话框按钮，单击可打开相应的文本格式设置对话框。同时，也可以在右键菜单中单击【设置形状格式】→【文本选项】来实现文本格式设置。

文本编辑过程中，可使用【编辑】和【剪贴板】两个功能区按钮实现文本的查找、替换、复制、剪切和格式刷操作。其中，【编辑】功能区中【选择】按钮可查看编辑当前幻灯片中所有元素对象的位置和显隐性。一般情况下，中文字体用"微软雅黑"，英文字体用"Arial""Times New Roman"。

快捷操作：单击或双击【格式刷】，双击后能将格式应用到多个位置，直到按<Esc>键或再次单击【格式刷】按钮退出。

快捷操作：【编辑】功能区【替换】按钮的下拉菜单中有【替换字体】功能，可以实现演示文稿字体快速替换。

图 4-8　信息编辑菜单（字体、段落、剪粘版、查找替换选择）

（3）设置形状格式　文本有格式设置，文本框也有格式设置，称为设置形状格式。当文本框处于选中状态时功能区上方会增加【格式】选项卡，其中包含【形状样式】、【排列】、【大小】等功能用于设置形状格式，也可通过右键的菜单选择【设置形状格式】，在幻灯片右侧弹出的对象属性操作区中进行形状格式设置。

文本框的【设置形状格式】窗口中的【形状选项】包含【填充与线条】、【效果】和【大小与属性】三个功能模块，可实现文本框填充、线条、阴影效果等编辑修改。

2. 艺术字输入编辑

PowerPoint 软件提供对文本进行艺术化处理的功能，艺术字可以使文本具有特殊的艺术效果，如可进行拉伸、变形、应用预设形状、渐变填充等。在演示文稿对应的幻灯片中可以创建艺术字，也可以将文本转换成艺术字。

（1）创建艺术字　选中要插入艺术字的幻灯片，单击【插入】→【文本】→【艺术字】按钮，出现艺术字样式列表，如图 4-9 所示。在艺术字样式列表中选择一种艺术字样式，光标移动到样式上时会出现当前艺术字样式的格式说明，单击后幻灯片中出现内容为"请在此放置您的文字"的艺术字文本框。在艺术字文本框中编辑艺术字文本，方法同文本框一致。

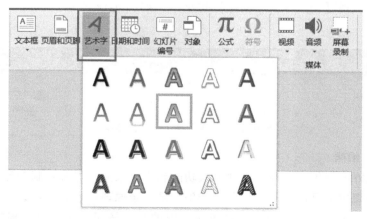

图 4-9　插入艺术字样式列表

（2）修饰艺术字　插入艺术字后，可以对艺术字的填充（颜色、渐变、图片、纹理等）、轮廓线（颜色、粗细、线型等）和文本外观效果（阴影、发光、映像、棱台、三维旋转和转换等）进行修饰修改，使艺术字的效果按照用户自定义展示出现。

选中要修饰的艺术字，即会出现如图 4-10 所示的编辑控点界面，包含 1 个旋转控点和 8

个范围控点。同时，菜单栏出现【绘图工具】→【格式】选项卡，其中【艺术字样式】功能区包含【文本填充】、【文本轮廓】、【文本效果】按钮，可用于修饰艺术字和设置艺术字外观效果，如图4-11所示。

图4-10 艺术字编辑界面

图4-11 艺术字样式设置

（3）转换艺术字 将幻灯片普通文本转换为艺术字的操作步骤为：选择文本，单击【插入】→【文本】→【艺术字】按钮，在弹出的艺术字样式列表中选择一种样式，即可将普通文本转换为艺术字。

3. 符号输入编辑

在幻灯片编辑时，除了常规文字，有时还会用到特殊字符和数学公式等，用户可以通过操作来实现符号的输入编辑。

（1）特殊符号 用户在处理特殊的符号时，可通过多种方式实现。

方法一：单击【插入】→【符号】→【符号】按钮，弹出符号对话框，找到相应特殊符号，插入即可。

方法二：使用智能输入法菜单中的"符号大全"功能插入特殊符号。

特殊符号的输入编辑原理同文本一致，需要文本框或其他形状作为载体。

（2）公式 用户遇到需要输入公式时，可按如下操作步骤执行：单击【插入】→【符号】→【公式】按钮，此时幻灯片中出现内容为"在此处键入公式"的文本框，同时，功能区上方菜单中会出现【公式工具 | 设计】选项卡，如图4-12所示。在此选项卡中，可进行公式的输入编辑。

图4-12 【公式工具 | 设计】选项卡

4. 媒体输入编辑

PowerPoint 2016提供了音视频文件导入功能和音频录制、屏幕录制功能，进一步提升了用户体验。音视频媒体可用于幻灯片背景音乐、录音录像现场还原等场景。

媒体输入步骤为：单击【插入】→【媒体】中的功能按钮，用户可以根据需求导入或录制媒体。

媒体编辑步骤为：选择导入媒体，在【视频工具】→【播放】选项卡中对媒体进行编辑，如预览、剪裁视频、音量设置、播放参数设置、字幕选项等，如图4-13所示。

音视频媒体导入编辑完成后，需注意设置播放状态，如单击播放、自动播放、循环播放、播放时隐藏、全屏播放等。

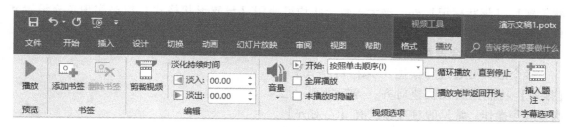

图 4-13 【播放】选项卡

4.1.6 图形绘制

幻灯片设计编辑时，文本的载体容器除了文本框之外，还可以是各种形状图形。同时，形状图形与文本框结合起来能够有效地展示层次结构。

1. 图片形状插入编辑

插入图片操作步骤：单击【插入】→【图像】→【图片】按钮，在弹出的菜单中根据文件路径信息找到要插入的图片即可，插入图片后可对图片进行格式设置，如删除背景、压缩图片、样式设置、裁剪图片等。选中图片后新增【格式】选项卡，图片美化的具体操作详见 4.2.3 节内容。

图形绘制操作步骤：【插入】→【插图】→【形状】按钮，如图 4-14 所示，在弹出的形状菜单中选择相应的形状即可。

图 4-14 形状绘制

形状菜单按类别划分呈现，主要包括最近使用的形状、线条、矩形、基本形状、箭头总汇、公式形状、流程图、星与旗帜、标注、动作按钮。形状复制方法与 Windows 系统文件复制方法一致，可使用复制、粘贴快捷键实现，也可通过按住<Ctrl>键同时拖动鼠标的方式实现一个或多个形状复制。

2. 形状格式设置

在幻灯片中插入【形状】中的一个形状，选中后，均可进行【形状填充】、【形状轮廓】、【形状效果】设置，如图 4-15 所示。在【形状轮廓】中单击【主题颜色】进行线条颜色更改，单击【粗细】设置线条粗细，单击【虚线】设置线条样式，单击【箭头】设置线条两端箭头样式。

形状标记不同于艺术字标记，某些形状或线条带有黄色标记，可以拖拽黄色标记更改弧度，如图 4-16 所示，两个形状初始状态一样，仅通过调整黄色标记即可获得不同的形状效果。除了上述讲到的【形

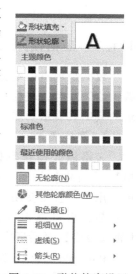

图 4-15 形状轮廓设置

状轮廓】、【形状标记】外，绝大多数形状均可使用【设置形状格式】窗格实现填充设置和效果设置。

3. 多形状组合设置

多个形状可通过【绘图工具】→【格式】→【排列】功能区实现快速对齐、等距排列、层次移动等操作。常见的对齐方式有【左对齐】、【水平居中】、【右对齐】、【顶端对齐】、【垂直居中】和【底端对齐】，分布排列方式有【横向分布】和【纵向分布】。对齐方式是指按照指定的线条对齐，分布排列是指按照等距间隔对齐。

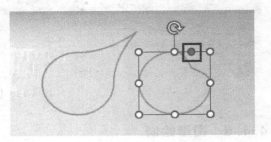

图 4-16　形状黄色标记

另外，拖动形状时，幻灯片中会出现对齐、等距等排列参考线供用户参考。

多个形状自由组合是形状绘制的高级操作，如图 4-17 所示，左侧的组合图形是由右侧多个形状组合而来，拆分开来看，每一个形状的绘制都不难。形状不规则的部分可通过选中形状使用其右键快捷菜单【编辑顶点】命令来实现。

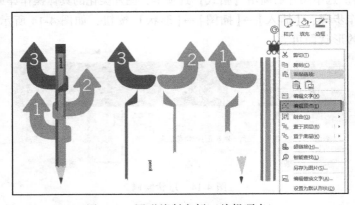

图 4-17　图形绘制实例（编辑顶点）

4.1.7　表格插入

数据是观点的有效支撑，更具说服力。用户在编辑幻灯片时，表格可提供数字展示、带有计算需求的数据表展示功能。

1. 表格插入

表格插入操作具体步骤：单击【插入】→【表格】→【表格】按钮，会出现如图 4-18 所示下拉菜单，用户可直接使用"田字格"选定要插入的表格行列数，也可单击【插入表格】命令，在弹出的【插入表格】对话框中设置表格行、列数。

PowerPoint 2016 除了提供插入表格功能外，还允许用户自行绘制表格。同时，Excel 作为同一系列

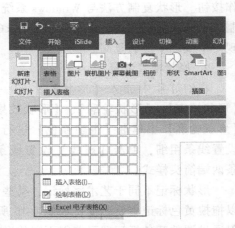

图 4-18　表格插入

办公软件，可作为插件嵌入到幻灯片中，功能操作不变。

插入表格后，表格默认带有软件配置好的表格样式。表格的属性设置同其他对象属性参数设置方法类似，选中表格后，选项卡最右侧出现【表格工具】→【设计】和【布局】选项卡，分别如图 4-19 和图 4-20 所示。

图 4-19 表格工具设计选项卡

图 4-20 表格工具布局选项卡

【表格工具】→【设计】选项卡包含【表格样式选项】、【表格样式】、【艺术字样式】、【绘制边框】四个功能区。【表格工具】→【布局】选项卡功能区为【表】、【行和列】、【合并】、【单元格大小】、【对齐方式】、【表格尺寸】、【排列】。两个选项卡分别从表格整体和表格内部两个方面提供了表格属性参数设置功能。

2. 导入 Excel 表格

Excel 经常用于处理数据，将 Excel 中的数据复制粘贴到 PPT 时，在【粘贴选项】中选择不同的选项有着不同的效果。粘贴选项共 5 类，分别为【使用目标样式】、【保留源格式】、【嵌入】、【图片】、【只保留文本】。【使用目标样式】指复制的表格外观风格和颜色与PPT 保持一致。【保留源格式】为保留表格在 Excel 中的外观格式设置，经常有用户质疑复制的表格或文字的格式与源数据不同，因为系统默认的粘贴方式为【使用目标样式】。【嵌入】指 Excel 表格复制到幻灯片后，仍能保留所有 Excel 功能，双击幻灯片中的表格，即可进入 Excel 工作界面编辑修改，但【嵌入】方式粘贴会增大演示文稿文件的大小。【图片】是将表格作为一张图片粘贴到幻灯片中。【只保留文本】是将 Excel 表格中文本内容拷贝到幻灯片中，不保留表格样式和对应的格式设置。

除了上述几种表格粘贴方式外，为了更有效地保持复制到幻灯片中的表格定期更新，且不想通过反复复制粘贴实现，可使用以下方式实现。先复制 Excel 表格中的数据，切换至PPT 中，单击【开始】→【剪切板】→【粘贴】→【选择性粘贴】命令。在弹出的对话框中选择【粘贴链接】选项，单击【确定】按钮退出对话框。如需更新幻灯片中的 Excel 表格，应先选中表格，然后在弹出的右键菜单中单击【更新链接】命令，从而实现表格数据的更新。

用户在使用【粘贴链接】方式粘贴 Excel 数据表时，需要注意：如果 Excel 表格文件路径或名称更改，则无法实现数据更新，但最后一次更新的数据表将被保存到幻灯片中。建议将演示文稿和 Excel 文件放到同一文件夹下，防止出现数据无法更新现象。

3. PPT 表格妙用

除了基本的数据呈现外，幻灯片中的表格还有其他一些功能。

（1）幻灯片表格制作导航栏　在幻灯片编辑过程中用户经常需要在幻灯片上部固定位置呈现演示文稿的导航信息，即导航栏。导航栏可以通过插入多个形状实现，但需要不断调整形状的位置、大小。幻灯片中的表格能够高效地实现导航栏的制作。制作步骤为：插入一个一行多列的表格，拉伸表格使其与幻灯片宽度一致；选中表格，菜单选项卡中会新增【表格工具】→【设计】和【布局】两个功能选项卡，在选项卡中设置表格格式；在表格中录入文本信息，完成导航栏的制作。最后，将导航栏复制到多个幻灯片中并修改表格格式，即可实现导航栏突出显示。

（2）幻灯片表格灵活排版图片　在幻灯片编辑过程中，可能需要插入不同类型、不同像素、不同大小的图片来丰富幻灯片的内容，但是不同的图片插入到幻灯片中极大地增加了图片排版的难度。

幻灯片表格可以实现图片快速排版，如图4-21所示，几张不同大小的图片通过表格工具实现了完美的排版。具体实现方法是：插入表格，合并表格单元格，形成不同大小的表格单元格；然后在指定的单元格中通过【图片或纹理填充】的填充方式实现图片插入。此方式排版优势明显，图片的大小完全可以通过表格宽度、高度调整实现。

图4-21　幻灯片表格实现图片快速排版

表格能够极大地丰富幻灯片的数据展示功能，但幻灯片编辑过程中应尽可能避免较大表格的使用。一般情况下，只需将表格中的重点提炼出来展示即可。

4.1.8　图表插入

幻灯片编辑过程中，除了部分特定数据按表格样式呈现外，绝大部分数据可通过图表进行展示，图形展示数据更能有效说明观点。

1. 图表插入

在 PowerPoint 2016 中，图表工具与 Excel 中的图表功能一致。具体操作步骤：单击【插入】→【插图】→【图表】按钮，弹出【插入图表】对话框，用户可根据数据特征和展示目的选择图表类型。

幻灯片中图表类型为柱形图、折线图、饼图、条形图、面积图、XY 散点图、股价图、曲面图、雷达图、树状图、旭日图、直方图、箱形图、瀑布图和组合图。不同的类型图用于表达不同的数据观点，其中【组合图】可使用次坐标轴功能将三个系列数据放置到不同坐标轴中用不同类型图表展示，如可将"营业额（数值较大）"和"业绩完成率（数值为0到1之间，数值较小）"用一个组合柱形图、折线图呈现。

图表插入后，同表格一样，用户可对图表进行样式设计、格式设置等操作。其中，图表元素的添加在【设计】选项卡【图表布局】功能区，如可添加标题、数据标签、误差线、网格线等元素；单击【格式】→【当前所选内容】下拉列表框，则可查看图表中所有元素，选中某一项即可对选中项进行操作设置。

2. 图表选用原则

同一组数据，不同的图表类型展现的效果互不相同。因此要先明确不同类型的图表特征，再结合实际数据来选择类型。

（1）柱形图　在工作表中以列或行的形式排列的数据可以绘制为柱形图。柱形图通常沿水平轴显示类别，沿垂直轴显示值。

（2）折线图　在工作表中以列或行的形式排列的数据可以绘制为折线图。在折线图中，类别数据沿水平轴均匀分布，所有值数据沿垂直轴均匀分布。折线图可在均匀按比例缩放的坐标轴上显示一段时间的连续数据，因此非常适合显示相等时间间隔（如月度、季度或会计年度）状态下的数据趋势。

（3）饼图　在工作表中以列或行的形式排列的数据可以绘制为饼图。饼图显示一个数据系列中各项的大小与各项总和的比例。饼图中的数据点显示为整个饼图的百分比。如果遇到以下情况，应使用饼图：只有一个数据系列，数据中的值没有负数，数据中的值几乎没有零值，类别不超过7个，并且这些类别共同构成了整个饼图。

（4）条形图　在工作表中以列或行的形式排列的数据可以绘制为条形图。条形图显示各个项目的比较情况。在条形图中，通常沿垂直坐标轴显示类别，沿水平坐标轴显示值。

（5）组合图　以列和行的形式排列的数据可以绘制为组合图。组合图将两种或更多图表类型组合在一起，让数据更容易被理解，特别是数据变化范围较大时。因为采用了次坐标轴，所以这种图表更容易看懂。组合图的类型用户可以自定义，如图4-22所示。

其他类型的图表选用原则就不再赘述，即使在掌握基本的操作方法后，如何正确使用图表仍不简单，插入软件默认的图表往往达不到预期的效果。用户在使用图表时要遵循"四原则"：一是选用正确的图表类型；二是删除多余图表元素，保留重要图表元素；三是突出关键数据，弱化辅助数据；四是图表要强有力的支撑演讲者的观点，实现图表数据力证关键性、结论性文字。

4.1.9　动画添加

幻灯片是用户之间进行交互的工具软件。通过前面几节内容的讲述和实操练习，用户可以了解到幻灯片中文本、文本框、形状、图形、表格、图表等均可作为元素单元插入，每个元素单元可作为操作对象进行属性设置、样式修改等操作。在幻灯片中，除了修改操作对象自身属性外，软件提供了丰富的【动画】手段增强对象的动态展示呈现能力。

用户可以为幻灯片的各种元素（包括组合图形等）设置放映时的动画效果，为每张幻

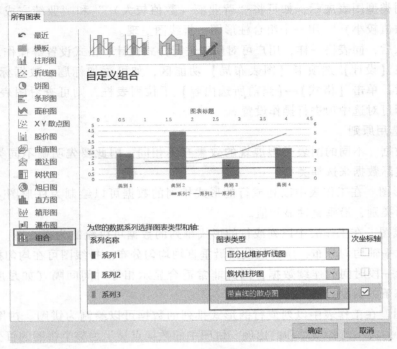

图 4-22　组合图表类型自定义

灯片设置放映时的切换效果，甚至可以规划动画路径，设置幻灯片交互效果，这样使演示文稿在放映时更加富有感染力。

1．动画添加

动画添加操作步骤：通过形状插入操作，在空白幻灯片中插入一个矩形并选中。单击【动画】→【动画】→【形状】按钮，此时便为矩形添加了一个动画。动画查看可通过【动画窗格】打开当前幻灯片中所有对象的动画列表，具体如图 4-23 所示。

【动画】选项卡有【预览】、【动画】、【高级动画】、【计时】四大功能区。【预览】指预览已添加的动画，【动画窗格】中也可对动画进行预览，且功能更为丰富，可预览指定动画序列对应的动画。【动画】功能区是用户根据需求给无动画元素添加动画或修改已添加动画，每个动画对应有不同的【效果选项】供用户选用。【高级动画】功能区中的【添加动画】是给指定元素再次添加一个新的动画，【动画窗格】是打开或隐藏动画窗格功能，【触发】是设置动画特殊开始条件，可通过单击或达到指定条件时播放，【动画刷】是将当前选中元素对应的动画自动应用到新的元素上，可双击使用。【计时】功能区主要是对动画的开始方式（单击开始、与上一动画同时、上一动画之后）、持续时间、延迟和动画顺序进行设置。

在 PowerPoint 2016 中，添加动画时出现如图 4-24 所示的动画类型选择菜单，动画分为5 类，分别是进入效果、强调效果、退出效果、动作路径和 OLE 操作动作。前四种类型是常用类型，OLE 操作动作只有在【插入】选项卡【文本】功能区选用【对象】选项添加对象后才可使用。

进入效果是设置幻灯片元素从外部进入或幻灯片元素出现的方式，如出现、淡入、

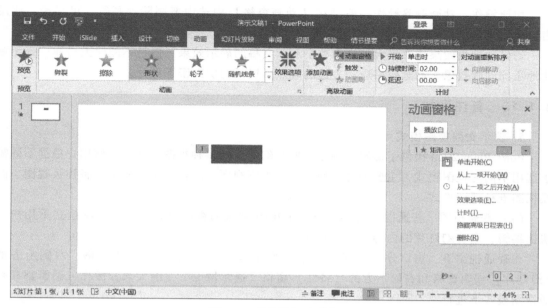

图 4-23 【动画】选项卡

飞入、浮入、旋转、弹跳等。强调效果是设置在幻灯片放映时需要突出显示的元素，起强调作用，如脉冲、彩色脉冲、跷跷板、放大/缩小、更改颜色、加粗闪烁灯。退出效果是设置幻灯片放映时元素离开幻灯片的方式，如消失、淡出、飞出、浮出、擦除、轮子等。动作路径是设置幻灯片放映时元素的移动路径，如直线、弧形、转弯、形状、循环、自定义路径等。

2. 动画实例

动画添加属性修改操作实例：

1）在空白幻灯片中插入椭圆形状。

2）选中椭圆形状，单击【进入】→【轮子】效果。

3）打开【动画窗格】。

4）在【动画窗格】中查看当前幻灯片对应的所有动画，选中新添加的【轮子】动画进入效果。

图 4-24 动画类型选择菜单

5）在动画列表项上右击，弹出右键菜单，单击【效果选项】按钮，弹出动画属性设置对话框。

6）根据需求，分别设置【效果】、【计时】和【文本动画】三个选项卡对应的参数，如可修改【轮子】动画的【辐射状】为【3 轮辐图案】，动画【重复】效果为【直到幻灯片末尾】，文本按【段落】逐段显示。

快捷操作：动画删除操作一般是在【动画窗格】中选中要删除动画行，可多选，使用右键快捷菜单或按<Del>键进行删除操作。

幻灯片动画效果能够极大地增强整个演示文稿的展示效果，但是不能肆无忌惮、毫无章法地添加动画效果。动画效果应和表达的观点、展开的层次密不可分。

4.1.10 备注添加

1. 演示文稿视图模式

PowerPoint 2016 提供了编辑、浏览、放映幻灯片的多种视图模式，方便用户根据不同需求选用不同的视图模式，主要分为普通视图、大纲视图、幻灯片浏览视图、备注页视图、阅读视图五种视图模式。

（1）普通视图　普通视图是 PowerPoint 2016 默认的视图模式，在此视图模式下用户可快捷编辑、查看幻灯片的内容，添加备注等。

在普通视图下，窗口分为三部分：左侧的【幻灯片/大纲】缩略图窗格、右侧上方的【幻灯片】编辑窗格和右侧下方的【备注】窗格。通常情况下，绝大部分操作、编辑都在普通视图模式下进行。

（2）大纲视图　大纲视图与普通视图分布一致，唯一不同是左侧窗格显示为幻灯片大纲，而非幻灯片缩略图。

（3）幻灯片浏览视图　幻灯片浏览视图模式可以以全局的方式浏览演示文稿中的所有幻灯片，在此视图模式下，幻灯片全部显示主窗格区域，便于查看、编排调整多张幻灯片。

用户如需进行多张幻灯片的复制、移动或删除，或进行多张幻灯片切换效果设置及预览均可在此视图模式下进行。

（4）备注页视图　备注页视图与其他视图不同，在此视图模式下，显示幻灯片的同时在其下方显示备注页，用户可以输入编辑备注内容。幻灯片显示为内容缩略状态，用户无法对幻灯片进行编辑修改，下方的备注页为占位符方式显示，可在占位符内输入内容，为幻灯片添加备注信息。

备注页视图编辑状态如图 4-25 所示，用户使用此视图模式时，软件默认在幻灯片右下角添加页码，便于用户查看编辑备注信息。

（5）阅读视图　阅读视图可将演示文稿中的幻灯片以最佳适应窗口大小方式放映，阅读视图模式下只保留幻灯片、标题栏和状态栏，其他内容功能均隐藏。无须切换到全屏放映状态下，即可查看幻灯片中的动画和放映效果。阅读视图模式是从幻灯片开头开始放映，单击切换到下一张幻灯片，直至放映最后一张幻灯片后退出阅读视图。阅读过程中可使用<Esc>键随时退出，也可以单击状态栏中的其他视图按钮，切换到其他视图模式。

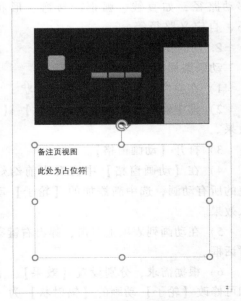

图 4-25　备注页视图编辑状态

2. 备注添加

为了便于用户在演示幻灯片期间快速参考查看幻灯片内容，在制作幻灯片时可向幻灯片添加演讲者备注。在普通和大纲演示文稿视图中，【备注窗格】显示在当前幻灯片下方，在演示者视图中显示在当前幻灯片旁边。

幻灯片处于备注页视图时，幻灯片备注会出现在当前幻灯片下方，如图4-25所示。

幻灯片处于普通视图和大纲视图模式时，当幻灯片【备注窗格】处于隐藏状态时，可通过三种方式显示【备注窗格】。三种方式分别为：

1）单击【视图】→【显示】→【备注】按钮，幻灯片下方显示出【备注窗格】。

2）在软件状态栏中找到【备注】按钮单击即可。

3）将光标移动到幻灯片下方、状态栏上方的位置，光标自动切换为拖动光标状态，此时向上拖动即会出现【备注窗格】。

当幻灯片处于演讲者视图时，幻灯片备注页会出现在当前幻灯片旁边，如图4-26所示。

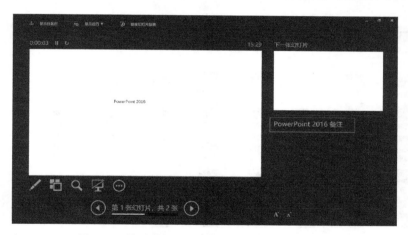

图4-26　演示者视图时备注页显示在幻灯片旁边

4.1.11　幻灯片切换

演示文稿是将多张幻灯片按照一定的逻辑层次关系组合到一起的，每一张幻灯片可添加文本、图形、表格、图表、动画、备注等内容。制作完成单张幻灯片后，为了达到更优秀的演示效果，软件提供了幻灯片之间的切换效果功能，这样整个演示文稿就更形象生动了。

幻灯片切换操作对应【切换】选项卡下的功能区，有【预览】、【切换到此幻灯片】、【计时】三部分，如图4-27所示。幻灯片切换指前一张幻灯片播放结束后，切换到当前幻灯片时的切换效果设置。用户设置当前幻灯片切换效果后，可通过【效果选项】设置切换的方向，通过【计时】功能区中的【应用到全部】一键设置所有幻灯片切换效果。

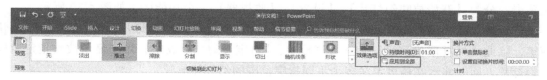

图4-27　幻灯片切换选项卡

【计时】功能区中包含了切换时的【声音】、【持续时间】和【换片方式】设置，如果用户需要幻灯片自动播放，且播放过程不需要单击鼠标时，可取消选中的【换片方式】中的【单击鼠标时】选项，勾选【设置自动换片时间】并设置时间，最后选中【应用到全部】即可。

通常情况下，【换片方式】中【设置自动换片时间】短于当前幻灯片中【动画】总时长时，软件呈现效果为动画播放结束后立即切换幻灯片。【切换到此幻灯片】和【持续时间】指切换到当前幻灯片的操作，【换片方式】指切换到下一张幻灯片的操作。

用户可选幻灯片切换效果，如图4-28所示，分为细微、华丽、动态内容三种效果类型。不同于动画，幻灯片切换效果只能选择一种。选用后通过【预览】按钮或通过【幻灯片放映】功能查看切换效果。

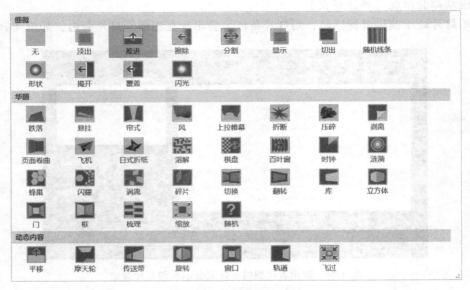

图 4-28　幻灯片切换效果

常见的幻灯片切换效果较多，不同的切换效果对应不同的方式和切换持续时间。例如，【擦除】切换效果对应1秒的持续时间，而【蜂巢】的持续时间为4.4秒，因此选用幻灯片切换效果时，应适当考虑切换持续时间。

快捷操作：幻灯片切换效果可在【幻灯片浏览】视图状态下查看，如图4-29所示，单击红色矩形框中的按钮查看。【普通】视图状态下也可通过此方式查看切换效果。

4.1.12　幻灯片放映

幻灯片放映是整个演示文稿制作完成后，演示前进行的操作设置，对应【幻灯片放映】选项卡，分为【开始放映幻灯片】、【设置】、【监视器】三个功能区，如图4-30所示。

幻灯片放映常用方式为【从头开始】<F5>快捷键、【从当前幻灯片开始】<Shift+F5>快捷键，除此之外【联机演示】用于共享放映，【自定义幻灯片放映】用于显示放映指定范围的幻灯片，同一演示文稿可定义多个不同指定范围的幻灯片放映。

【设置】功能区主要有【设置幻灯片放映】、【隐藏幻灯片】、【排练计时】、【录制幻灯

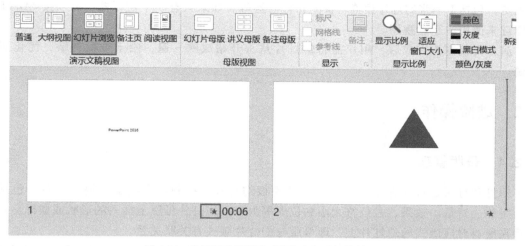

图 4-29 【幻灯片浏览】视图时查看切换效果

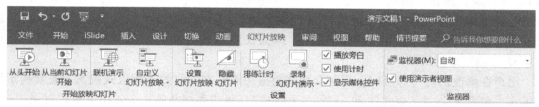

图 4-30 幻灯片放映选项卡

片演示】四个功能。【设置放映方式】对话框如图 4-31 所示,对话框中包含放映类型、放映选项、放映幻灯片、推进幻灯片、多监视器五个选项组。通常情况下,使用默认选项即可。

【排练计时】用于幻灯片演示排练时,记录每张幻灯片占用的时间,并保存下来,用户可根据计时调整演示过程。【录制幻灯片演示】可将用户整个演示排练过程录制下来,单击此按钮,在弹出的对话框单击【开始录制】即可。录制结束后,软件自动形成计时和旁白音频、墨迹和激光笔

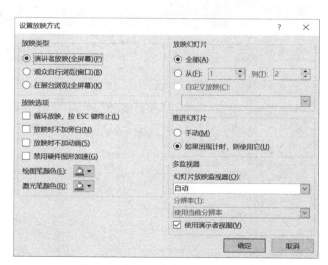

图 4-31 【设置放映方式】对话框

动画,在幻灯片中会新增音频文件、在动画窗格中新增墨迹或激光笔动画。

快捷操作:录制幻灯片演示后,如需删除可通过【录制幻灯片演示】按钮的下拉菜单中的【清除】选项实现,也可通过动画窗格和元素对象删除操作实现。

【监视器】功能区使用默认设置即可,如有多个显示设备,用户可自行设置幻灯片放映位置。【使用演示者视图】指在一个监视器上放映全屏幻灯片,而另一个监视器上显示演示

者视图，包括下一张幻灯片预览、备注和计时器等。如果只有一个监视器，可以按<Alt+F5>快捷键来使用演示者视图。

演示文稿制作完成后，用户需将幻灯片从头开始放映一遍，便于查漏补缺，优化演示文稿。

4.2 进阶操作

4.2.1 母版管理

幻灯片母版是包含有相关应用的设计模板幻灯片，控制整个演示文稿的外观，包括颜色、字体、背景、效果、占位符大小和位置等内容。幻灯片母版上插入的形状或徽标会自动显示在所有对应版式的幻灯片上，即母版与幻灯片版式有关联关系。

幻灯片母版相关操作是在【母版视图】状态下进行的，单击【视图】→【母版视图】→【幻灯片母版】按钮，则软件在【文件】选项卡右侧新增【幻灯片母版】选项卡，此选项卡下包含【编辑母版】、【母版版式】、【编辑主题】、【背景】、【大小】、【关闭】六个功能区。在母版视图时，幻灯片左侧的幻灯片浏览视图调整为显示幻灯片母版版式视图，如图 4-32 左侧矩形框所示。

用户在修改幻灯片母版时，要结合版式对应关系。在幻灯片母版版式视图中查看树形结构版式，包含 1 个"父版式"和 11 个"子版式"，版式类型与第 4.1.4 小节版式对应。

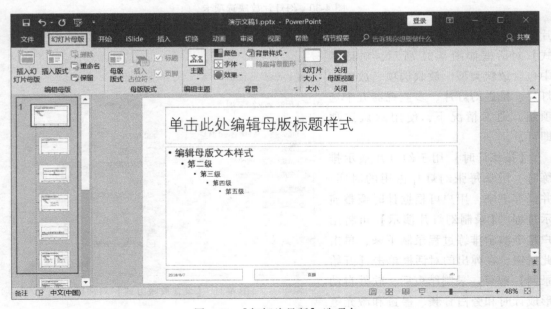

图 4-32 【幻灯片母版】选项卡

母版管理操作实例（实现用户自定义形状应用）：

在母版视图状态下，选择父版式，在母版幻灯片右下角插入基本形状中的"笑脸"形状，此时，所有母版版式均会插入"笑脸"形状，且在子版式中无法修改此形状。

1）新增 SmartArt 版式，具体见第 4.1.4 小节，并在此版式幻灯片右下角插入不同颜色的"笑脸"形状。

2）单击【幻灯片母版】→【关闭】→【关闭母版视图】按钮，退出母版视图状态。

3）用户可以看到所有幻灯片均出现父版式中插入的"笑脸"形状，且此形状无法编辑修改。

4）如未查看到 SmartArt 母版版式插入的"笑脸"形状，则需修改某一幻灯片版式为新增加的 SmartArt 版式即可看到。

母版管理是用户高效管理幻灯片的重要途径，用户在设计幻灯片时，如需在幻灯片中添加统一标识应使用母版相关操作，以便于后期修改维护。

4.2.2 SmartArt 图形插入

SmartArt 图形是通过图形表达信息和观点的一种形式，用户需根据特定类型的信息选择 SmartArt 图形类型和版式，实现数据可视化。PowerPoint 2016 提供了具有多种效果的图形选择功能，便于用户创建具有较高水准的插图。

SmartArt 图形插入操作方式有两种。一是单击【插入】→【插图】→【SmartArt】。二是先选中操作对象，一般为文本框，再单击【开始】→【段落】→【转换为 SmartArt】，文本即完成转换。在图 4-33 所示【选择 SmartArt 图形】对话框中，选择图形类型及该类型下相应版式插入到幻灯片中即可。图形类型要根据传达的信息、观点创建，如无法找到合适类型可多次尝试，快速切换，寻求最优图形。

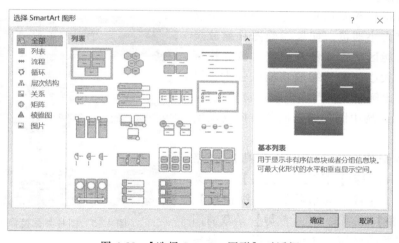

图 4-33 【选择 SmartArt 图形】对话框

通常情况下，SmartArt 图形类型选择可遵循以下示例：列表展示无序信息，流程显示流程或时间线对应步骤，循环展示连续的流程，层次结构展示组织结构图、决策树，关系展示图解连接关系，矩阵展示部分与整体关联，棱锥图显示上下比例关系，图片表示强调、丰富。

插入的 SmartArt 图形可作为幻灯片的基本元素对象进行操作，选项卡中新增【SmartArt 工具】→【设计】和【格式】选项卡，包含了【创建图形】、【版式】、【样式】、【重置】等功能区选项按钮。用户使用选项卡功能区和右键快捷菜单中的选项按钮，可实现【添加形状】、【更改颜色】、【转换文本】、【更改形状】、【更改布局】等 SmartArt 图形编辑修改功能。

SmartArt 图形可以作为一个整体添加动画，用户也可以为单个形状添加动画。不是所有动画效果均可用于 SmartArt 图形，取决于图形类型和版式。

在幻灯片编辑过程中，一定要先选中要编辑的元素，再通过新增选项卡和右键快捷菜单等实现编辑修改。

4.2.3　图片美化

图片能使演示文稿变得更有趣、生动，用户可以在幻灯片、幻灯片母版或幻灯片背景中插入图片。PowerPoint 2016 提供了强大的图片编辑、修改、美化工具。

图片插入操作步骤：单击【插入】→【图像】，用户可以根据图片来源选择对应按钮在幻灯片中插入图片。选中插入图片，在【图片工具】→【格式】选项卡功能区中选择相应功能按钮编辑修改图片，如图 4-34 所示。常见功能有【删除背景】、【压缩图片】、【图片边框】、【图片效果】、【图片版式】、【裁剪】等。

图 4-34　【图片工具】选项卡

图片美化涉及图片缩放、图片裁剪、图片调整、图片样式四部分功能。

图片缩放操作相对简单，选中图片，拖动图片边框调整大小即可。如果明确图片缩放尺寸可直接在功能区中输入图片高度，按等比例方式调整图片大小。图片缩放功能较强大，可实现图片按负比例缩放，即实现图片镜像操作，如图 4-35 所示，选中图片边框向负方向拖动实现镜像操作。

图 4-35　图片美化镜像图片

图片裁剪操作：单击【图片工具】→【格式】→【大小】→【裁剪】按钮。【裁剪】下拉菜单有【裁剪】、【裁剪为形状】、【纵横比】、【填充】、【调整】五项命令。【裁剪】是裁剪图片，删除不需要的区域。【裁剪为形状】是按照指定形状裁剪图片。【纵横比】是将图片按照指定比例进行裁剪，分为方形、纵向、横向。【填充】是保持原始图片纵横比，调整大小，填充整个图片区域。【调整】是保持原始图片纵横比，调整大小，以便在图片区域适中位置显示。

图片裁剪与压缩实例：

1）插入本地图片或直接复制图片到幻灯片。

2）单击【图片工具】→【格式】→【大小】→【裁剪】按钮。

3）图片裁剪编辑状态界面如图 4-36 所示，用户调整裁剪边框，去除部分图片区域。

4）单击幻灯片空白区域，取消图片裁剪状态，完成图片裁剪，此时图片未显示部分仅仅是被隐藏，而非删除。

图 4-36　图片裁剪编辑状态界面

5）单击【格式】→【调整】→【压缩图片】按钮，在弹出的对话框中单击【删除图片的裁剪区域】复选按钮，再单击【确定】实现图片压缩。

图片调整是 PowerPoint 2016 所提供的部分专业图片处理软件的简化功能，可以实现抠图、锐化柔化、颜色饱和度、特定艺术效果等功能。图片样式是通过编辑图片，实现图片边框大小颜色设定、阴影、映像、发光、棱台、三位旋转、图文混排版式等功能。

通过图片美化，实现幻灯片与图片完美结合，可进一步提升演示文稿的展示效果。

图片美化技巧：多张图片大小不一且无法通过缩放统一图片大小时，可以通过添加色块与图片组合为一个整体，统一大小。

图片导出技巧：直接另存图片像素较低，可通过文件另存为 pdf 再转出图片获取像素较高的图片。

4.2.4　放映配置

制作演示文稿是为了展示放映，根据演示文稿不同的用途、放映场景、显示介质等，用户需调整相应放映参数。

幻灯片中如果已经添加了较为复杂的动画，但在某次放映时由于场景原因无需放映动画，需要单击【幻灯片放映】→【设置】→【设置幻灯片放映】按钮，在弹出的对话框中单击【放映时不加动画】复选按钮，保存参数。这样在不改变幻灯片的情况下，可以实现不同放映方式。

用户完成演示文稿放映参数设置后，按<F5>键进入幻灯片放映状态，通常情况下幻灯片放映界面如图 4-37 所示。幻灯片全屏显示，左下角有浮动工具条，包括【上一张幻灯片】、【下一张幻灯片】、【墨迹选项】、【查看所有幻灯片】、【局部放大】、【更多选项】六个按钮供用户选用。

其中，【墨迹选项】是用户在幻灯片放映时根据情况选用激光笔突出重点、笔或荧光笔在幻灯片上添加墨迹。【更多选项】中用户可直接选用已编辑添加的【自定义放映】、可切换到【演示者视图】状态、可使用【屏幕】中的【黑屏】或【白屏】功能临时新增纯色幻灯片作为画板使用。上述菜单也可通过右键快捷菜单查看应用。

图 4-37　幻灯片放映界面

　　幻灯片放映时，建议用户使用【演示者视图】放映方式，此视图界面如图 4-38 所示。图中用红色矩形框标出了此视图下的功能区域，包括【幻灯片演示时长】、【当前系统时间】、【下一张幻灯片预览】、【备注】、【工具栏】、【幻灯片切换工具栏】等。

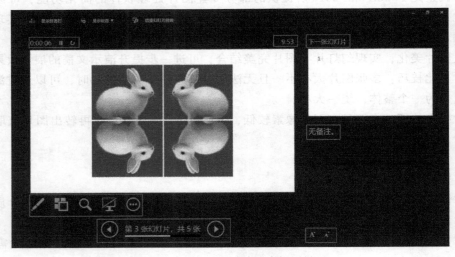

图 4-38　幻灯片放映演示者视图界面

　　幻灯片放映前，一定要确认显示对象的尺寸和比例关系，以便于调整幻灯片大小，展示出幻灯片效果。

4.2.5　动画设计

　　动画是丰富幻灯片展示效果的工具，如何设计、组合动画是演示文稿制作者的重难点。当然，动画不是越多越好，合适最重要。不要为了动画而设计动画，一般在以下情况使用动画：演示内容需要逐步展示才能更好地配合演讲精度，或者为了制造悬念；将某个关键信息突出展示，通过动画引起观众注意；动画能够动态形象地展示某一变化过程或现象。

1. 模仿动画

　　动画的添加不需要任何基础，只需要选中操作对象，选择合适动画即可。但是动画设计与动画添加不在一个层级上。要设计出好的动画，先要学习好的动画，弄懂动画作品运用了哪些手法。

用户可以打开 PPT 作品，通过【动画窗格】查看动画元素、切换方式、播放时间控制等信息。用户使用【高级日程表】和【动画效果】可以具体查看每一个动画的细节设置，从而掌握动画设计思路，并进行动画模仿设置。

2. 设计动画

下面以一个 gif 图运动的动画为例说明其制作步骤。

1）下载素材，找到合适的动态图，一般为 gif 格式。

2）插入图片到幻灯片中，拖动至合适位置。

3）添加路径动画，具体路径由用户自行设计，实例中选用【向下直线】。

4）设置动画属性，【开始时间】设为【与上一动画同时】，【重复】设为【直到幻灯片结尾】。

5）按<Shfit+F5>快捷键放映当前幻灯片，实现功能。

高级日程表是多个动画快速调整开始时间、结束时间、持续时间的工具，在【动画窗格】中通过右键菜单来【显示/隐藏高级日程表】。在高级日程表中通过拖动方式实现动画参数设置，光标处于不同位置时其形态不同，遵循操作系统一贯参数。在动画窗格下方，显示动画时间轴。

4.2.6 屏幕录制

屏幕录制是 PowerPoint 2016 提供的录制视频资源的工具，能够将指定区域中的操作演示或网站视频资源录制下来，且在麦克风可用时，同时录制音频。操作步骤为：单击【插入】→【媒体】→【屏幕录制】按钮，出现如图 4-39 所示界面，上方为录制工具栏，虚线框为录制区域。用户单击【选择区域】按钮可重新选定录制区域，单击【音频】按钮设置是否录制音频，单击【录制指针】按钮设定是否捕获指针并录制。

录制区域设定后，单击【录制】按钮开始录制，此时出现 3s 开始倒计时界面。正式开始录制后，工具栏菜单变为录制模式。用户可使用<Win+Shift+R>快捷键暂停录制，或使用<Win+Shift+Q>快捷键结束录制。

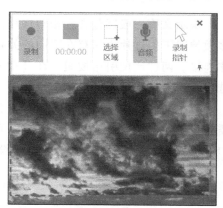

图 4-39　屏幕录制开始前界面

结束屏幕录制后，录制的视频作为视频资源自动插入到当前幻灯片中。用户可在对应的【视频工具】选项卡功能区中设置视频格式、样式、裁剪视频长度、视频画面大小等。通常情况下，可以先预览视频，再编辑调整，最后将录制视频通过右键菜单另存为视频文件单独存放。

4.2.7 信息标识

信息标识是在幻灯片中插入指定标识，幻灯片识别此标识，自动显示或更新维护标识。

在幻灯片中常用的信息标识有【页眉页脚】、【日期和时间】、【幻灯片编号】，此三部分均在【插入】选项卡【文本】功能区中，单击后弹出的对话框是一样的，如图 4-40 所示。

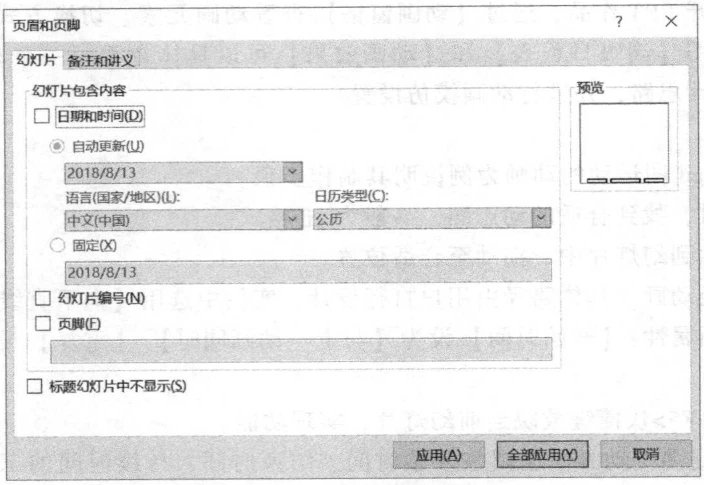

图 4-40　幻灯片页眉和页脚

用户根据幻灯片制作需要，单击【日期和时间】、【幻灯片编号】、【页脚】、【标题幻灯片中不显示】等复选按钮，并设置对应参数。如要使幻灯片每次打开时自动更新时间，则选用【日期和时间】中的【自动更新】，并在下拉列表框中选用合适的时间文本样式。

4.2.8　定位引用

演示文稿一般都包含多张幻灯片，默认情况下，幻灯片是按照顺序关系排列的。但是，多数情况下幻灯片之间存在不同的关联关系，此时需通过定位引用实现，即插入超链接或动作连接。两种定位引用按钮均在【插入】功能区【链接】功能区中，使用此功能时，需先选中操作对象再设置。

选中对象后单击【链接】按钮，出现如图 4-41 所示对话框。在此对话框中，用户根据需求设置超链接所链接的内容，有【现有文件或网页】、【本文档中的位置】、【新建文档】、【电子邮件地址】四种选择，再具体设置链接对象和参数。

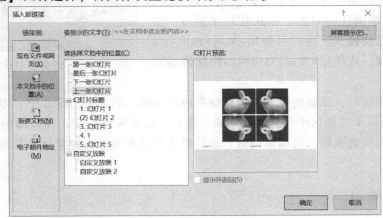

图 4-41　链接定位引用

功能区中的【动作】按钮对应的对话框有两个功能选项卡，分别是【单击鼠标】、【鼠标悬停】，对应鼠标的单击和悬停事件动作。用户在多种动作类型中选择其中一个，再确定动作播放时的声音是否突出显示。通过超链接和动作两种方式能够实现幻灯片非顺序方式展示，极大地增强了幻灯片之间的紧密联系。

4.2.9　文件保存

1. 常规保存

演示文稿文件默认后缀为"pptx"，除此之外还可另存为其他类型文件，如"pdf""mp4""gif""png"等。用户使用快捷键<Ctrl+S>或快速访问栏中的【保存】按钮保存演示文稿时，默认均保存为"pptx"文件。【另存为】快捷键是<Ctrl+Shift+S>，操作后弹出对话框，用户根据需要选择【保存类型】。其中，类型【PowerPoint放映（*.ppsx）】是演示文稿的一种放映模式，用户不可编辑的幻灯片内容。

在【另存为】对话框【保存】按钮左侧有一个【工具】按钮供用户选用，对应下拉菜单有四个功能选项，分别为【映射网络驱动器】、【保存选项】、【常规选项】、【压缩图片】。【映射网络驱动器】是将文件保存到指定网络文件夹中，【压缩图片】使用详见第4.2.3小节。

【保存选项】是软件关于保存的参数设置。用户可修改文件默认保存格式、调整保存自动恢复信息时间间隔、默认本地文件地址、默认个人模板位置和字体嵌入文件等。如果用户编辑演示文稿时，使用了网络字体或新加入了非默认字体时，在文件保存时，必须设置字体嵌入功能，保证带有新字体的幻灯片可移植。字体嵌入分为仅嵌入演示文稿中使用的字符（适于减少文件大小）和嵌入所有字符（适于其他人编辑）两种，用户根据场景自行选用。字体嵌入方法见第4.4节。

【常规选项】对话框如图4-42所示，包含了文件打开加密、文件修改加密、个人信息选项和宏安全性四个功能设置。使用加密功能后，单击【确定】按钮，软件自动提示用户再次确认密码。

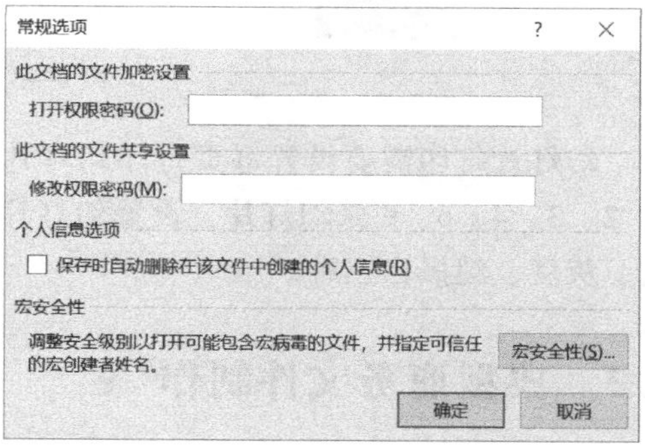

演示文稿的【导出】功能与【另存为】功能相似，但也存在差异。用户【导出】文件时会自动打包幻灯片中链接的文件及其他相关素材，以保证幻灯片复制到其他设备后所有功能均能正确启动。

图4-42　另存为【常规选项】对话框

2. 共享保存

演示文稿制作完成后，可以通过常规方式保存成不同类型的文件。除此方式外，还可以借助微软的OneDrive将演示文稿直接共享【保存到云】。

OneDrive采取的是云存储产品通用的有限免费商业模式，即用户使用Microsoft账户注册OneDrive后就可以获得7G的免费存储空间，如果需要更多空间的话，可以额外付费。

OneDrive提供的功能包括：

1）相册的自动备份功能，即无须人工干预，OneDrive自动将设备中的图片上传到云端保存，这样即使设备出现故障，用户仍然可以从云端获取和查看图片。

2）在线 Office 功能，用户可以在线创建、编辑和共享文档，而且可以和本地的文档编辑进行任意切换，本地编辑在线保存或在线编辑本地保存。在线编辑的文件是实时保存的，可以避免本地编辑时宕机造成的文件内容丢失，提高了文件的安全性。分享指定的文件、照片或者整个文件夹，只需提供一个共享内容的访问链接给其他用户，其他用户就可以且只能访问这些共享内容，无法访问非共享内容。

通过使用 OneDrive，用户可以将演示文稿保存到共享云中，无论何时何地用户都可以轻松地获取共享的文件，并可实时同步。

4.2.10　打印设置

演示文稿打印不同于 Word 文档，一般不直接打印。演示文稿打印设置界面如图 4-43 所示，具体操作步骤为：单击【文件】→【打印】按钮或按<Ctrl+P>快捷键进行设置。

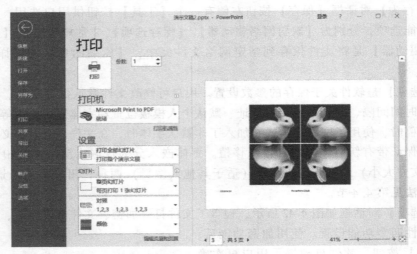

图 4-43　幻灯片打印界面

幻灯片打印需要设置每页打印幻灯片张数。用户可以选择 1 页打印纸水平或垂直放置 1、2、3、4、6、9 张幻灯片，设置幻灯片是否加框等操作。幻灯片颜色设置分为分别是颜色、灰度、纯黑白三种。

4.3　典型商务文件制作

演示文稿的创建、设计、编辑是为了更好地展示其中的观点、内容。通常，演示文稿有其特定应用场景，如产品发布、总结汇报、答辩陈述等。

4.3.1　产品发布

产品发布（介绍）是当下幻灯片最流行的应用场景。此类幻灯片有主题明确、重点突出、逻辑清晰、沉浸感强等特点。

用户制作好一份产品发布幻灯片需要从以下角度进行深入思考：

1）会场条件，包括展示用投影还是 LED 屏、屏幕大小位置分辨率、是否有分屏、是否进行直播、观众人数等。

2）主讲人情况，是否有特殊要求、演示时间长度。

3）产品公司背景、LOGO、业绩、特色。

4）适量产品素材，如图片、多媒体、产品 3D 模型。

5）幻灯片的逻辑关系、文字内容。

结合上述内容，用户需要反复推敲幻灯片之间的逻辑关系，确定幻灯片使用的素材，制作完成后还需多次修改，最终完成作品。

希望读者可以通过思考上述几个角度，对整个产品发布流程有了切实体会，理清展示脉络后，再静下心来制作演示文稿。

（1）创建演示文稿　制作演示文稿，第一步要尽可能创建出基本符合要求的演示文稿。用户可以创建空白演示文稿或以模板方式创建演示文稿。如果公司有制式演示文稿模板，应以此模板为基础，搭配公司色系颜色构建幻灯片主题。

（2）编辑幻灯片母版　演示文稿创建完成后，当公司 LOGO、特定文字或其他一些标志需要在多页幻灯片显示时，用户要通过编辑幻灯片母版实现此功能。进入幻灯片母版编辑状态，选择母版中的一个版式添加特殊标志，退出幻灯片母版编辑状态，修改幻灯片版式为指定版式，即可完成特殊标志添加展示。

（3）插入图片、模型素材　产品发布演示文稿必然需要产品图片、模型素材，用户可以通过渲染不同的背景来全方位展示产品特性，突出不同、优点。用户需要提前与产品研发部门联系并取得图片、模型素材。

（4）合理布局　产品发布演示文稿不同其他类型的演示文稿，一张幻灯片中的元素一般不超过五个。通常是一张图、一句话、一个数，如此才能给观众以视觉冲击，将产品的特色展示给观众。因此，在幻灯片编辑时，特别要注意元素的合理布局。基本原则是有对比、能突出观点、一目了然。

（5）添加动画　在产品发布演示中，动画宜简不宜繁，如果必须要用到多动画组合展示，一定要录制为视频，保证放映不出错。简单的动画效果既能让观众感受到变化，又不会哗众取宠，还能更好地展示出产品特征。

（6）设置幻灯片切换效果　幻灯片切换可以使幻灯片的过渡衔接更自然，提升产品展示水平。常用的切换效果有"涟漪""蜂巢""涡旋""立方体""旋转""窗口"等。不同的切换效果产生不同的动态效果，恰当的切换能够快速有效提高演示文稿播放流畅度、展示度。

（7）设置放映方式　高品质的产品发布（介绍）演示文稿制作仅仅是第一步，完美的展示效果才是终极目标。好的产品是需要展示、推介的，同样好的演示文稿需要好的放映方式。同一份演示文稿在不同的介质上展示，用到放映方式是不同的。如在计算机、投影仪上直接全屏展示、鼠标操作即可，而一般产品发布会演示文稿播放和演说嘉宾是分离的，需要专人负责演示文稿的播放。

负责播放演示文稿的人员应采用【演示者视图】放映方式进行播放，此放映方式能够对幻灯片播放的时间、内容、备注等有充分的把控，从而完美配合演说嘉宾的产品展示、推介。

（8）展示与修改　演示文稿内容和放映方式确定后，需要将完成的演示文稿展示给产品方，双方共同观摩、学习并提出合理化修改意见。一份完美的演示文稿需要反复修订，最终呈现出好的效果。

（9）彩排演示　产品发布（介绍）演示文稿的主讲人在正式发布会之前需要反复彩排演示，不断地修正和微调，最终达到完美的效果。

4.3.2　开场动画设计

演示文稿动画一般可分为开场动画、转场动画、内容动画、片尾动画四类。不同时段应用不同动画，以下通过一个开场动画阐述动画设计和编辑时的步骤和操作要领。

好的开头就成功了一半，设计感强的开场动画能够抓住观众的眼睛，为整个演示文稿的展示做好铺垫，因此开场动画十分重要。

本案例是一个较为简单的幕布徐徐拉开的开场动画，用户可通过以下步骤，迅速掌握其操作要领。开场动画设计步骤：

1）将图4-44所示的图片素材插入到空白幻灯片中。

2）用户使用【选择窗格】快速调整图片素材大小、位置。

3）隐藏舞台外部框架图片。

4）使用【动画窗格】分别添加"层叠"和"飞出"的退出效果，修改动画效果属性调整方向和持续时间。

5）调整动画开始时间分别为"单击时""与上一动画同时""与上一动画同时""与上一动画同时"，如图4-45所示。

6）放映幻灯片，局部调整修改。

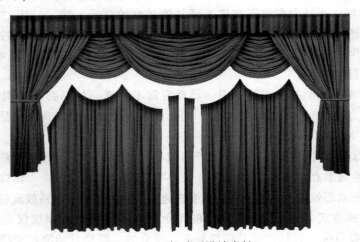

图4-44　开场动画设计素材

在案例中，演示了开场动画创建相关操作步骤，具体动画效果用户需根据场景需要进行组合调整。用户在设计编辑动画时，一定要使用【选择窗格】和【动画窗格】，同时使用【高级日程表】能快速设置动画开始时间、持续时间、结束时间和动画顺序等。

开场动画一般可分为"Logo变幻动画""主题展现动画""场景烘托动画""背景循环动画"等类型。在本案例的基础上，用户还需进一步深入挖掘动画设计理念和动画组合展现技巧才能设计出好的开场动画。

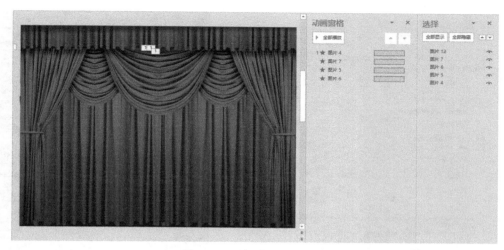

图 4-45 开场动画设计界面

4.3.3 海报设计

海报是一种极为常见的招贴形式,多用于电影、比赛、演出、讲座等活动宣传。海报设计是通过版面的构成吸引人群注意力,并获取瞬间刺激,因此要求设计者将图片、文字、色彩、空间等要素完整结合,达到宣传效果。通常情况下,海报最终的呈现形式是一张图片,因此用户完全可以使用 PowerPoint 2016 实现海报设计导出。

海报设计包括以下几个步骤:

(1)创建演示文稿 新建空白幻灯片,单击【设计】→【自定义】→【幻灯片大小】按钮自定义幻灯片的长宽,创建符合海报大小的幻灯片尺寸。幻灯片最大尺寸不超过 100cm,设置合适的幻灯片长宽比例。然后单击【设置背景格式】按钮设置海报的背景格式,背景格式填充方式包含【纯色填充】、【渐变填充】、【图片或纹理填充】、【图案填充】四种,不同的填充方式对应不同的设置参数。

其中【渐变填充】是一种常见背景格式设置方式,设置参数如图 4-46 所示。先设置渐变样式、类型、方向、角度等渐变参数,然后用户可在不同位置添加新的渐变光圈,每个渐变光圈均可设置不同的颜色、透明度、亮度。

(2)插入形状 幻灯片大小、背景设置完成后,再添加海报元素,通常为图片、形状、文本框等幻灯片元素。海报设计强调的是设计理念和多元素的组合展示,本例在幻灯片中添加了两条短横线、一个大的直角三角形和一个菱形,并将其组合,体现出海报空间感,总体风格偏简约风。

(3)合理组合 插入的海报元素之间要发生关系,并体现出逻辑性及主体内容。合理的元素组合能产生意想不到的效果。

(4)重点突出 海报元素中除了图片、形状外,最重要的是文字内容。文字是海报的主题内容、举办时间、地点、主办单位等重要基本元素的展示。通过多元素的组合,突出重点、烘托气氛,达到宣传效果。

(5)保存导出 设计完成海报后,用户通过软件导出当前幻灯片为图片格式,如图 4-47

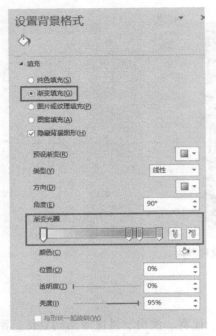

图 4-46　幻灯片背景格式渐变填充参数设置　　　　图 4-47　海报设计示例

所示。将导出的海报印刷张贴，实现海报宣传的目的。总体上来说，通过简单的渐变背景色设置、形状添加、文本框添加实现了"海报设计"公开课的海报制作。

4.3.4　定时演讲

定时演讲广泛应用于各类以 PowerPoint 演示文稿为平台的会议、演讲、论坛、竞赛、考试、答辩、述职等多种场合，通常有固定的时间长度。为了便于演讲者和评委评判演讲时间，PowerPoint 2016 能使用相关插件实现在幻灯片放映时开始计时或启用倒计时。

定时演讲时如果仅用于演讲者本人查看演示时长时可通过【演示者视图】方式实现，详见第 4.2.4 小节。如果演讲者和观众评委均需查看演讲用时，可通过安装插件方式实现。常见插件有两种，下面分别进行操作演示。

（1）开源插件方式　开源插件方式是通过 PowerPoint 宏加载方式实现。具体步骤为：

1）在网上下载免费"倒计时 .ppa"插件。

2）单击【文件】→【选项】按钮，在【PowerPoint 选项】对话框中单击【加载项】按钮。

3）在对话框中【管理】右侧下拉列表框中选择【PowerPoint 加载项】。

4）单击【转到】按钮，弹出【加载项】对话框。

5）单击【添加】按钮，选择文件路径，文件后缀为"ppa"或"ppam"。

6）确认加载项安全属性完成加载过程，此时软件新增【加载项】选项卡，如图 4-48 所示。

7）用户设置启用倒计时参数，幻灯片放映时，软件自动弹出倒计时浮动窗口，实现定时演讲。

图 4-48　倒计时插件加载成功

（2）商业插件方式　商业插件方式是通过安装成熟插件实现，以 iSlide 为例。iSlide 是一款专业高效的 PPT 设计插件，用户可在其官网下载安装，安装完成后软件新增【iSlide】选项卡，如图 4-49 所示。计时器参数设置界面如图 4-50 所示。用户常规放映幻灯片时，计时器功能未能启用，需通过单击【计时器】按钮启用并放映幻灯片。

图 4-49　【iSlide】选项卡功能区

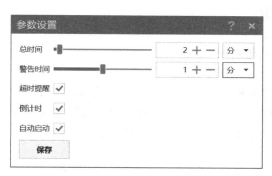

图 4-50　计时器【参数设置】对话框

两种实现方式均可实现定时功能，用户可根据需求选用其中一种即可。定时演讲过程中，如果演讲者中途重新放映幻灯片会导致计时器重新计时，而不会延续上次时间连续计时，因此一旦开始放映不允许退出放映状态。

4.3.5　微电影制作

微电影又称微影、短片，无论是拍摄还是创作环节均对资金、团队要求较低。微电影制作包含以下流程：确定主题、编写剧本、角色选择、分镜头脚本、拍摄录制、后期剪辑，前五个阶段用户需自行设计并完成。下面假设用户已经完成前期素材准备工作，以 PowerPoint 2016 为后期剪辑制作软件简述微电影制作步骤。

（1）确定微电影剧本　要制作微电影，需要先经历确定主题、编写剧本等几个阶段来获得微电影素材。在此基础上合理规划每张幻灯片的内容和层次关系。

（2）创建演示文稿　新建演示文稿，插入空白幻灯片，使用幻灯片母版统一幻灯片风格。通过设置幻灯片背景格式，创建出符合微电影主题的主题。

（3）插入微电影素材　插入微电影所需的所有图片、文字、音视频等素材，不同的素材需进行不同格式设置和展现形式。如音频一般为隐藏播放，部分音频可能需要循环数次。素材的使用要符合要求，不能随意放置。

（4）制作微电影片头　微电影片头如同开场动画一样重要，片头设置要主题突出、效果震撼，否则没有吸引力。片头可借鉴经典电影的片头，采用倒叙、悬疑等方式制作。

（5）制作过渡幻灯片　过渡幻灯片可以将演示文稿中的多张幻灯片有机衔接起来，不再凌乱，显得井然有序且自然。通常需要拍摄较短的小视频达到此效果。

（6）制作微电影片尾　微电影片尾要出现相关制作信息，并按照剧本设计要求结束。

（7）设置幻灯片切换方式　使用演示文稿制作微电影时，在设置幻灯片切换时间和效果时需要极具耐心，反复琢磨、排练，最终达到完美的展示效果。

（8）导出高质量微电影　在反复多次放映演示文稿、微调幻灯片自动换片时间后，将演示文稿导出完成视频创建。

使用演示文稿制作微电影，其实就是将演示文稿按照固定时间全屏放映呈现出来。因为演示文稿放映的时间是随机变化的，所以在制作微电影时，必须定下时间节点，将幻灯片动画、切换效果、音视频放映时间有机统筹起来，最终才能导出高质量的微电影。

4.4　常见问题解析

1. 格式、样式、版式的区别

格式：指由规格样子，一般是统称。

样式：指用有意义的名称保存的字符格式、段落格式、图片样式、视频样式、形状样式、艺术字样式等，这样在需要重复相应的格式时，直接套用对应的样式即可。

版式：指版面格式，具体指文本、图片、视频等元素的排列，一般会根据元素之间的逻辑关系进行排列。

2. 镜像操作

用户通过拖动元素边框可以实现镜像操作。可拖动元素包括图片、gif 动图、视频、形状、文本框等。

3. 字体嵌入

为了丰富演示文稿字体，用户可在互联网上下载合适字体文件（文件后缀为"ttf"）加载到系统中，重启编辑软件即可使用。字体加载方法：复制字体文件到"C：\Windows\Fonts"文件夹中，系统自动添加新的字体。用户特别注意：在文件另存时，一定要将字体嵌入到演示文稿中，否则新字体无法在其他设备上呈现。

4.5　拓展案例

【案例名称】：诗歌朗诵背景视频

【适用场景】：用人单位经常组织各类集体性活动，如部门总结、公司年会、团拜会、演唱比赛等。这些活动往往需要制作汇报用幻灯片、背景图片或视频。本案例以"诗歌朗诵背景视频"为例，通过场景化的设计，解析场景要求、阐述设计创意、示范操作步骤。通过学习本案例，能够帮助读者快速掌握使用 PowerPoint 软件进行创意设计的基本操作，并提升创新意识和问题解决能力。

【案例要求】：使用 PowerPoint 文档"诗歌朗诵背景视频"，完成以下任务：

1）场景 1（片头）：制作"五星齐聚"动态片头，插入诗歌名称及朗诵人信息，修改字体字号，插入背景音乐并设置片头特效。

2）场景 2（引入）：结合诗句"在玉兰盛开的季节，我登上了西山之巅"进行主题词筛选，围绕"玉兰"和"西山"进行图片组合及视角变换设计。

3）场景 3（主题）：结合诗句"在冬奥高光的时刻，我看到了国家振兴"进行主题词筛选，围绕"冬奥会""首钢"和"现代制造业"进行图片组合及填充背景设计。

4）场景 4（主题）：结合诗句"新工科蓬勃发展，中国制造振奋人心"进行主题词筛选，围绕"新工科""现代信息技术"和"中国制造"进行图片选择，文字弹出特效设计。

5）场景 5（片尾）：制作单位鸟瞰图动态移动效果，浮出片尾文字组合。

6）场景 6（导出）：根据背景音乐和诗歌内容调整各场景及相关动画特效的进出时间，导出为 MP4 格式的背景视频。

【操作提示】

1）创意设计：根据场景特点和主题选择创意点及核心设计内容。

2）素材收集：根据创意点和核心设计内容收集图片或影音素材。

3）场景 1：新建 PowerPoint 文档，单击【插入】→【图片】来插入背景图片；单击【动画】→【动作路径】，选择【直线】设置移动路径；单击【插入】→【形状】→【星与旗帜】插入 5 个五角星，单击【动画】→【动作路径】，选择【自定义路径】设置移动路径；单击【插入】→【文本】→【文本框】，输入节目基本信息；单击【插入】→【音频】→【PC 上的音频】，选择预先选好的素材，并在【音频工具】工具栏进行播放属性的设置。

4）场景 2：单击【插入】→【图片】→【此设备】，选择预先选好的素材，并进行大小调整；将拟组合的图片选中，在右键菜单中单击【组合】→【组合】；选中组合后的图片，单击【绘图工具】→【形状格式】进行样式调整。

5）场景 3：单击【插入】→【形状】→【基本形状】，插入三角形及平行四边形等多个图形并调整位置和大小；在某个图形上右击，在弹出的菜单中选择【设置形状格式】，在右侧弹出的属性界面中单击【填充】→【图片或纹理填充】，选择预先选好的素材；选择某个图形，单击【动画】并选择设计好的动画效果选项。

6）场景 4：单击【插入】→【图片】→【此设备】，选择预先选好的素材并选择动画效果选项中的【动作路径】→【直线】特效；单击【插入】→【文本】→【文本框】，输入关键词；选择文本框，设置【进入】→【缩放】和【退出】→【淡化】两个特效，将两个特效设置前后搭配；其他文本框类似操作。

7）场景 5：单击【插入】→【图片】→【此设备】，选择预先选好的鸟瞰图素材并单击【动画】→【进入】→【飞入】动画特效；同理插入校徽并设置特效。

8）场景 6：单击【切换】，选择每张 PPT 的切换样式；配置 PPT 切换的持续时间和 PPT 自动换片时间；调整各场景元素的时间属性，与背景音乐进行搭配；单击【幻灯片放映】预览查看并不断修正；单击【文件】→【导出】，将 PPT 导出为视频 MP4 格式。

【操作演示】：扫描下列二维码，观看拓展案例视频。

拓展案例视频（1）　　　　　拓展案例视频（2）

4.6　习题

1. 制作手机市场调研汇报幻灯片

提示 1：调研手机品牌市场占有率、热门机型及其功能等信息。

提示 2：内容中要制作对比表格，可采用饼状图、柱状图等来实现。

提示 3：演示文稿中要图文并茂，位置搭配合理。

2. 制作"春回大地、万物复苏"主题微电影

提示 1：设计符合主题的动画脚本。

提示 2：搜集符合主题的动静态图片素材。

提示 3：设置动画的先后顺序和时间属性。

3. 制作 PowerPoint 2016 任一功能的录屏操作视频

提示 1：选择要录制演示的软件功能。

提示 2：熟悉 PowerPoint 2016 录屏功能。

4. 将任意 1 份多页 PPT 缩印排列（每页包含 6 张幻灯片）**并导出为全彩色 PDF 版本**

提示 1：熟悉打印功能。

提示 2：导出或打印为 PDF 格式的文档。

第5章 Visio应用实训

Visio 2016 是 Microsoft Office 2016 系列产品的重要组件之一，需要单独采购和安装授权。Visio 2016 作为一款专业的办公绘图软件，具有丰富的绘图场景和素材，能够支撑用户将复杂信息与流程进行可视化处理、分析和交流。Visio 2016 不仅能将用户的思想和设计演变成形象化的图形，还能帮助用户创建专业图表，便于记录、分析、共享与交流。同时，Visio 2016 的绘图成果还可以植入其他 Microsoft Office 2016 软件进行使用。该软件常用于快捷的办公绘图工作。

本章主要介绍使用 Visio 2016 创建、编辑、排版和美化文档，并从基础操作、进阶操作、典型商务文件制作三个方面结合实训案例展开。通过对本章的学习，读者应掌握以下内容：

1）Visio 文档的创建和保存。打开、新建、保存、共享与导出文档等。

2）Visio 文档的编辑。根据应用场景选择形状库，插入多个形状进行组合，在形状中输入文本信息并进行形状数据、格式、组合、超链接等样式调整。

3）Visio 文档的排版。设置 Visio 形状大小、位置、色彩组合、文本样式、连接线等。

4）Visio 文档的修订。进行定位、查找、替换、拼写检查、翻译、批注、注释、墨迹等。

5）Visio 文档的美化。调整纸张方向与大小、Visio 主题、页面背景、边框与标题、图片格式，重新布局页面、连接线等。

6）典型商务文件制作。

5.1 基础操作

5.1.1 界面认知

1. 启动 Visio 2016

由于 Office 各组件程序的启动方法是一致的，因此启动 Visio 2016 软件的方法可参照第 1.4.6 小节。另外，如果用户需要选择模板，则需要注意以下两种方法的区别。

方法一：双击 Visio 2016 组件程序图标或在 Visio 2016 文件菜单中单击【新建】命令。用这种方法打开的 Visio 2016 工作界面可以选择模板，如图 5-1 所示。

方法二：双击已有的 Visio 文件启动 Visio 2016。用这种方法打开的工作界面不显示可选模板，而是直接打开可编辑的工作界面，如图 5-2 所示。

Visio 2016 的工作界面可划分为快速访问工具栏、功能区、绘图区、任务窗格四大部

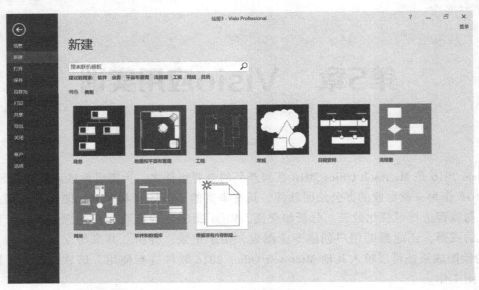

图 5-1　Visio 2016 模板选择界面

分，包含文件菜单、选项卡、标题栏、窗口控制按钮、绘图区、显示比例、形状窗口、状态栏等十余功能项，如图 5-2 所示。

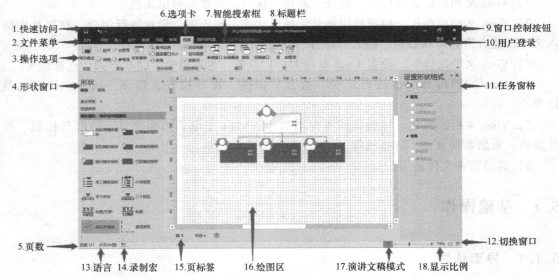

图 5-2　Visio 2016 工作界面

2. 快速访问工具栏

快速访问工具栏是一个包含一组独立命令的自定义工具栏，用户可以自定义快速访问工具栏的位置和命令内容。快速访问工具栏的具体位置在图 5-2 的左上方 1 号位，放大后如图 5-3 所示。

（1）勾选常用命令　单击快速访问工具栏最右侧的下三角按钮，会弹出图 5-3 中所示下拉菜单，在下拉菜单中用户可以单击某项命令来确定其是否显示在 Visio 工作界面上的快速访问工具栏中。如果某项命令前面有"√"，则该命令被设置为显示。如果没有"√"，则该命令被设置为隐藏。此处，选择【新建】、【打开】和【电子邮件】三个命令，则快速访问工具栏变成图 5-4 所示样式。

（2）新增常用命令　在图 5-3 所示的下拉菜单中单击【其他命令】命令，则会弹出图 5-5 所示对话框。首先，用户需要明确新增命令所属位置和新增命令用于何处，这两项任务的默认信息是【常用命令】和【用于所有文档（默认）】。单击【从下列位置选择命令】下拉列表框，会出现某命令所属位置列表。选择某个位置后即可显示该位置的所有命令。用户选择拟自定义快速访问的常用命令，双击该命令或者单击【添加】按钮来加入右侧自定义快速访问工具栏。本处选择【图片工具 | 格式】选项卡下的【亮度】命令作为示例，

图 5-3　快速访问工具栏

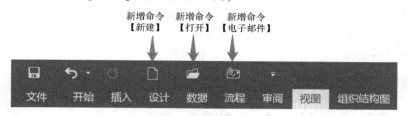

图 5-4　新增命令后的快速访问工具栏

图 5-5　自定义快速访问工具栏

双击【亮度】命令即可将其添加至右侧自定义快速访问工具栏中。

（3）删除常用命令　与新增常用命令的操作类似，用户如果要删除某项自定义的快速访问命令，则在自定义快速访问工具栏对话框的右侧列表中双击拟删除的常用命令，或单击拟删除的常用命令后单击【删除】按钮来删除该命令。

（4）设置显示位置　快速访问工具栏默认布置在工作界面顶部，也可以布置在功能区。操作方法是在图 5-3 的下拉菜单中单击最下方的【在功能区下方显示】命令。

3. 功能区

Visio 2016 中的功能区取代了旧版本中的菜单命令，并依据各项功能划分为【开始】、【插入】、【设计】、【数据】、【流程】、【审阅】和【视图】等选项卡。每种选项卡下划分了多种选项组，包含多个具体命令。

（1）隐藏功能区　在 Visio 2016 中，用户可通过隐藏功能区的方式扩大绘图区的可视面积。具体的方法有两种，一是通过双击选项卡名称的方法来显示或隐藏功能区，二是右击选项卡名称，在弹出的下拉菜单中单击【折叠功能区】命令。

（2）使用快捷键　在 Visio 2016 工作界面中按<Alt>键即可打开功能区快捷键。用户可以根据快捷键提示来输入选项卡命令。如图 5-6 所示，用户在按<Alt>键后可以依据提示继续按下相应按键。如要执行【加粗】命令，在图 5-6 所示界面下按<H>键，然后出现图 5-7 所示界面。用户根据提示按<1>键即可完成加粗操作。

图 5-6　选项快捷键

图 5-7　命令快捷键

（3）启动对话框　在很多选项组的右下角会有一个启动对话框的下三角按钮，单击该按钮就可以打开该选项组的对话框，并可以在该对话框中执行更多同类型命令。例如，单击【开始】→【段落】选项组中的启动对话框按钮，便可以打开【段落】对话框。

4. 绘图区

绘图区位于工作界面的中间，主要显示处于活动状态的绘图元素，用户可通过执行【视图】选项卡中的各种命令，来显示形状窗口、形状数据窗口、大小和位置窗口、平铺和缩放窗口、标尺、网格、分页符、参考线等。

（1）绘图窗口及辅助功能　绘图窗口主要用来显示绘图页，用户可通过绘图页添加形状或设置形状的格式。对于包含多个形状的绘图页来讲，用户可通过水平或垂直滚条来查看绘图页的不同区域。另外，用户可以通过选择绘图窗口底端的页标签来查看不同的绘图页，如图5-8所示。

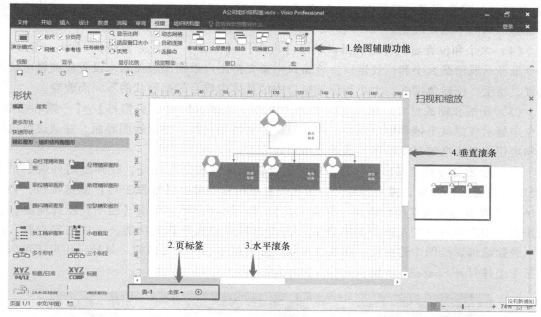

图5-8　绘图窗口

为辅助用户精确定位和绘制，Visio 2016提供了【显示】和【视觉辅助】等大量绘图辅助功能，具体有【标尺】、【网格】、【参考线】、【动态网格】、【自动连接】等。其主要作用见表5-1。

表5-1　主要绘图辅助功能信息表

序号	辅助功能名称	作用
1	标尺	查看用于测量和对齐文档中对象的标尺
2	分页符	启动分页符查看文档的每页中要打印的内容
3	网格	将对象与文本、其他对象或某一特定位置对齐
4	参考线	从水平和垂直标尺中拖出，帮助对齐文档中的对象
5	显示比例	缩放到合适的级别
6	适应窗口大小	缩放文档以使整个页面适合并填满窗口
7	页宽	缩放文档以使页面与窗口同宽
8	动态网格	有助于调整相对于彼此的大小、间距和形状对齐
9	自动连接	有助于在已连接的绘图中添加、对齐、连接和转换空间形状
10	连接点	开启每个形状中可以粘附连接线的点

单击【显示】及【视觉辅助】两个选项栏右下角的下三角按钮还可以打开完整的选项对话框，提供更强的绘图辅助。

（2）形状窗口　【形状】窗口中包含了多个模具（形状库），用户可通过拖动模具中的形状到绘图区来绘制各类图表与模型。用户可根据绘图需要，重新定位【形状】窗口或单个模具的显示位置。同时，也可以将单个模具以浮动的方式显示在屏幕上的任意位置。

（3）形状数据窗口　用户可以右击绘图区中的形状，弹出快捷菜单并执行【数据】→【形状数据】命令来显示或隐藏形状数据窗口。该窗口主要用来修改形状数据，其具体内容会根据形状的不同而改变。

（4）大小和位置窗口　用户可以单击【视图】→【显示】→【任务窗格】→【大小和位置】命令来显示或隐藏大小和位置窗口。该窗口主要支持用户根据图表要求来设置或编辑形状的位置、维度、旋转角度等。大小和位置窗口中的具体内容会根据形状的不同而改变。

（5）平铺和缩放窗口　用户可以单击【视图】→【显示】→【任务窗格】→【平铺和缩放】命令来显示或隐藏平铺和缩放窗口。该窗口主要支持用户扫视整个绘图界面，并通过缩放操作和定位窗口来准确显示绘图界面的显示内容。

（6）绘图资源管理器窗口　右击绘图辅助功能区的右侧空白处，在弹出的列表中单击【自定义功能区】命令，弹出自定义功能区设置对话框。单击【开发工具】复选按钮，Visio 2016 工作界面的选项卡中会增加【开发工具】，如图 5-9 所示。单击【绘图资源管理器】复选按钮，用户即可打开绘图资源管理器。该窗口具有分级查看的功能，可以用来查找、增加、删除或编辑绘图中的页面、图层、形状、形状范本、样式等组件。另外，用户还可以针对某个组件打开 ShapeSheet 窗口进行二次开发。

图 5-9　【开发工具】选项卡

5. 任务窗格

Visio 2016 中的任务窗格一般处于隐藏位置，主要用于设置形状大小、位置、数据等内容。用户可以通过单击【视图】→【任务窗格】命令来打开任务窗格下拉菜单，设置相关内容。任务窗格一般用于专业化或自定义设置。

6. 应用领域

Visio 2016 作为一款办公绘图组件程序，具有较为广泛的应用领域，能满足不同行业的商务人士的图形绘制需求。目前，Visio 2016 可应用于商务、工程、常规、日程安排、流程图、网络、地图和平面布置图、软件和数据库八大领域。在每个领域中，Visio 2016 都提供了细分的应用模块和形状库，协助用户制作出专业、规范的图表。

（1）商务　Visio 2016 为用户提供了 EPC 图表、ITIL 图、TQM 图、价值流图、六西格玛图表、因果图、图表和图形、审计图、故障树分析图、数据透视图表、灵感触发图、组织结构图等十余种商务应用模块，如图 5-10 所示。用户可以在自由选择所需的商务应用模块后进入到具有专业形状库的工作界面。在数据透视图表中，还能从 Excel、Access、SQL Server 等文件或数据库中提取数据。

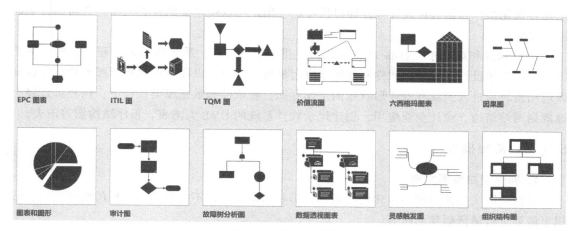

图 5-10　商务应用模块

（2）工程　Visio 2016 为用户提供了基本电气、工业控制系统、工艺流程图、流体动力、电路和逻辑电路、管道和仪表设备图、系统、部件和组件绘图八种工程应用模块。用户可以在自由选择所需的工程应用模块后进入到具有专业形状库的工作界面。在工程类模板中，用户可以轻松使用数百个可进行参数修改的形状来定义工艺流程、制作工程图表。同时，用户还可以在管道和仪表设备图等模块中构建新的模型。

（3）常规　Visio 2016 为用户提供了绘制日常生活中简单图表的常规应用模块，并提供图表制作的基本元素。用户可以使用常规应用模块提供的二维和三维形状，结合用户自己的设计思路，快速创建包含流程和信息的图形。

（4）日程安排　Visio 2016 为用户提供了 PERT 图表、日历、日程表、甘特图四种日程安排应用模块，方便用户记录日程、安排日程计划。用户可以在自由选择所需的日程安排应用模块后进入到具有专业形状库的工作界面，设计制作排定、规划、跟踪与管理项目日程活动的图表。

（5）流程图　流程图不仅可以以图形的方式直观地显示流程中的结构与元素，还可以直观地显示组织中的人员、操作、业务及部门之间的相互关系。Visio 2016 为用户提供了BPMN 图、IDEF0 图表、SharePoint 2010 工作流、SharePoint 2016 工作流、SDL 图、基本流程图、工艺流程图、工艺流程图 3D、跨职能流程图九种流程图应用模块。用户可以在自由选择所需的流程图应用模块后进入到具有专业形状库的工作界面。

（6）网络　现代商务工作中，网络已经成为日常工作的必备元素。清晰、专业的网络配置图和布线图等内容能为各个公司企业高效地管理网络提供基本素材。Visio 2016 为用户提供了基本网络图、基本网络图 3D、机架图、详细网络图、LDAP 目录等七种工程应用模块。用户可以在自由选择所需的网络应用模块后进入到具有专业形状库的工作界面。另外，用户还可以将网络图作为架构层的设计图，用来取代 UML 部署图。

（7）地图和平面布置图　Visio 2016 为用户提供了三维方向图、办公室布局、天花板反向图、安全和门禁平面图、家具规划、工厂布局、平面布置图、方向图、现场平面图、空间规划、管线和管道平面图十一种地图和平面布置图应用模块。用户可以在自由选择所需的地图和平面布置图应用模块后进入到具备专业形状库的工作界面。Visio 2016 为非设计专业人士在可视化操作和创造性设计等方面提供可能，用户可以快速绘制各类地图、方向图、平面图和布局图。

（8）软件和数据库　Visio 2016 为用户提供了企业应用、数据流图表、程序结构、网站图、网站总体设计等十七种软件和数据库应用模块。用户可以在自由选择所需的软件和数据库应用模块后进入到具有专业形状库的工作界面。在软件和数据库类模板中，用户可以轻松地规划网站结构、设计企业应用，创建记录软件系统的 UML 类图表、程序结构图等图表。

5.1.2　常规操作

1. 新建空白绘图文档

空白绘图文档是一种不包含任何模具、形状和模板，也不包含绘图比例的绘图文档，适用于需要进行灵活创建的图表。

（1）直接创建　启动 Visio 2016 组件程序，系统会自动弹出【新建】窗口。在该窗口中，为用户提供了模板文档和最近使用的文档等信息。单击【空白绘图】命令即可弹出基本参数设置对话框，单击【创建】命令即可新建空白绘图文档。

（2）菜单命令创建　在已经打开的 Visio 文件中，单击【文件】→【新建】命令，在展开的新建窗口中为用户提供了模板文档。单击【空白绘图】命令即可弹出基本参数设置对话框，单击【创建】命令即可新建空白绘图文档。

（3）新建文档创建　在计算机桌面右击，在弹出的快捷菜单中单击【新建】→【Microsoft Visio Drawing】即可新建 Visio 绘图文档。双击打开该文档会弹出图 5-11 所示【选择绘图类型】对话框。在该对话框中，单击【取消】按钮即可新建空白绘图文档，单击【类别】→【模板】中的任意一个模板即可新建具有专业形状库的绘图文档。

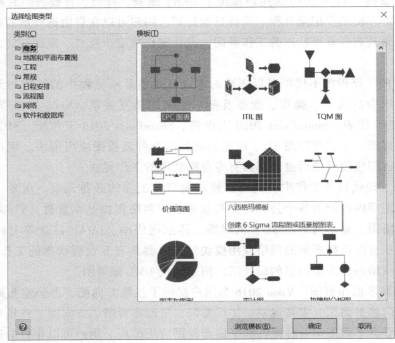

图 5-11　【选择绘图类型】对话框

（4）快捷键创建　在已经打开的 Visio 文件中，按<Ctrl+N>快捷键可直接创建空白绘图文档。

（5）快速访问工具栏创建　在已经打开的 Visio 文件中，单击快速访问工具栏中自定义的【新建】按钮即可直接创建空白绘图文档。

2. 保存 Visio 文档

在绘制 Visio 文档过程中或结束后，用户可以执行操作保存该文档。Visio 软件会根据 Visio 文档的创建方式来判断用户是否要选择文档的保存位置和类型。

（1）保存新建绘图文档　通过 Visio 2016 快捷方式、Visio 组件程序图标、<Ctrl+N>快捷键和快速访问工具栏【新建】按钮等方式新建的绘图文档均没有预先指定存储位置。因此在首次保存时需要指定存储位置和保存类型等内容。对新建绘图文档的保存操作有三种，分别是：<Ctrl+S>快捷键、快速访问工具栏【保存】按钮、【文件】菜单中的【保存】或【另存为】命令。用户在弹出的对话框中需要指定存储位置，并在弹出的【另存为】对话框中选择具体位置、文件名和保存类型等信息。

（2）保存已有绘图文档　打开已有 Visio 文档及通过计算机桌面右击快捷菜单中【新建】→【Microsoft Visio Drawing】命令创建的 Visio 绘图文档后，用户可以直接完成保存操作。对已有绘图文档的保存操作有三种，分别是：<Ctrl+S>快捷键、快速访问工具栏【保存】按钮、【文件】菜单中的【保存】或【另存为】命令。除【另存为】命令外，其他保存操作均为快速保存，不弹出选择存储位置、文件名和保存类型的对话框。

3. 选择并插入形状

Visio 中的所有图表元素都称作形状，其中包括插入的图片、公式及绘制的线条与文本框。Visio 绘图的整体逻辑思路是将各个形状按照一定的顺序与设计拖放到绘图页中。在完成 Visio 绘图文档创建后，用户可以在图 5-2 所示工作界面上的形状窗口中选择并插入形状。

（1）选择形状　在【形状】窗口用户可以通过【更多形状】、【快速形状】命令或已选取的模具中查看形状列表。同时，用户还可以在【搜索】文本框中输入搜索关键词后查找拟使用的形状。

选择非【形状】窗口中的形状时，通过单击【插入】选项卡中的【图片】、【图表】、【CAD 绘图】、【文本框】、【对象】等按钮来选择选择形状（多媒体素材）。

（2）插入形状　用户在选定形状后，直接将该形状拖动至绘图区即可完成形状插入工作。

4. 输入文本信息

用户可以通过双击已插入形状的方法来打开形状文本信息的输入界面。在内嵌文本框的形状中，用户可以在文本框中直接输入。在图片类形状中，文本框位于图片的下方。在图表类形状中，将会打开 Excel 内嵌图表，用户可在表格和图表上进行信息输入。

5. 插入连接线

用户可以在 Visio 2016 中用连接线将图形进行连接，用以标识相关关系、路线或流程。选择并插入连接线的方法是：

（1）在模具中选择并插入　一般在模具中会自带【动态连接线】或其他连接线形状，用户直接在模具中将该形状拖动至绘图区即可。

（2）搜索选择并插入　用户可以在【形状】窗口的搜索文本框下输入搜索关键词后查找连接线，并将拟使用的连接线拖动至绘图区即可。

6. 形状移动、复制与删除

（1）移动形状　在形状被拖动到绘图区后，用户可以直接拖动形状至指定位置。Visio 2016 提供了参考线，用户可以利用【视图】→【显示】及【视图】→【视觉辅助】中的相关功能辅助形状移动。

（2）复制形状　很多办公绘图场景中需要复制已经定义好主题、大小、色彩并填充好文字的形状。用户可以通过 Office 2016 的通用复制操作方法来实现形状复制。

【Office 通用复制操作】

- 按住<Ctrl>键同时左键拖动：在多个 Office 组件程序中，均可在按住<Ctrl>键的同时用鼠标拖动文字、图片、图形和图表等形状来实现复制。
- 右键菜单：在选中的文字、图片、图形和图表等内容上右击，在弹出的命令菜单中单击【复制】命令，并在拟粘贴的位置处右击，在弹出的命令菜单中单击【粘贴】命令。
- 快速访问工具栏：将【复制】和【粘贴】命令自定义到快速访问工具栏中，用户即可通过单击这两个命令将选中的文字、图片、图形和图表等形状进行复制粘贴。
- 复制粘贴快捷键：选中拟复制的文字、图片、图形和图表等形状，按<Ctrl+C>快捷键进行复制，并在拟粘贴的位置处按<Ctrl+V>快捷键进行粘贴。
- 选项按键：用户选中拟复制的文字、图片、图形和图表等形状，通过单击【开始】→【复制】或【开始】→【粘贴】两个命令按钮来实现复制粘贴。

（3）删除形状　对于办公绘图场景中不需要的各类形状，用户可以通过 Office 2016 的通用删除操作方法来实现形状删除。

【Office 通用删除操作】

- 按<Delete>键：在选中文字、图片、图形和图表等内容后按<Delete>键完成删除操作。
- 剪切：在选中的文字、图片、图形和图表等内容上右击，在弹出的命令菜单中单击【剪切】命令，或选中拟删除内容后按<Ctrl+X>快捷键即可完成删除操作。
- 隐藏：对于部分作为备注、备用或不需要打印的形状，用户可以通过更换形状及文字的边框和内部填充色来实现隐藏，实现虚拟删除操作。
- 撤销与恢复删除：因为删除工作会造成不可挽回的后果，因此 Office 2016 提供了两个快捷，即实现撤销删除操作的<Ctrl+Z>和恢复撤销操作的<Ctrl+Y>。

5.1.3　应用模板

在 Visio 八大应用领域中各有多种应用模板，能够满足不同应用场景下的高效绘图。专业人士利用 Visio 应用模板能快速制作 Visio 文档，非专业人士利用 Visio 应用模板能实现专业符号认知和专业文档的初级制作，支撑应用场景下的交流和协作。

1. 简单应用

Visio 用户首先设定办公绘图的应用场景，并在 Visio 2016 工作界面中新建办公绘图文档，进入到模板选择界面。单击某个模板（如【灵感触发图】），即可以看到有关该模板的功能介绍，如图 5-12 所示。用户在选定模板后可以单击【创建】按钮进行选用，同时在打开的工作界面形状窗口中会自动添加专业形状模具。

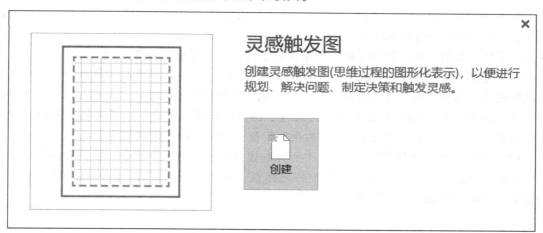

图 5-12　模板简介

2. 范例应用

Visio 2016 在八大应用领域的部分应用模板中提供了范例，并在范例中增加了 Visio 文档的制作学习提示，如图 5-13 和图 5-14 所示。用户可以打开范例进行观摩和学习，并在此基础上尝试专业性设计。

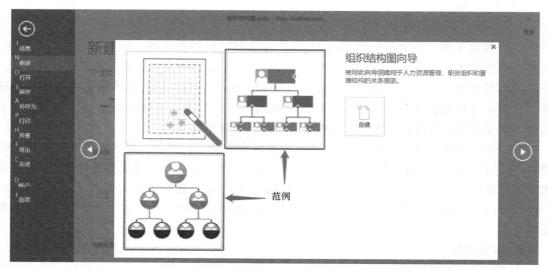

图 5-13　应用范例

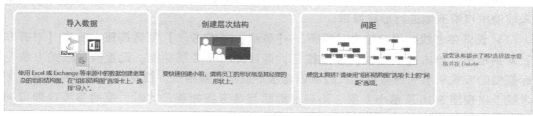

图 5-14　应用范例中的学习提示

5.1.4 应用形状

1. 控制形状

在 Visio 绘图文档中插入的形状通过形状手柄进行简单调整。形状手柄是形状周围的控制点，只有当形状处于被选中状态时，才会显示形状手柄。在 Visio 2016 中，形状手柄可分为选择手柄、旋转手柄、控制手柄、锁定手柄、控制点和顶点，如图 5-15 所示。

（1）选择手柄　选择手柄是 Visio 中最基本的手柄，由形状周围均匀分布的 8 个白色空心圆圈构成。选择手柄的作用有两个，一是标识形状被选中的状态，二是允许用户调整形状的尺寸。图 5-15 中的白色空心圆圈即为选择手柄，用户将光标放在选择手柄上进行拖拽即可更改形状大小。同时，按住<Ctrl>键后再执行拖拽动作可以等比例缩放形状。

（2）旋转手柄　旋转手柄是 Visio 中所有形状共有的手柄，且每个形状只有一个旋转箭头样式的手柄，如图 5-15 所示。当用户将光标置于旋转手柄上方时，光标将转换为黑色旋转箭头，此时按住鼠标左键拖拽即可旋转形状。

图 5-15　选择手柄、旋转手柄、控制手柄与锁定手柄

（3）控制手柄　控制手柄是 Visio 中部分特定形状使用的手柄，形状为黄色空心圆圈，且在不同的形状上的手柄个数不完全相同。控制手柄主要用来调整形状的角度和方向。

（4）控制点和顶点　控制点是存在于一些特殊曲线中的手柄，其作用是控制曲线的曲率。在使用【铅笔】工具绘制线条、弧线形状或在已有线条上增加控制点后，拖动控制点就可以改变曲线的弯曲度，此时弧线两头的顶点圆圈就是顶点。

（5）锁定手柄　锁定手柄是 Visio 中部分特定形状使用的手柄，形状为图 5-15 所示的白色内带斜线圆圈，其个数与形状顶点数相关。锁定手柄表示所选形状处于锁定状态，用户无法对其执行调整大小或旋转等操作。如果需要解除锁定，用户选中形状后单击【开发工具】→【形状设计】→【保护】命令，在弹出的对话框中取消所有选项的选中状态，再单击【确定】按钮即可。

2. 编辑形状

在 Visio 绘图文档中可以编辑形状的大小、位置、旋转、翻转、组合与叠放。通过简单拖拽操作各个形状手柄的可以实现形状编辑功能，同时 Visio 还提供了参数设置和对话框选项来辅助用户精准地进行形状编辑。

（1）设置参考线　用户单击【视图】→【显示】→【参考线】复选按钮，或在【对齐和粘贴】对话框中，单击【参考线】复选按钮，即可开启参考线功能。设置参考线的方法是用鼠标拖拽的方式从水平或垂直标尺边缘创建水平或垂直参考线。拖拽形状到参考线时，如果参考线上出现图 5-16 所示小方框，则表示形状与参考线相连。此时，拖动参考线即可同步

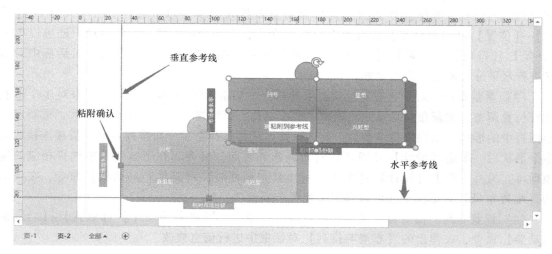

图 5-16　形状粘附参考线示意图

移动多个形状。

（2）使用【大小和位置】窗口　用户单击【视图】→【显示】→【任务窗格】→【大小和位置】命令，在【大小和位置】窗口中修改【X】和【Y】文本框中的数值即可。

（3）旋转形状　用户单击【开始】→【排列】→【位置】→【旋转形状】命令，出现下拉菜单后选择相应的旋转命令选项即可。旋转形状围绕一个中心点进行转动。

（4）翻转形状　用户单击【开始】→【排列】→【位置】→【旋转形状】命令，出现下拉菜单后选择相应的翻转命令选项即可。旋转形状是要将整个形状及文字方向等作为一个整体同步旋转同一个角度，翻转形状则是生成所选形状的水平或垂直镜像，不改变文字方向。

（5）组合形状　组合形状是将多个形状合并成一个形状。选择需要组合在一起的多个形状，单击【开始】→【排列】→【组合】→【组合】命令即可完成形状组合操作。另一种方法是在选中需要组合的形状后右击并在弹出菜单中选择【组合】→【组合】命令即可。对于已经组合的形状，也可以单击【组合】→【取消组合】命令来取消形状组合状态。

（6）叠放形状　叠放形状是将多个相互重叠的形状进行显示层次的调整。用户选择需要调整层次的形状，单击【开始】→【排列】→【置于顶层】、【置于底层】、【上移一层】、【下移一层】四个命令即可自定义形状叠放。

3. 排列形状

在 Visio 绘图文档中可以通过对齐、分布和布局的配置方式对多个形状的位置和相对位置进行排列，使各个形状在横向或纵向上实现均匀对齐和分布，或使多个形状按自定义布局方式进行排列。

（1）对齐　用户可沿水平轴或垂直轴对齐所选形状。具体操作方法是在选择需要对齐的多个形状后，单击【开始】→【排列】→【排列】命令，在子菜单中选择相应的选项即可对形状进行水平对齐或垂直对齐。在【排列】命令中，主要包括【自动对齐】、【左对齐】、【水平居中】、【右对齐】、【顶端对齐】、【垂直对齐】、【底端对齐】等选项。

（2）分布　用户可通过分布形状操作在绘图页上在水平方向或垂直方向上均匀地隔开

多个选定的形状。具体操作方法是选择需要分布排列的多个形状后，单击【开始】→【排列】→【位置】→【横向分布】或【纵向分布】命令，自动分布形状。另外，用户还可以单击【开始】→【排列】→【位置】→【其他分布选项】命令，在弹出的【分布形状】对话框中对形状进行水平分布或垂直分布设置。

（3）重新布局　对于有特殊排列要求的用户，Visio 提供了布局排列方式来对多个形状进行位置调整。重新布局是按照流程图、层次结构、压缩树、径向和圆形等样式，重新定位绘图页中的形状，以设置整体布局。具体操作方法是选择需要分布排列且已经搭接连接线的多个形状后，单击【设计】→【版式】→【重新布局页面】命令，在下拉菜单中选择相应的选项即可。另外，单击【设计】→【版式】→【重新布局页面】→【其他布局选项】命令，在弹出的【配置布局】对话框中还可以自定义配置布局选项。

（4）设置布局　需要自定义更多布局参数的用户可以单击【设计】→【版式】→【对话框启动器】命令，在弹出的【布局与排列】对话框中进行信息修改。

4. 连接形状

在 Visio 绘图文档制作中需要将多个相互关联的形状结合在一起，以构成完整的示意图。用户可以使用 Visio 中的"自动连接"功能、"连接符"形状或"连接线"工具，自动或手动连接各个形状。

（1）自动连接　用户可通过自动连接功能将所连接的同类形状快速添加到图表中，并且每个形状在添加后都会均匀对齐分布。具体操作方法是先单击【视图】→【视觉帮助】→【自动连接】复选按钮，使自动连接处于激活状态。然后，将光标放置在绘图页形状上，当形状四周出现上下左右四个方向的三角箭头时，光标旁边会显示一个浮动工具栏，单击工具栏中的形状，即可添加并自动连接所选形状，如图 5-17 所示。

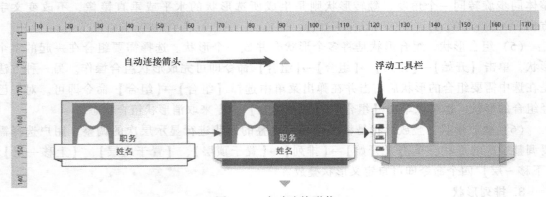

图 5-17　自动连接形状

（2）连接符　在 Visio 大多数模板文档中没有包含连接符形状，因此可在形状窗口中增加【连接符】形状模具。具体操作方法是在形状窗口单击【更多形状】→【其他 Visio 方案】→【连接符】按钮来添加【连接符】模具。用户在新增连接符时只需在【连接符】模具中将选中的连接符拖动至形状的连接点。

（3）连接线　单击【开始】→【工具】→【连接线】命令，用户可将光标置于需要进行连接的形状的连接点上。当光标变为十字形连接线箭头时，用户按住左键并拖动至相应形状的连接点即可完成一条连接线的绘制。

5.1.5　应用文本

1. 创建文本

在第 5.1.2 小节的常规操作中介绍了形状上文本信息的简单输入，用户可根据需要在模具形状、图片形状、连接线形状等位置进行文本信息输入。除此之外，Visio 还为用户提供给了文本工具来创建纯文本，以及通过插入功能来创建本文字段与注释。

（1）文本块　单击【开始】→【工具】→【文本】按钮，用户可以在绘图区绘制文本块并输入文本。该文本块和模具形状一样具备选择手柄、旋转手柄和自动连接功能，用户可以像操作形状那样对文本块进行旋转、移动和大小调整的操作。需要注意的是在创建文本块后，需要单击【开始】→【工具】→【指针工具】按钮才能选择和控制文本块。

（2）文本框　单击【插入】→【文本】→【文本框】按钮，用户在下拉菜单中可以看到【绘制横排文本框】和【竖排文本框】两个选项。单击任意一个选项即可在绘图区绘制文本框并输入文本。该文本框和模具形状一样具备选择手柄、旋转手柄和自动连接功能，用户可以像操作形状那样直接对文本框进行旋转、移动和大小调整的操作。绘制完成后的文本块和文本框样式相同。

（3）文本字段　Visio 2016 提供了显示日期和时间、文档信息、页信息、几何图形等字段信息的功能，且在默认情况下该字段信息处于隐藏状态。用户在选择形状后单击【插入】→【文本】→【域】按钮来激活字段窗口，并可以继续选择【类别】和【字段名称】后单击【确定】按钮完成自定义字段文本输入。如果用户仅选中形状，则单击【确定】后仅在形状上输入一行文字。如果用户双击形状使文本框处于输入状态，则可以重复单击【域】→【类别】和【字段名称】后，单击【确定】进行多个字段文字的输入。

【字段】

● 形状数据：显示所选形状内置的形状数据，不同的形状有不同的形状数据。用户可以定义形状数据信息类型与某个形状相关联。

● 日期/时间：显示创建日期/时间、当前日期和时间、上次编辑日期/时间或打印日期/时间。

● 文档信息：显示形状的创建者、说明、目录、文件名、关键字和主题等信息。

● 页信息：显示形状的背景、名称、页数和页码等信息。

● 几何图形：显示形状的宽度、高度和角度等信息。

● 对象信息：显示形状的 ID、名称、类型、主控形状等信息。

● 用户定义的单元格：显示所选形状的 ShapeSheet 电子表格中【用户定义的单元格】部分的【值】信息。

● 自定义公式：使用【属性】对话框中的信息来跟踪创建者、说明、文件名等信息。

（4）符号文本　在 Visio 绘图文档绘制时，用户如果需要在文本中插入各种特殊符号内容，可使用插入符号的功能来实现。具体操作方法是选中模具形状、文本框或文本块，双击激活插入点，单击【插入】→【文本】→【符号】命令，选择相应的符号，将其添加到文本框或形状文本中。如果需要插入更多符号，可以单击【插入】→【文本】→【符号】→【其他符号】命令，在弹出的符号对话框中，选择一种符号样式，单击【插入】按钮插入该符号。

2. 编辑文本

通过类似 Office 2016 各组件程序中对文本信息的编辑方法，用户也可以对 Visio 绘图文档中的文本进行选择、复制、移动、删除、查找和替换等操作。

（1）选择文本　编辑文本的首要工作是选择文本。除了通过双击需要编辑文本的形状外，还可以在选中需要编辑文本的形状后按<F2>键或单击【开始】→【工具】→【文本】命令来选择文字。

（2）复制文本　选择需要复制的文本，通过 Office 通用复制操作，将原文本的副本放置到其他位置中。

（3）移动文本　选择需要移动的文本，通过 Office 通用剪切操作，将原文本放置到其他位置中。

> 【Office 通用剪切操作】
> ● 鼠标拖动：选中拟移动的文字，当光标变成四向箭头时拖动文本块至指定位置。
> ● 右键菜单：在选中的文字上右击，在弹出的菜单中单击【剪切】命令，并在拟移动到的位置处右击，在弹出的菜单中单击【粘贴】命令。
> ● 快速访问工具栏：将【剪切】和【粘贴】命令自定义到快速访问工具栏中，用户即可通过单击这两个命令将选中的文字进行移动。
> ● 剪切粘贴快捷键：选中拟移动的文字，按<Ctrl+X>快捷键进行剪切，并在拟粘贴的位置处按<Ctrl+V>快捷键进行粘贴。
> ● 选项按键：选中拟移动的文字，单击【开始】→【剪切】及【开始】→【粘贴】两个按钮命令将选中的文字进行移动。

（4）删除文本　选择需要删除的全部或部分文本，通过 Office 通用删除操作，将该部分文本删除。

（5）查找文本　Visio 提供的查找功能，主要用于快速查找形状中的文字与短语。具体的操作方法是单击【开始】→【编辑】→【查找】→【查找】命令，在弹出的【查找】对话框中搜索形状中的文本或数据等内容。在 Visio 文档制作时使用快捷键<Ctrl+F>也可以打开查找对话框。

（6）替换文本　通过查找文本找到文本信息后，可以通过替换命令更换文本信息。具体操作方法是单击【开始】→【编辑】→【查找】→【替换】命令，在弹出的【替换】对话框中输入【查找内容】和【替换为】，进而选择【全部替换】或【查找下一个】进行文本替换。

（7）锁定文本　一般情况下，纯文本形状、标注或其他注解形状可以随意调整与移动，便于用户进行编辑。但是在特殊情况下，用户不希望所添加的文本或注释被编辑。此时，需要利用 Visio 提供的【保护】功能锁定文本。具体操作方法是在选择需要锁定的文本形状后，单击【开发工具】→【形状设计】→【保护】命令，在弹出的【保护】对话框中，单击【全部】按钮或根据定位需求执行具体选项即可。

3. 设置字体格式

通过类似 Office 2016 各组件程序中对文本字体格式的设置方法，用户也可以对 Visio 绘图文档中的文本格式进行效果、颜色、对齐方式等方面的设置。

（1）设置文字效果　　文字效果主要包括字体、字号和字形等效果。字体是指字母、标点、数字、符号等文本信息的显示效果。字形是文本字体的样式，字号代表文本字体的大小。

【Office 通用文字效果设置】

● 选项卡：选择需要设置字体格式的形状，单击【开始】→【字体】选项卡中的加粗、倾斜、字体、大小等命令或下拉菜单，进行文字效果设置。在选择形状时需要注意选择范围，如果用鼠标框选多个形状，则多个形状内的所有文本框均会同时改变文字效果；如果选择某个形状或某个组合形状内部的子形状，则被选中形状内的所有文本框均会同时改变文字效果；如果选择某个形状内部的某个文本框，则仅会更改该文本框内的文字效果。

● 右键菜单：双击形状，选中需要文字效果设置的文本并右击，在弹出的菜单中选择【字体】选项，即可打开文本对话框。

● 快捷键：双击形状，选中需要文字效果设置的文本后按<Ctrl+B>、<Ctrl+I>等快捷键来实现加粗与倾斜设置。

（2）设置文字颜色　　如果用户需要文本显示更多的色彩，则可单击【开始】→【字体】→【字体颜色】按钮，选择相应颜色即可。如果需要更多颜色，可以在图 5-18 中单击【其他颜色】按钮打开自定义颜色界面。

（3）设置字符间距　　如果用户需要提高文本的可观性和整齐性，则可单击【开始】→【字体】→【对话框启动器】按钮，打开【字符编辑】对话框后进行参数设定。

（4）设置文本块　　如果用户需要设置所选文本块的垂直对齐方式、页边距与背景色，则可在选择需要设置的文本块后单击【开始】→【字体】→【对话框启动器】按钮，打开【文本块编辑】对话框后进行参数设定。

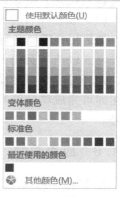

图 5-18　字体颜色选项

（5）设置制表位　　制表位是指水平标尺上的位置，它制定了文字缩进的距离或一栏文字开始的位置，可以向左、向右或居中对齐文本行，或者将文本与小数字符或竖线字符对齐。Visio 绘图文档中最多可以设置 160 个制表位，而且制表位的方向会随着段落方向的改变而改变。

如果用户需要设置制表位，则可单击【开始】→【字体】→【对话框启动器】按钮，打开【制表位编辑】对话框后进行制表位添加和相关参数设定。

4. 设置段落格式

段落是由一个或多个句子组成的文字单位。在 Visio 中，用户可以通过设置段落的对齐方式及段落之间的距离等段落格式来规范并控制文本样式。

（1）设置对齐方式　　如果用户需要进行水平方向对齐和垂直方向对齐两种设置，则可单击【开始】→【段落】选项组中的相应图示按钮即可。另外，用户还可以单击【开始】→【字体】→【对话框启动器】按钮，打开【段落设置】对话框，选择【对齐方式】后面的下拉菜单并选定对齐选项即可。

（2）设置旋转和方向　　如果用户需要旋转文本或更改文字方向以实现横排文本框和垂直文本框的转换，则可单击【开始】→【段落】选项组中的相应图示按钮即可。进行旋转文本及更改文字方向操作后的效果如图 5-19 所示。

图 5-19　旋转文本及更改文字方向后效果

（3）设置段落缩进和间距　　如果用户为了提高文档的整齐性，可以选中形状或文字后设置段落缩进和间距。具体操作方法中，既可以单击【开始】→【段落】选项组中【减少缩进量】和【增加缩进量】按钮，还可以单击【开始】→【字体】→【对话框启动器】按钮，打开【段落设置】对话框，设置【缩进】与【间距】。

（4）设置项目符号　　项目符号是为文本块中的段落或形状添加强调效果的点或其他符号。如果用户需要进行项目符号设置，则可单击【开始】→【段落】选项组中的相应按钮即可设置或取消项目符号。同时，用户还可以单击【开始】→【字体】→【对话框启动器】按钮，打开【项目符号设置】对话框，在【样式】列表框中选择合适的样式后单击【确定】按钮即可完成项目符号设置。如果在【样式】列表框中选择第一个【无】，则可取消项目符号。

5.1.6　应用图像

1. 插入图片

图片作为 Visio 绘图文档中的一种形状，可以增强绘图文档的美观性和图表的表现力。

（1）插入本地图片　　插入本地图片是指插入本地硬盘中保存的图片文件，以及通过各类接口连接到本地计算机中的移动硬盘、U 盘、数码相机或其他电子数码设备中的图片文件。具体操作方法是单击【插入】→【插图】→【图片】按钮，在弹出的【插入图片】对话框中选择指定图片位置中的图片文件，并单击【打开】按钮。此时，在 Visio 绘图文档中的绘图区将会显示所插入的图片文件，并且 Visio 组件程序自动将图片文件默认为形状。

用户还可直接复制本地硬盘中保存的图片文件，以及通过各类接口连接到本地计算机中的移动硬盘、U 盘、数码相机或其他电子数码设备中的图片文件，在 Visio 绘图文档中的绘图区按<Ctrl+V>快捷键或单击【开始】→【剪贴板】→【粘贴】命令来插入图片。

（2）插入联机图片　　在 Visio 中，系统将【联机图片】功能代替了【剪贴画】功能，用户可以同时插入剪贴画或网络中搜索的图片。具体操作方法是单击【插入】→【插图】→【联机图片】按钮，在弹出的【插入图片】对话框中的【搜索必应】文本框内输入关键词后单击【搜索】按钮。用户选择图片后，单击【插入】命令即可完成联机图片插入操作。如果单击【OneDrive-个人】则进入在线图片搜索，单击【登录】按钮使用个人 Microsoft 账户登录后即可搜索来自 OneDrive 及其他网站的照片。

2．图片排列

在绘图页插入图片后，为使图片与其他形状的排列组合更加美观，还需要对图片进行大小、位置、旋转、裁剪及显示层次的调整。

（1）调整大小 单击图片后，图片四周将会出现8个控制点及1个旋转箭头，也就是选择手柄和旋转手柄。将光标置于控制点上时会变成双向箭头，此时拖动鼠标即可调整图片大小。

（2）调整位置 在绘图区，无论已插入的图片是否处于被选中状态，当光标置于图片上时，光标会变成四向箭头。此时，单击并拖动图片至合适位置，松开鼠标即可调整图片的显示位置。

（3）旋转图片 单击图片后，将光标移动至图片上方的旋转手柄处。当光标变成黑色弧形箭头时，单击并左右拖动即可旋转图片至合适位置。另外，用户还可以单击【图片工具】→【格式】→【排列】→【旋转】命令，在下拉菜单中选择【向右旋转90°】、【向左旋转90°】、【垂直翻转】和【水平翻转】四种旋转方式。

（4）裁剪图片 选中图片后，单击【图片工具】→【格式】→【排列】→【剪裁工具】按钮，图片四周会出现图5-20所示黑色短线条。将光标移至图片四周黑色短线条处并变成双向箭头形状后，拖动鼠标即可裁剪图片。

图 5-20 剪裁操作界面

（5）调整层次 当绘图区有多个图片或其他形状时，为了突出显示图片的完整性，还需要设置图片的显示层次。具体操作方法是单击【图片工具】→【格式】→【排列】→【置于顶层】下拉菜单中的【上移一层】或【置于顶层】命令或单击【图片工具】→【格式】→【排列】→【置于底层】下拉菜单中的【下移一层】或【置于底层】命令。图片经过上下层次调整后会呈现图5-21所示的对比界面。

3．图片调整

在绘图页插入图片后，为使图片本身显示效果更加美观，还需要对图片进行亮度、对比度、自动平衡效果、压缩等调整。

（1）调整亮度 选中图片后，单击【图片工具】→【格式】→【调整】→【亮度】命令，弹出亮度下拉菜单后即可选择亮度。在图5-22所示Visio绘图区中对同一图片进行了亮度值

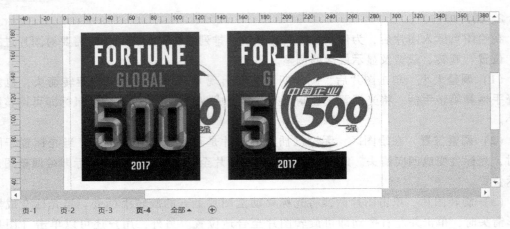

图 5-21　图片的显示层次

【+20%】、【+10%】、【正常】、【-10%】、【-20%】设定。同时还可以单击【图片工具】→【格式】→【调整】→【对话框启动器】按钮，在弹出的对话框中打开【图像控制】选项卡后进行亮度值设定和图片效果预览。

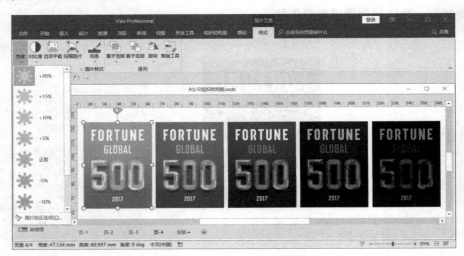

图 5-22　不同亮度值下的图片效果

（2）调整对比度　选中图片后，单击【图片工具】→【格式】→【调整】→【对比度】命令，弹出亮度下拉菜单后即可选择对比度。在 Visio 绘图区中对同一图片进行了对比度【+20%】、【+10%】、【正常】、【-10%】、【-20%】设定。同时还可以单击【图片工具】→【格式】→【调整】→【对话框启动器】按钮，在弹出的对话框中打开【图像控制】选项卡后进行对比度设定和图片效果预览。

（3）调整自动平衡效果　选中图片后，单击【图片工具】→【格式】→【调整】→【自动平衡】命令，系统会系统调整图片的亮度、对比度和灰度系统。

（4）压缩图片　选中图片后，单击【图片工具】→【格式】→【调整】→【压缩】命令，弹出对话框，选中【压缩】选项卡。用户根据需求对【压缩选项】及【更改分辨率】两部分内容的参数进行调整即可。

（5）自定义调整　选中图片后，单击【图片工具】→【格式】→【调整】→【对话框启动器】按钮，弹出对话框，在【图像控制】选项卡下进行亮度、对比度、灰度系数、透明度、虚化、锐化、去除杂色等功能的参数设置并预览图片自定义调整效果。

【自定义控制】

- 亮度：调整图片颜色的黑色或白色百分比值。百分比越高，图片中的颜色越浅（越白）。百分比越低，图片中的颜色越深（越黑）。

- 对比度：调整图片最深与最浅部分之间的差异程度。百分比越高，图片中的颜色对比越强烈。百分比越低，颜色越相似。

- 灰度系数：调整图片的灰度级别（中间色调）。数值越高，中间色调越浅。

- 透明度：调整图片的透明度。100%表示完全透明，0%表示完全不透明。

- 虚化：调整图片轮廓鲜明的边线或区域，使其变模糊或减少细节。百分比越高，图片越轮廓鲜明。百分比越低，图片越轮廓模糊。

- 锐化：使模糊的边线变得轮廓鲜明，提高清晰度或突出焦点。百分比越高，图片越轮廓鲜明，反之亦然。

- 去除杂色：去除图片中的杂色（斑点）。百分比越高，图片中的杂色越少。使用此选项可减少经过扫描及无线传输等方式收到的图像中可能出现的杂色。

4．图片外观设置

在绘图页插入图片后，为使图片本身显示效果更加美观，还可以对图片进行线条和外观效果两方面的调整。

（1）设置线条样式　选中图片后，单击【图片工具】→【格式】→【图片样式】→【线条】按钮，打开下拉菜单后可以选择线条的【粗细】、【虚线】、【箭头】等样式，同时还可以单击【图片工具】→【格式】→【图片样式】→【线条】→【线条选项】命令打开【设置形状格式】窗格，便于用户进行线条样式的详细参数设置。

（2）设置线条颜色　选中图片后，单击【图片工具】→【格式】→【图片样式】→【线条】按钮，打开下拉菜单后可以选择线条的【主题颜色】、【变体颜色】、【标准色】及【最新使用的颜色】中的颜色方块。同时还可以单击【图片工具】→【格式】→【图片样式】→【线条】→【其他颜色】命令打开【颜色】对话框，便于用户进行线条颜色的具体设置。

（3）设置外观效果　选中图片后，单击【开始】→【形状样式】→【效果】按钮，打开图5-23所示六个外观效果选项菜单。每个选项还有多种具体的外观效果供用户选择。图5-23绘图区中还展示了针对同一图片设置阴影、映像、发光、柔化边缘、棱台及三维旋转的效果对比。单击每个具体效果菜单最下方的按钮均可进入【设置形状格式】窗格，并进行参数设置。

5.2　进阶操作

5.2.1　应用主题样式

Visio为用户内置了一系列的主题和变体效果，并允许用户自定义主题，以提高图表的

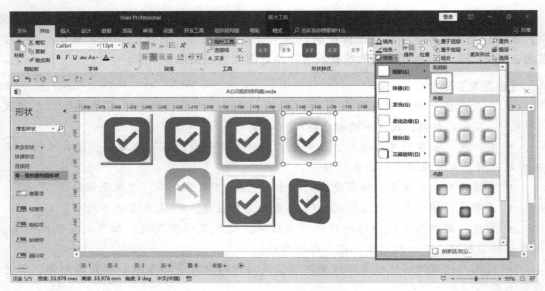

图 5-23　外观效果选项及效果对比

整体设计水平和制作效率。

1. 应用主题

主题是一组搭配颜色、字体、填充、阴影、线条等效果的组合。Visio 为用户提供给了专业型、现代、新潮和手工绘制四大类型二十多种内置主题样式。具体操作方法是在绘图页中单击【设计】→【主题】中的主题样式进行选用，此时该绘图页中所有形状都会应用主题而发生显示效果的变化。在【设计】→【主题】中的主题样式上右击，在弹出菜单中如果选择【应用于所有页】，则该绘图文档的所有绘图页中的形状均会应用该主题。

2. 应用变体

Visio 还为用户提供了四种变体样式。具体操作方法是单击【设计】→【变体】中的任意一种变体样式，如图 5-24 所示。当光标置于某种变体样式上时，绘图区中的形状会直接显

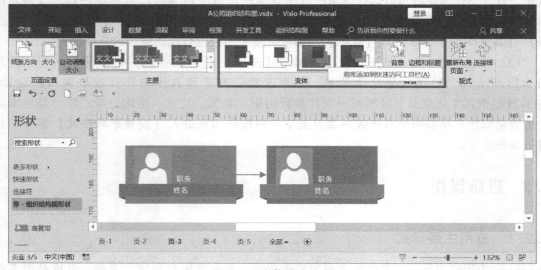

图 5-24　变体样式选项

示变体效果供用户参考。如果确定选用该变体样式，单击该变体样式即可。另外，用户在某种变体样式上右击会弹出菜单【将库添加到快速访问工具栏】。单击即可将变体按钮自定义到快速访问工具栏中，便于用户快捷提取并使用变体功能。

3. 保护样式

对于一些不需要改变形状颜色和轮廓的形状，Visio提供了样式保护功能。具体操作方法有保护形状和禁止使用主题两种。

(1) 保护形状　用户可以选择某一个或多个形状，单击【开发工具】→【形状设计】→【保护】按钮，在弹出的【保护】对话框中根据需要勾选【阻止应用主题颜色】、【阻止应用主题效果】、【阻止应用主题连接器】、【阻止应用主题文字】及【阻止应用主题索引】复选按钮。用户在选择并执行某种应用主题时，处于形状保护状态的形状不会发生显示效果的变化。

(2) 禁止使用主题　选择形状后，单击【开始】→【形状样式】→【快速样式】按钮，在子菜单的最下方选择【允许主题】或【删除主题】可对主题的使用状态进行控制。选中【允许主题】，则绘图页中被选中形状的主题及变体应用处于正常使用状态；取消选中【允许主题】，则绘图页中被选中形状的主题及变体应用处于禁止使用状态。选中【删除主题】，则绘图页中被选中形状的主题及变体应用的所有效果皆被删除。

4. 自定义主题

在Visio中，用户不仅可以使用内置主题进行文档美化，还可以创建自定义主题，自行定义主题的颜色、效果、连接线和装饰等内容。

(1) 新建主题颜色　用户单击【设计】→【变体】→【颜色】→【新建主题颜色】选项，在弹出的【新建主题颜色】对话框中可以自定义【名称】，选择【主题颜色】后预览新建效果。新建主题颜色之后，单击【设计】→【主题】→【变体】→【颜色】按钮，在下拉菜单中的【自定义】列表中选择相应的主题即可。

(2) 自定义颜色　Visio为用户内置了26种主题颜色。用户单击【设计】→【变体】→【颜色】按钮，在下拉菜单中选择相应的选项即可。

(3) 自定义效果　Visio为用户内置了27种主题效果。用户单击【设计】→【变体】→【效果】按钮，在下拉菜单中选择相应的选项即可。

(4) 自定义连接线　Visio为用户内置了27种主题连接线。用户单击【设计】→【变体】→【连接线】按钮，在下拉菜单中选择相应的选项即可。

(5) 自定义装饰　Visio为用户内置了4种主题装饰。用户单击【设计】→【变体】→【装饰】按钮，在下拉菜单中选择【高】、【中】、【低】或【自动】等选项即可。

5. 应用样式

(1) 添加样式　用户可以在Visio文档的开发工具选项卡中增加样式按钮。具体操作方法是单击【文件】→【选项】命令，在弹出的Visio选项对话框激活自定义功能区选项卡，在其中选中【自定义功能区】→【开发工具】，单击【新建组】按钮完成样式组构建。同时，用户还可以单击【重命名】按钮对新建组进行重命名操作。在自定义功能区选项卡中选中【所有命令】→【样式…】后单击【添加】按钮，将样式添加至新建组。

(2) 应用样式　单击【开发工具】→【新建组】→【样式】按钮，在弹出的样式对话框中设置文本、线条和填充样式。

6. 自定义图案样式

（1）自定义填充图案样式　单击【开发工具】→【显示/隐藏】→【绘图资源管理器】复选按钮，在激活的【绘图资源管理器】中右击【填充图案】，并执行【新建图案】选项。在【新建图案】对话框中，用户可以根据需求设置新建图案信息。

输入选择完成后，在激活的【绘图资源管理器】中右击【填充图案】选项下的新建图案样式，单击【编辑图案形状】按钮后会弹出一个空白文档。用户使用【绘图工具】绘制一个形状，关闭该窗口并在弹出的对话框中单击【是】按钮。

在绘图页上选择一个形状，右击执行【设置形状格式】按钮，在弹出的【设置形状格式】任务窗格展开【填充】选项组。选中【图案填充】选项，单击【模式】下拉按钮，选择新建图案样式即可。

（2）自定义线条图案样式　与自定义填充图案样式类似，在打开的【新建图案】对话框中选择【线型】并设置其他参数。其他新建、编辑和应用操作与自定义填充图案样式中的相关操作类似。

（3）自定义线条端点图案样式　与自定义填充图案样式类似，在打开的【新建图案】对话框中选择【线条端点】并设置其他参数。其他新建、编辑和应用操作与自定义填充图案样式中的相关操作类似。

7. 应用超链接

（1）插入超链接　插入超链接是指将本地、网络或其他绘图页中的内容链接到当前绘图页中，主要包括与超链接形状、图表形状与绘图相关联的超链接。具体操作方法是在选中形状后，单击【插入】→【链接】→【链接】按钮，在弹出的【超链接】对话框中设置相关参数。对话框中的【地址】既可以是本地文件，也可以是 Internet 地址。

（2）将绘图链接到其他文件　将绘图链接到其他文件，是指在其他应用程序中打开并显示 Visio 中的图表内容，如在 Word、Excel 或 PowerPoint 文件中打开 Visio 绘图文档。具体的链接过程分为两步：首先，打开 Visio 绘图文档中的绘图页，在没有选择任何形状的情况下单击【开始】→【剪贴板】→【复制】按钮；然后，切换到其他程序中，选择链接位置并单击【开始】→【剪贴板】→【粘贴】→【选择性粘贴】选项。在列表框中选择【Microsoft Visio 绘图对象】选项，单击【显示为图标】复选按钮即可。

（3）将形状链接到其他文件　将形状链接到其他文件，是指在其他应用程序中打开并显示 Visio 中的形状，如在 Word、Excel 或 PowerPoint 文件中打开 Visio 形状。具体的链接过程分为两步：首先，打开 Visio 绘图文档中的绘图页，选择需要链接到其他文件的形状后按<Ctrl+C>快捷键或单击【开始】→【剪贴板】→【复制】按钮；然后，切换到其他程序中，选择链接位置后按<Ctrl+V>快捷键或单击【开始】→【剪贴板】→【粘贴】选项完成形状复制。此时，双击复制过来的形状，会在 Word、Excel 等程序中直接打开 Visio 建议编辑窗口来编辑 Visio 形状。

如果需要显示为 Visio 图标，选择链接位置并单击【开始】→【剪贴板】→【粘贴】→【选择性粘贴】选项。在列表框中选择【Microsoft Visio 绘图对象】选项，单击【显示为图标】复选按钮即可。此时，双击 Visio 绘图图标，系统会打开 Visio 组件程序来编辑 Visio 形状。

（4）将其他文件链接到绘图　将其他文件链接到绘图，是指在 Visio 绘图中打开其他文档，如打开 Word、Excel 或 PowerPoint 文档。具体操作方法是在同时打开其他文档与 Visio

绘图文档后，在绘图文档中单击【插入】→【文本】→【对象】命令，单击【根据文件创建】单选按钮，并设置相应的参数。

5.2.2　美化形状

1. 快速美化形状

（1）设置主题样式和变体样式　Visio内置了42种主题样式和4种变体样式，用户可以单击【开始】→【形状样式】→【快速样式】按钮，在下拉菜单的最下方查看【变体样式】和【主题样式】。当光标置于主题样式和变体样式图块上时，绘图区被选中的形状会动态更新显示效果。用户在选定效果后单击光标所在的主题样式或变体样式图块。Visio提供的变体样式和主题样式数量不变，但其颜色等样式会随着绘图页主题样式的更改而自动更改。

（2）设置艺术效果　选中形状后，单击【开始】→【形状样式】→【效果】按钮，打开图5-25所示六个外观效果选项菜单。每个选项还有多种具体的外观效果供用户选择。绘图区中还展示了针对同一图片设置阴影、映像、发光、柔化边缘、棱台及三维旋转的效果对比。单击每个具体效果菜单最下方的按钮均可进入【设置形状格式】窗格，并进行参数设置。

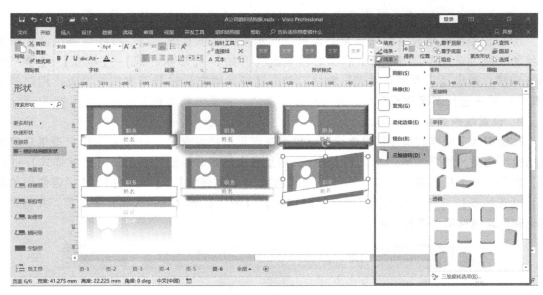

图5-25　外观效果选项及效果对比

2. 设置填充效果

当绘图区主题样式及形状快速样式设置无法满足用户需求时，Visio还为用户提供自定义填充效果功能。具体操作方法是选中形状后单击【开始】→【形状样式】→【填充】按钮，在其下拉菜单中可以选择【主题颜色】、【变体颜色】、【标准色】、【最近使用的颜色】、【无填充】、【其他颜色】和【填充选项】等选项，并将光标移动到色块或选项上进行颜色预览和设置。

（1）设置纯色填充　用户选中形状后在【填充】选项中直接选择色块，或单击【其他颜色】弹出【颜色】对话框，或单击【填充选项】弹出【设置形状格式】窗格进行纯色填充。其中，【设置形状格式】窗格还可进行纯色填充后的透明度设置。

如果是同一绘图区多个形状使用同一颜色填充，用户使用鼠标框选或按住<Ctrl>并单击的方式选中形状，再单击【填充】按钮进行颜色设定。如果是不同绘图区的多个形状进行同一颜色的批量填充，用户完成第一次纯色填充后就可以改变【填充】按钮左侧的【快捷填充】图块。用户在该 Visio 文档其他绘图页进行纯色填充时可直接单击【快捷填充】图块进行填充。

（2）设置渐变填充　用户选中形状后再单击【开始】→【形状样式】→【填充】→【填充选项】，弹出【设置形状格式】窗格后单击【渐变填充】进行渐变填充设置。

【渐变填充】

- 预设渐变：选取系统内置渐变色。
- 类型：选择线性、射线、矩形和路径四种渐变样式。
- 方向：根据类型选择渐变方向。
- 角度：在类型为线性时可以选择渐变角度。
- 渐变光圈：设置渐变停止点及颜色。具体操作方法是单击【添加渐变光圈】或【删除渐变光圈】按钮设置渐变停止点后，单击某个停止点并设置其【颜色】、【透明度】、【位置】及【亮度】。用户还可拖动停止点调整渐变光圈。
- 与形状一起旋转：将渐变颜色与形状绑定，并作为一个整体进行旋转。

（3）设置图案填充　图案填充是以重复的水平线或垂直线、点、虚线或条纹设计作为形状的一种填充方式。用户选中形状后再单击【开始】→【形状样式】→【填充】→【填充选项】选项，弹出【设置形状格式】窗格后单击【图案填充】进行图案填充设置。用户单击【模式】按钮选择图案填充形状，并可选择前景色、背景色和透明度来丰富显示效果。

3. 设置线条效果

在绘图区主题样式及形状快速样式设置无法满足用户需求时，Visio 还为用户提供自定义线条效果功能，如图 5-26 所示。具体操作方法是选中形状后单击【开始】→【形状样式】→【线条】按钮，在下拉菜单中可以选择【主题颜色】、【变体颜色】、【标准色】、【最近使用的颜色】、【无线条】、【其他颜色】、【粗细】、【虚线】、【箭头】和【线条选项】等选项，并将光标移动到色块或选项上进行颜色预览和设置。

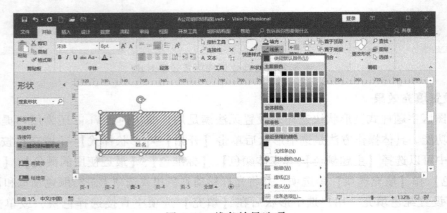

图 5-26　线条效果选项

（1）设置线条颜色　用户选中形状后在【线条】选项中直接选择色块，或单击【其他颜色】弹出颜色对话框，或单击【线条选项】弹出【设置形状格式】窗格进行颜色选择和附加参数设置。在颜色样式选择时，可选择【无线条】、【实线】和【渐变线】，下方颜色设置选项会随之动态变化。

如果是同一绘图区多个形状使用同一颜色填充线条，用户使用鼠标框选或按住<Ctrl>键并单击的方式选中形状，再单击【线条】按钮进行颜色设定。如果是不同绘图区的多个形状进行同一颜色的线条批量设置，用户完成第一次线条颜色设置后就可以改变【线条】按钮左侧的【快捷填充】图块。用户在该Visio文档其他绘图页进行线条颜色设置时可直接单击【快捷填充】图块进行设置。

（2）设置线条类型　用户选中形状后在【线条】选项中直接单击【粗细】、【虚线】或【箭头】按钮，在弹出的下拉菜单中选择内置线条类型。为配置更多效果，用户可以在【设置形状格式】窗格中进行详细参数设置。

4. 形状的布尔操作

为满足用户对形状拆分、调整、组合的需求，Visio提供了形状的布尔操作功能。布尔操作可以视作形状的一种运算，包括联合操作、组合操作、拆分操作、相交操作等八种方式。

（1）联合操作　联合操作是将几个单独的图形联合成一个整体，并作为一个新的形状出现。具体操作方法是选中原图所有图形，单击【开发工具】→【形状设计】→【操作】→【联合】命令。图5-27中展示了联合操作效果。

（2）组合操作　组合操作是将几个单独的图形联合成一个整体，并将重叠部分自动隐藏后作为一个新的形状出现。具体操作方法是选中原图所有图形，单击【开发工具】→【形状设计】→【操作】→【组合】命令。图5-27中展示了组合操作效果。如果有三个及以上图形存在重叠，则重叠区域涉及偶数个形状时即默认隐藏该区域。

（3）拆分操作　拆分操作是根据相交线或重叠线将多个形状拆分成独立为形状的较小部分。具体操作方法是选中原图所有图形，单击【开发工具】→【形状设计】→【操作】→【拆分】命令。图5-27中展示了拆分操作后的形状效果。

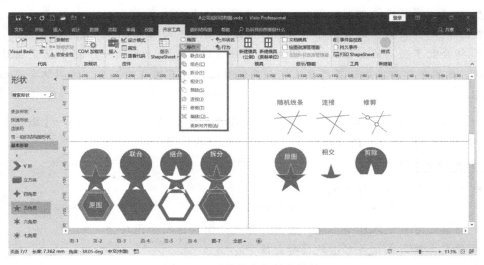

图5-27　形状的布尔操作效果

（4）相交操作　相交操作是将几个图形相交的部分提取出来创建一个新的形状。具体操作方法是选中原图所有图形，单击【开发工具】→【形状设计】→【操作】→【相交】命令。

图 5-27 中展示了相交操作效果。

（5）剪除操作　剪除操作是按图形添加先后顺序，在最初所选形状中剪除其与后续添加形状重叠的部分。具体操作方法是选中原图所有图形，单击【开发工具】→【形状设计】→【操作】→【剪除】命令。图 5-27 中展示了剪除操作效果。

（6）连接操作　连接操作是将单独的多条线段组合成一个连续的路径，或者将多个形状转换成连续的线条。具体操作方法是选中绘制的多条线段构成的图形，单击【开发工具】→【形状设计】→【操作】→【连接】命令。图 5-27 中展示了连接操作效果。

（7）修剪操作　修剪操作是按形状的重叠或多余部分来拆分形状。具体操作方法是选中要修剪的形状，单击【开发工具】→【形状设计】→【操作】→【修剪】命令。图 5-27 中展示了修剪操作效果。

（8）偏移操作　偏移操作是在所选图形的两侧创建平行线。具体操作方法是选中图形，单击【开发工具】→【形状设计】→【操作】→【偏移】命令后，在弹出的【偏移】对话框中进行偏移值设定。

5. 设置形状阵列

形状阵列是按照设置的行数与列数来显示并排列与选中的图形一致的形状阵列。具体操作方法是单击【视图】→【宏】→【加载项】→【其他 Visio 方案】→【排列形状】命令，在弹出的【排列形状】对话框中，设置各项选项即可。

6. 使用图层

Visio 支持将不同类别的图形对象分别建立在不同的图层中，使图形更有层次感。同时，Visio 中的图层也提供了更改已分配给该图层的所有形状属性的方法。

（1）创建图层　建立图层的具体操作方法是单击【开始】→【编辑】→【图层】→【图层属性】选项，在弹出的【图层属性】对话框中单击【新建】按钮，弹出【新建图层】对话框。在【图层名称】文本框中输入图层名称后单击【确定】按钮。

> 【新建图层】
> - 创建新图层仅添加到当前页，而非绘图文件中的所有页。
> - 创建新页面时，新页面并不从上一页继承图层，而必须由用户定义新图层。
> - 将分配了图层的形状从一页复制到另一页时，无论是在同一绘图中还是在绘图之间复制，该图层都会添加到新页面上。如果该页已经拥有同名的图层，该形状会添加到现有图层。

（2）设置图层属性　设置图层属性的具体操作方法是单击【开始】→【编辑】→【图层】→【图层属性】选项，在【图层属性】对话框中进行属性设定。

> 【图层属性】
> - 可见：启用或禁用可见性。
> - 打印：在打印图表时包括或排除形状。
> - 活动：形状被添加到图表中时自动将其分配到活动的图层。
> - 锁定：禁止或允许对形状进行更改。
> - 对齐：打开或关闭对齐。
> - 粘附：打开或关闭粘附。
> - 颜色：显示或隐藏图层颜色。

（3）激活图层　在将形状添加到页面时，如果形状尚未分配到图层，则在添加该形状时软件会自动将其分配到活动的图层，所以使某图层处于活动状态可以快速地将形状分配给该图层。用户可以指定多个活动图层，则添加到页面上的形状会自动分配到所有活动的图层上。

图层激活的具体操作方法是单击【开始】→【编辑】→【图层】→【图层属性】选项，在弹出的【图层属性】对话框中单击要使其处于活动状态的每个图层的【活动】列中的复选按钮。需要注意的是用户不能激活已锁定禁止编辑的图层。

（4）将形状分配到图层　设置图层属性后，用户可以将形状分配到图层。具体操作方法是在绘图页中选择需要分配的形状，单击【开始】→【编辑】→【图层】→【分配到图层】命令。在弹出的【图层】对话框中，在【在以下图层上】列表框中单击拟分配图层的复选按钮即可完成分配。

（5）删除图层　在此对话框中，也可以单击【删除】按钮删除现有图层，这将会同时从图表中删除分配给该图层的所有形状。要保留形状，需选中形状后单击【开始】→【编辑】→【图层】→【分配到图层】命令，在【图层】对话框中再次单击拟删除图层的复选按钮，然后在【图形属性】设置对话框中删除该图层。

5.2.3　应用信息标识

1. 公式

公式是 Visio 嵌入的一种文本对象，是一个包含了数据和运算符的数学方程式，用于帮助用户表达绘图页中有关数学、物理、化学等公式信息。公式编辑器（Microsoft 公式 3.0）包含在早期版本的 Office 版本中，但 Office 2016 最新更新版删除了该编辑器。用户执行公式编辑可选用 MathType 或 WPS 公式编辑器插件。

（1）插入公式　单击【插入】→【文本】→【对象】命令，在弹出的【插入对象】对话框中选择列表框中的【Microsoft 公式 3.0】（早期版本有）、【MathType 7.0 Equation】或【WPS 公式 3.0】（需安装 WPS Office），单击【确定】按钮即可弹出公式编辑器，如图 5-28 所示。

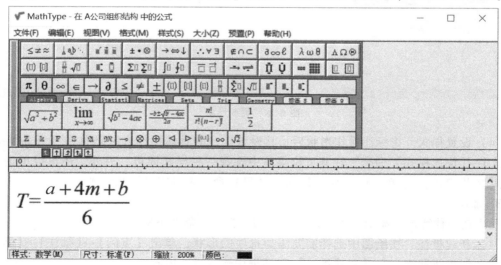

图 5-28　MathType 公式编辑器

（2）编辑字符间距　字符间距是表达式中各种字符之间的距离，以磅为单位。双击绘图页中的公式，进入到创建公式的公式编辑界面。选择公式，单击公式编辑器的【格式】→【间距】命令，在弹出的【间距】对话框中输入参数即可完成字符间距编辑。

（3）编辑字符样式　在公式编辑过程中，用户可以设置字符的样式。以 WPS 公式编辑器为例，具体操作方法是单击公式编辑器的【样式】→【定义】命令，在弹出的【样式】对话框中输入参数即可完成字符样式编辑。

（4）编辑字符大小　在公式编辑过程中，用户可以设置字符的大小。以 WPS 公式编辑器为例，具体操作方法是单击公式编辑器的【尺寸】→【定义】命令，在弹出的【尺寸】对话框中输入参数即可完成字符大小编辑。

2. 标注

（1）插入标注　Visio 供提供了 14 种标注样式。具体使用方法是单击【插入】→【图部件】→【标注】命令，在其下拉菜单中选择一种选项即可。选择标注后，用户可以移动标注，并可以双击标注进行文本编辑。

（2）关联形状　如需标注与形状紧密相连，同步移动。用户选中标注后，可将标注的黄色关联点移动到拟标注的形状中完成关联操作。

（3）更改形状　如需更改标注形状，用户在选中标注形状后右击，弹出图 5-29 所示窗口。单击【更改形状】按钮下 14 个样式的任意一个即可完成更改编辑。屏幕效果动态实时显示。

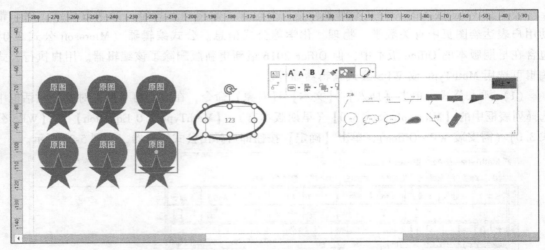

图 5-29　更改形状

（4）设置样式　将标注看作形状后，其设置样式的具体操作方法是单击【开始】→【形状样式】→【快速样式】命令，在其下拉菜单中选择一种样式即可。另外，还可以单击【开始】→【形状样式】→【填充】、【线条】或【效果】命令来自定义标注样式。

3. 批注

批注是一种特殊的显示对象，用户可以通过批注功能写下对绘图文档的意见。

（1）新建批注　在绘图中选择需要添加批注的形状，单击【审阅】→【批注】→【新建批注】命令创建新批注。在【新建批注】对话框中输入批注内容即可。

（2）答复批注 创建批注后，系统会自动在图形右上方添加批注标记。单击批注标记即可弹出【批注答复】对话框，自己或其他用户在答复框中输入信息即可完成批注答复操作。

（3）查看批注 创建批注后，用户可以直接单击批注标记来查看单个批注内容，也可以单击【审阅】→【批注】→【注释窗格】→【注释窗格】选项获取注释列表。如果想隐藏批注，单击【审阅】→【批注】→【注释窗格】→【显示标记】并确保【显示标记】前没有"√"即可。

（4）筛选批注 在【注释窗格】单击【筛选依据】，选择依据后单击下拉列表即可显示。

（5）删除批注 用户单击【审阅】→【批注】→【注释窗格】→【注释窗格】选项获取注释列表，单击列表中每条批注最右侧的"×"即可删除该条批注。也可以直接单击批注文件，在弹出的【注释窗格】中单击每条批注最右侧的"×"图示即可删除该条批注。

4. 墨迹

墨迹工具是记录用户拖动鼠标所移动的轨迹，从而方便用户对 Visio 形状进行全选和标记操作。墨迹工具在可触摸平板计算机上有最佳应用。

（1）新建墨迹 单击【审阅】→【批注】→【墨迹】命令，显示功能选项。用户可以操作手写笔或拖动鼠标在绘图页中绘制墨迹。Visio 默认将所有墨迹保存在同一形状中。如果需要拆分形状，单击取消选中【笔】→【创建】→【关闭墨迹形状】复选按钮，再创建新的墨迹形状即可。

单击【笔】→【墨迹书写工具】→【荧光笔】按钮即可使用荧光笔模式在绘图区进行书写。单击【笔】→【墨迹书写工具】→【笔画橡皮擦】按钮即可擦除墨迹痕迹。

（2）设置墨迹笔画 为区分墨迹与形状之间的颜色等样式，可以对笔画颜色和宽度进行调整。设置笔画颜色的操作方法是单击【笔】→【笔】→【颜色】命令，在下拉颜色列表中更换颜色。设置笔画宽度的操作方法是单击【笔】→【笔】→【粗细】命令，在下拉列表中选择粗细选项。

（3）转换墨迹 Visio 提供了墨迹转化为文本和形状的功能。转换为文本的操作方法是在绘制墨迹之后，单击【笔】→【墨迹书写工具】→【指针工具】按钮并选择墨迹形状，随后单击【笔】→【转换】→【转换为文本】命令，系统将自动识别墨迹并转化为文本。转换为形状的操作方法是选择墨迹形状并单击【笔】→【转换】→【转换为形状】命令即可。

5. 容器

容器是一种特殊的可以嵌套的形状，能将容器中的内容与周围内容分割开来。

（1）插入容器 Visio 内置 14 种容器风格，且每种风格都包含内容区域和标题区域。创建新容器的操作方法是单击【插入】→【图部件】→【容器】按钮，在其下拉菜单中选择一种风格。

（2）编辑尺寸 插入容器后，将光标移动至容器四周的控制点上，拖动鼠标即可调整容器的大小。同时，Visio 还支持单击【格式】→【大小】→【自动调整大小】命令来进行大小自动调整。

选中容器后单击【格式】→【大小】→【边距】按钮，可对容器的边距进行设定。图 5-30 显示的是不同边距设置下的容器显示效果。

Visio 提供对容器样式和标题样式的设置功能。选中一个容器后单击【格式】→【容器样

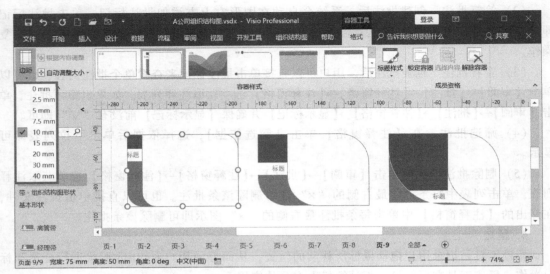

图 5-30　容器边距设置

式】→【容器样式】按钮，在其下拉菜单中选择一种容器样式即可完成容器样式调整。选中一个容器后单击【格式】→【容器样式】→【标题样式】按钮，在其下拉菜单中选择一种标题样式即可完成容器标题样式调整。

（3）定义成员资格　Visio 中提供容器成员资格的设定功能，主要包括锁定容器、解除容器和选择内容。

锁定容器是阻止在容器中添加或删除形状，具体操作方法是选中容器后单击【格式】→【成员资格】→【锁定容器】按钮。

解除容器是删除容器而不删除容器中的形状，具体操作方法是在禁用【锁定容器】功能后，选择容器并单击【格式】→【成员资格】→【解除容器】按钮。

选择内容是选择容器中的形状，具体操作方法是选中容器后单击【格式】→【成员资格】→【选择内容】按钮。

5.2.4　应用图表

Visio 中提供将数据整理成图表显示形式的功能，从而可以更直观地分析表格数据。图表主要由图表区域及区域中的图表对象构成。用户可以使用内嵌的 Excel 编辑工具对 Visio 中创建的图表进行编辑。同时，Visio 提供了十种图表类型，每种图表类型又包含若干个子图表类型。

1. 创建图表

用户单击【插入】→【插图】→【图表】按钮，系统自动启动 Excel 并显示图表。此时，在 Excel 工作表中包含图表与图表数据两个工作表。

用户将已保存的 Excel 图表直接粘贴到 Visio 图表中，并使被粘贴图表与 Excel 文件保持链接。这样，用户就可以在 Excel 中修改图表数据，并在 Visio 中刷新数据。

创建图表后，为了提高图表的显示效果，Visio 还提供了调整图表大小、调整图表位置、添加图表数据等操作。

2. 调整图表位置

选择图表，在 Excel 中单击【图表工具】→【设计】→【位置】→【移动图表】命令，如图 5-31 所示，在弹出的【移动图表】对话框中选择图表放置位置即可。

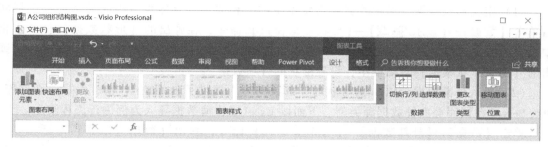

图 5-31　移动图表

3. 调整图表类型

更改图表类型是将图表由当前的类型更改为另一种类型，通常用于全方位的数据分析和效果展示。其具体操作方式是选择图表后，在 Excel 中单击【图表工具】→【设计】→【类型】→【更改图表类型】命令，再选择一种图表类型即可。

4. 调整图表大小

将图表移动到数据工作表中，便可以像在 Excel 工作表中那样调整图表的大小了。一般情况下主要有三种大小调整方法，分别是使用【大小】选项组、使用【设置图标区域格式】对话框和手动调整。

5. 编辑图表数据

双击打开图表，系统会自动切换到 Excel 界面。选择图表数据工作表，在该工作表中编辑图表数据即可。单击【图表工具】→【设计】→【数据】→【选择数据】命令，单击【添加】按钮并在【编辑数据系列】对话框中设置【系列名称】、【系列值】或【切换行/列】。

6. 设置图表格式

设置图表格式是指设置标题、图例、坐标轴、数据系列等图表元素的格式，主要设置每种元素中的填充颜色、边框颜色、边框样式、阴影等美化效果。

选择图表，单击【图表工具】→【格式】→【当前所选项内容】→【图表元素】，单击【设置所选项内容格式】命令，在弹出的【设置图表区格式】的任务窗格中，在【填充】选项组选取一种填充效果，设置相应的选项即可。有关边框、阴影、坐标轴选项、对齐方式和数字类型的设置效果较为通用，可参照 Excel 2016 图表格式的设定流程。

7. 设置图表布局

图表布局直接影响到图表的整体效果，用户可以根据工作习惯设置图标的布局。另外，用户还可以通过更改图标样式，达到美化图表的目的。

选择图表，单击【图表工具】→【设计】→【图标布局】→【快速布局】，在其下拉菜单中选择相应的布局。另外，还可以参照 Excel 2016 图表布局的设定流程进行添加图表标题、数据表、数据标签、分析线等功能设置。

5.2.5　应用数据

在使用 Visio 绘制形状之后，用户还可以通过为形状定义数据信息，以及利用数据链接功能将数据与形状相结合，以动态化与图形化的方法来显示图表数据，以便用户查看数据信息及数据中存在的问题。

1. 设置形状数据

（1）定义形状数据　形状数据是形状本身的一种属性，具体设置方法是选中一个形状后单击【数据】→【显示/隐藏】→【形状数据窗口】命令，在弹出的【形状数据】任务窗格中设置形状的数据。另外，选中形状后右击，选择【数据】→【定义形状数据】命令，在弹出的【定义形状数据】对话框中，设置形状的各项数据。

（2）导入外部数据　Visio 为形状的外部数据导入提供了 Excel 工作簿、Access 数据库、SQL Server 数据库等六种数据源类型。下面以 Excel 工作簿数据导入为例进行流程演示。

单击【数据】→【外部数据】→【自定义导入】命令，弹出【数据选取器】对话框。在【要使用的数据】列表中选择使用的数据类型，单击【下一步】→【浏览】查找拟导入数据的 Excel 工作簿，单击【下一步】按钮进入【导入到 Visio】对话框。随后，用户可以选择拟导入至 Visio 文档中的数据，并单击【确定】按钮完成导入。

另外，在【数据选取器】对话框单击【选择列】或【选择行】命令可以进行拟导入行列信息的选取。单击【下一步】按钮进入【配置刷新唯一标识符】对话框确定行的唯一标识。再次单击【下一步】按钮即可完成数据插入。

如图 5-32 所示，插入数据后的界面中将增加【外部数据】窗格。用户可在选中【外部数据】中的某一行，单击并拖动至某个图形上，当出现链接标志时松开鼠标即可完成数据与形状的链接。当再次选中另一行并执行链接操作时，如果链接至已有链接的形状，Visio 会有所提示。此时，用户单击【是】按钮即可更换链接。

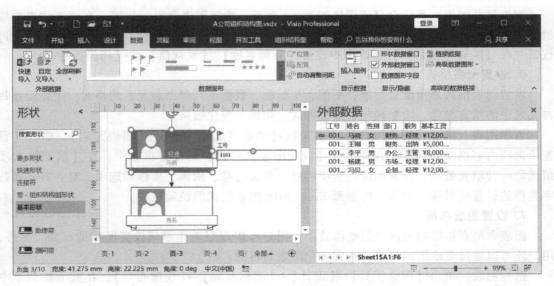

图 5-32　【外部数据】窗口

（3）更改形状数据　当导入的数据包含多列内容时，用户可以通过改变形状数据的方法来设置形状的显示格式。具体操作方法是在导入的外部数据列表中，右击，执行【列设置】命令，在弹出的【列设置】对话框中进行参数设定或调整。

【列设置】
- 上移/下移：调整列的显示顺序。
- 重命名：更改所选列的名称。
- 重置名称：恢复被修改的列名称。
- 数据类型：在弹出的【类型和单位】对话框中设置该列内容的数据类型等属性。
- 所选列的宽度（像素）：更改所选列的显示宽度。

（4）刷新形状数据 单击【数据】→【外部数据】→【全部刷新】→【刷新数据】命令，弹出【刷新数据】对话框。在该对话框中选择需要刷新的数据源，单击【刷新】按钮即可刷新数据。另外，直接单击【全部刷新】按钮即可对绘图页中的所有链接执行刷新操作。

另外，用户也可以配置数据刷新的间隔时间、唯一标识符等信息。具体操作方法是在列表框中选择一个数据源后，单击【配置刷新】按钮，在弹出的【配置刷新】对话框中设置相应的选项即可。

【配置刷新】
- 更改数据源：单击该按钮可在弹出的【数据选取器】中重新设置数据源。
- 自动刷新：单击【刷新间隔】复选按钮，输入或设置自动刷新时间。
- 唯一标识符：用户设置数据源的唯一标识符，单击【使用行的顺序来标识更改】命令时，标识数据源没有标识符。
- 覆盖用户对形状数据的更改：选中该选项可以覆盖形状数据属性中的自定义数据。

2. 使用数据图形

（1）应用数据图形 用户选中数据后，单击【数据】→【高级的数据链接】→【高级数据图形】按钮，在其下拉菜单中选择一种样式选项可快速设置数据图形的样式。单击【数据】→【数据图形】→【数据图形】按钮，在其下拉菜单中选择一种样式选项也可快速设置数据图形的样式，如图5-33所示。

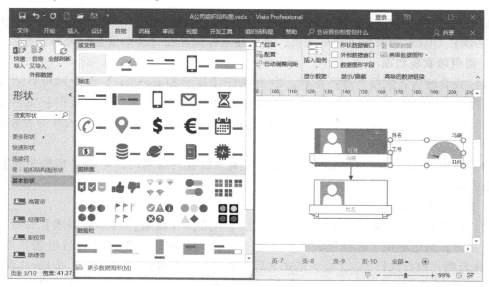

图 5-33　数据图形选项

在设置好数据图形样式后，如果选中数据并单击【数据】→【数据图形】→【数据图形】→【无数据图形】按钮，可取消已设置图形样式；如果选中数据并单击【数据】→【数据图形】→【位置】按钮，在其下拉菜单中选择相应的选项即可。

（2）编辑数据图形 选中数据图形，右击，在弹出的菜单中单击【数据】→【编辑数据图形】命令，在弹出的【编辑数据图形】对话框中，设置数据图形的位置及显示标注，如图 5-34 所示。

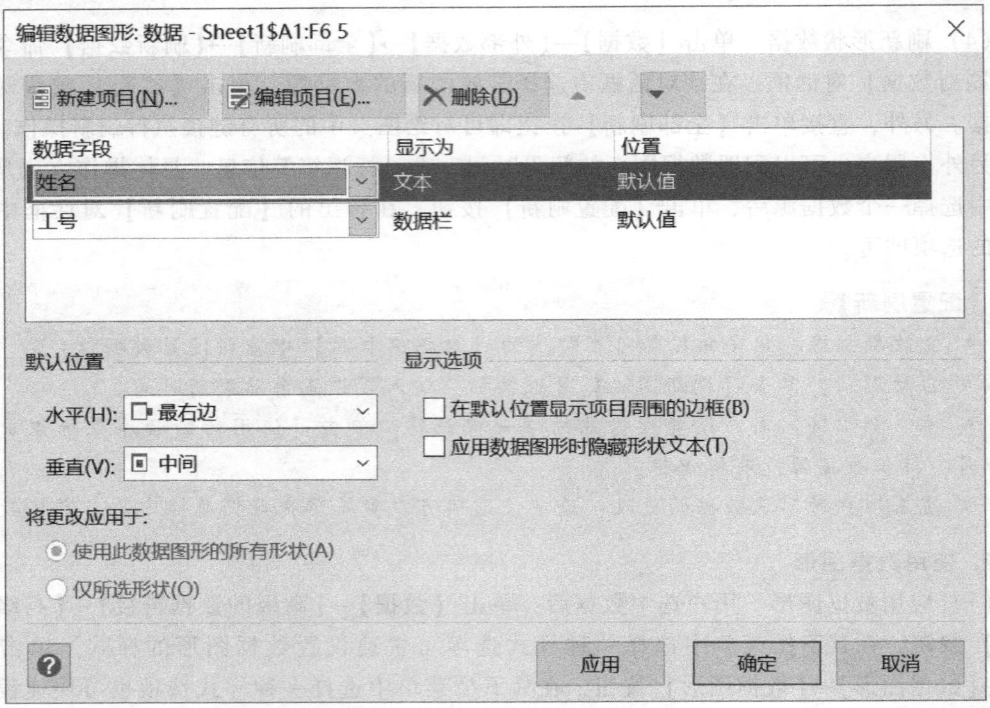

图 5-34 【编辑数据图形】对话框

在图 5-34 中，单击【新建项目】按钮即可弹出【新项目】对话框。用户可依次单击【数据字段】、【显示为】等下拉列表框，选定显示样式并在【详细信息】处修改参数。

3. 使用形状表数据

（1）查看形状表数据 选择形状，右击执行【显示 ShapeSheet】命令即可显示【形状数据】窗格。用户可在该窗格中查看表中的各种数据。同时，在【形状数据】窗格中还提供公式编写窗格，用户选择一个单元格，在公式编写窗口的"＝"后面输入新的表数据值和单位，单击【√】按钮即可。

（2）使用公式 当用户想通过运算功能来实现数值的编辑时，单击【编辑公式】按钮进行公式编辑。

4. 显示形状数据

（1）创建预定义报告 在绘图页中，单击【审阅】→【报表】→【形状报表】命令，在弹出的【报告】对话框中，选择报告类型并单击【运行】按钮后弹出【运行报告】对话框。以 Excel 为例，用户选择 Excel 报告格式之后单击【确定】按钮即可自动生成 Excel 报告。

（2）创建自定义报告 在【报告】对话框中单击【新建】按钮即可弹出【报告定义向

导】对话框。通过该对话框自定义报告时，主要分为【选择报告对象】、【选择属性】、【设置报告格式】与【保存报告定义】四个步骤。

（3）使用图例显示 图例是结合数据显示信息而创建的一种特殊标记，当设置列数据的显示类型为数据栏、图标集或按值显示颜色时，便可以为数据插入图例。在包含形状数据的绘图页中，单击【数据】→【显示数据】→【插入图例】命令，再在下拉菜单中选择一种选项即可，如图5-35所示。

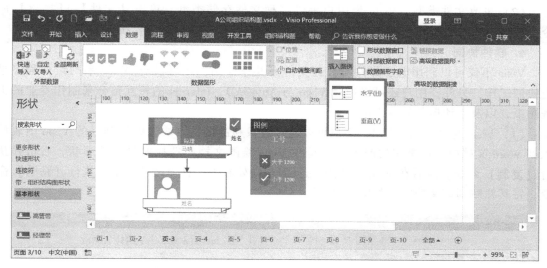

图 5-35 插入图例

5.2.6 协同办公

除了拥有强大的形状绘制与数据结合功能外，Visio 还可以与多种软件协同办公，包括 Office 系列组件程序、Autodesk AutoCAD、Adobe Illustrator 等。用户既可以将 Visio 绘图文档插入到这些软件的编辑文档中，也可以在这些软件中直接编辑相应的文档，并方便地将其导入到 Visio 绘图文档中，丰富 Visio 绘图文档的应用。

1. 保存 Web 网页

在绘图页，单击【文件】→【另存为】按钮，在弹出的【另存为】列表中单击【浏览】按钮。选定存储位置后，在【保存类型】设置为【Web 页】选项。同时，单击【更改标题】按钮，在弹出的【设置页标题】对话框中输入标题名称。

在将绘图数据发布到网页时，需要根据发布的具体要求设置发布选项。在【另存为】对话框中，单击【发布】按钮，弹出【另存为网页】对话框，设置需要发布的常规选项与高级选项即可。其中，高级选项可设定输出格式、匹配目标显示器等功能。

2. 分发绘图

为达到协同工作的目的，可以将 Visio 绘图文档通过电子邮件发送给同事，或使用公共文件夹共享 Visio 绘图。单击【文件】→【共享】命令，用户可选择【与人共享】或【电子邮件】两种方式来分发绘图。其中，【与人共享】是利用 OneDrive 来实现云共享的。【电子邮件】方式中有作为附件发送、发送链接、以 PDF 形式发送、以 XPS 格式发送四种分发类型。选择后两种类型时，Visio 自动将绘图文档转换成 PDF 或 XPS 格式。

3. 导出视图

（1）创建 PDF/XPS 文档　Visio 提供将演示文档转换为可移植文档格式，也可以保存为图片或 CAD 等格式。单击【文件】→【导出】命令，单击【创建 PDF/XPS 文档】→【创建 PDF/XPS】按钮，弹出【发布为 PDF 或 XPS】对话框。最后，用户定义【文件名】并选择【保存类型】后单击【发布】按钮即可完成操作。

（2）更改文件类型　Visio 为用户提供多种文件存储类型。单击【文件】→【导出】命令，在【更改文件类型】列表中选择一种文件类型，单击【另存为】按钮即可。

4. 软件协同

Visio 不仅可以利用电子邮件与公共文件夹共享绘图，还可以与 Office 系列组件程序进行协同工作。另外，用户还可以通过 Visio 与 AutoCAD、Internet 的相互整合来制作专业的工程图纸，以及生动形象的高水准网页。

（1）Visio 与 Word 的协同　用户可以通过嵌入和链接的方法来将绘制好的 Visio 图表放入到 Word 文档中。最常用的嵌入方法是在 Visio 绘图文档中选择要复制的形状，右击并执行【复制】命令。随后在 Word 文档中的页面空白处右击，在弹出的菜单中执行【粘贴】命令，将其粘贴到该文档中，如图 5-36 所示。

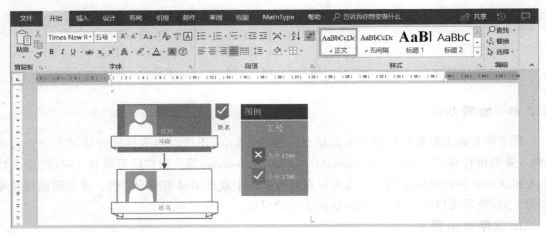

图 5-36　嵌入 Visio 形状

链接方法是在 Word 文档中单击【插入】→【文本】→【对象】命令，弹出【对象】对话框。单击【由文件创建】→【浏览】按钮，在弹出的【浏览】对话框中选择要添加的 Visio 图表。然后单击【链接到文件】与【显示为图标】复选按钮即可。

若要将 Word 文档中的内容嵌入到 Visio 中，用户在 Word 文档中选中文本后进行常规的【复制】操作，并在 Visio 文档中进行常规的【粘贴】操作即可完成。

（2）Visio 与 Excel 的协同　用户可以通过嵌入和链接的方法来将 Excel 表格协同至 Visio 文档中。最常用的嵌入方法是在 Visio 中单击【插入】→【文本】→【对象】命令，弹出【插入对象】对话框。单击【根据文件创建】→【浏览】按钮，在弹出的【浏览】对话框中选择需要插入的 Excel 表格即可。另外，在【插入对象】对话框中，单击【链接到文件】复选按钮，即可将 Excel 表格链接到 Visio。

在创建的组织结构图中,单击【组织结构图】→【组织数据】→【导出】按钮,弹出对话框。用户输入保存的位置、文件名并将【保存类型】设置为【Microsoft Excel 工作簿】。最后单击【保存】→【确定】按钮即可完成导出组织结构图数据的操作。

(3) Visio 与 PowerPoint 的协同 用户可以通过嵌入和链接的方法来将绘制好的 Visio 图表放入到 PowerPoint 文档中。最常用的嵌入方法是在 Visio 绘图文档中选择要复制的形状,右击并执行【复制】命令。随后在 PowerPoint 幻灯片中的页面空白处右击,在弹出的菜单中执行【粘贴】命令,将其粘贴到该幻灯片中即可。

链接方法是在 PowerPoint 文档中单击【插入】→【文本】→【对象】命令,弹出【插入对象】对话框。在【由文件创建】选项卡中单击【浏览】按钮,选择要添加的 Visio 图表,单击【链接到文件】与【显示为图标】复选按钮即可。

(4) Visio 与 AutoCAD 的协同 Visio 与 AutoCAD 间的协同为用户提供了两者之间方便、快捷的数据转换。在 Visio 中使用 AutoCAD 的具体操作方法是单击【插入】→【插图】→【CAD 绘图】命令,弹出【插入 AutoCAD 绘图】,选择要插入的文件并以此做好协同配置即可。

另外,单击【文件】→【另存为】按钮,在弹出的【另存为】对话框中,单击【保存类型】按钮,在打开的下拉列表框中选择【AutoCAD 绘图】或【AutoCAD 交换格式】选项。最后,单击【保存】按钮就可完成保存为 AutoCAD 格式操作。

5.2.7 应用打印

将 Visio 文件打印到纸张上可以便于用户查看与研究绘图与模型数据。为取得整齐规范的打印效果,需要进行打印设置。

1. 设置页眉和页脚

单击【文件】→【打印】→【编辑页眉和页脚】选项,在弹出的【页眉和页脚】对话框中的【页眉】及【页脚】选项组中设置页眉和页脚显示内容。

2. 设置打印效果

(1) 设置打印范围 单击【文件】→【打印】→【设置】→【打印所有页】下拉按钮,从下拉列表中选择打印页。另外还可以在【设置】→【页数】后面人工输入打印范围。

(2) 设置打印颜色 Visio 为用户提供了颜色和黑白两种打印颜色,单击【文件】→【打印】→【颜色】下拉按钮,选择相应的选项即可。

除了范围和颜色之外,还有对照、A4、横向等多个设置,能够支撑对 Visio 文档的自定义打印。

3. 预览并打印绘图

单击【文件】→【打印】按钮,在页面右侧查看绘图页的最终打印效果。

单击【文件】→【打印】按钮,在预览页面预览整个绘图区的打印效果后,设置【份数】选项,并单击【打印】按钮开始打印绘图。

5.3 典型商务文件制作

5.3.1 组织结构图

1. 创建文档

(1) 创建空白 Visio 文档 参照第 5.1.2 小节中的新建空白绘图文档操作完成空白 Visio

文档创建。打开 Visio 软件，单击【文件】→【新建】→【类别】→【商务】→【组织结构图】模板，单击【创建】按钮创建具备"组织结构图形状"形状库的空白文档。

（2）保存 Visio 文档　参照第 5.1.2 小节中的保存 Visio 文档操作完成新建 Visio 文档的保存操作。将文件名更改为"典型商务文件——组织结构图"。

2. 插入形状

（1）模拟背景　假设模拟企业的组织结构设计中有 1 个总经理、4 个职能经理，每个职能经理负责 1~4 个岗位人员的具体工作。

（2）选择并插入形状　参照第 5.1.2 小节中的选择并插入形状操作完成模拟企业各岗位形状的插入操作。依次拖动 1 个高管带、4 个经理带、5 个职位带三个形状到绘图区，并上下分为三个层次进行排列，如图 5-37 所示。

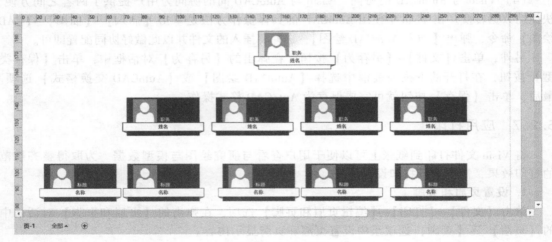

图 5-37　插入形状

（3）输入形状数据　参照第 5.1.2 小节中的输入文本信息操作完成模拟企业各岗位人员姓名、部门、电话、电子邮箱等形状数据的填充。第一步操作是选中一个形状，在【数据】选项卡下查找并单击【形状数据窗口】复选按钮，打开【形状数据】编辑窗口。用户可在【形状数据】编辑窗口中输入部门、电话、姓名等信息。

（4）插入连接线　参照第 5.1.2 小节中的插入连接线操作完成模拟企业各岗位人员关系的连接线绘制。初步连接完成的组织结构图如图 5-38 所示。在绘制连接线时，可以单击【视图】→【显示】→【参考线】复选按钮来显示参考线。插入连接线时，动态连接线的端点必须与形状连接。

3. 美化文档

（1）更改主题　参照第 5.2.1 小节中的应用主题和应用变体操作完成组织结构图的主题设定。

（2）重新布局　参照第 5.1.2 小节中的排列形状操作完成组织结构图的重新布局。用户可以根据显示效果需要进行布局。在重新布局后，部分连接线的端点需要手动连接到形状的其他控制点。

（3）美化形状　参照第 5.2.2 小节中的快速美化形状操作完成组织结构图的形状美化。如用户拟把组织结构图做成半透明的样式，则可选中需要美化的形状后单击【开始】→【形

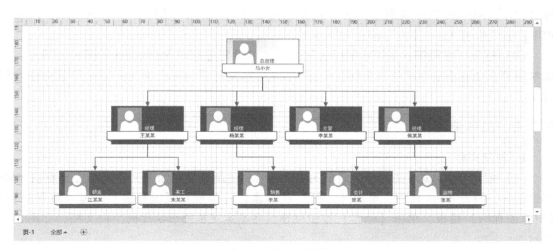

图 5-38　插入连接线

状样式】→【快速样式】按钮，在下拉菜单的最下方查看【变体样式】和【主题样式】，选中该形状的【精致效果】图片即可实现半透明样式。同时，选中所有形状，单击【开始】→【字体】中的字体、加粗等按钮进行组织结构图显示字体的美化。最终美化界面如图 5-39 所示。

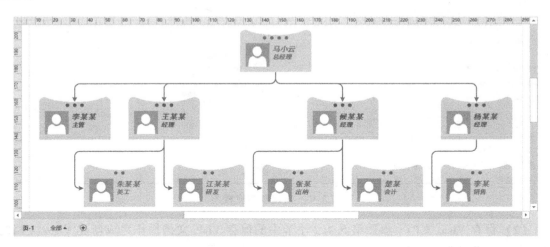

图 5-39　最终美化界面

4. 预览保存

（1）效果预览　用户在打印 Visio 绘图文档前须调整形状在绘图区中的位置，明确是否添加说明文档。用户可在打开 Visio 绘图文档后按住<Ctrl>键并滚动鼠标滚轮来缩小绘图区，或参照第 5.1.1 小节中的绘图区操作完成整体页面预览。另外，用户还可单击【文件】→【打印】命令来预览打印效果。

（2）形成报表　参照第 5.2.5 小节中的显示形状数据操作生成组织结构图的形状报表。

（3）保存为 PDF　参照第 5.2.6 小节中的导出视图操作可导出 PDF 文件，同时用户还可单击【文件】→【另存为】命令，在【另存为】对话框中的【保存类型】下拉列表框中选择【PDF】来生成 PDF 文件。另外，用户还可单击【文件】→【打印】→【Microsoft Print to PDF】命令来将 Visio 文档打印成 PDF 文档。

（4）打印　参照第 5.2.7 小节中的相关操作可预览并打印 Visio 文件。同时，用户还可以参照第 5.2.6 小节中的软件协同操作将 Visio 图形复制到 Word、PowerPoint 等软件中进行打印。

5.3.2　工作流程图

1. 创建文档

（1）创建空白 Visio 文档　参照第 5.1.2 小节中的新建空白绘图文档操作完成空白 Visio 文档创建。打开 Visio 软件，单击【文件】→【新建】→【类别】→【流程图】→【基本流程图】→【垂直流程图】模板，单击【创建】按钮创建具备基本流程图形状库的空白文档，如图 5-40 所示。

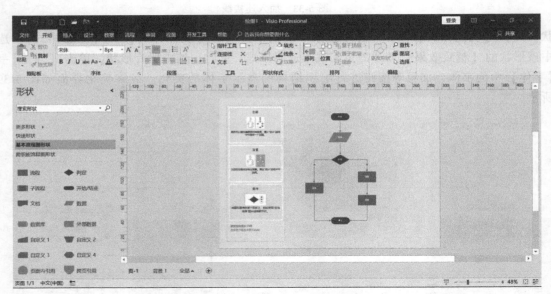

图 5-40　新建基本流程图

（2）保存 Visio 文档　参照第 5.1.2 小节中的保存 Visio 文档操作完成新建 Visio 文档的保存操作。将文件名更改为"典型商务文件——工作流程图"。

2. 插入形状

（1）模拟背景　假设某企业的财务报销审批需要设计审批流程，并用工作流程图来规范管理工作。

（2）选择并插入形状　参照第 5.1.2 小节中的选择并插入形状操作完成模拟流程各过程形状的插入操作。依次拖动流程、判定、开始、结束、连接线五类形状到绘图区，如图 5-41 所示。

（3）输入形状文本　参照第 5.1.2 小节中的输入文本信息操作完成各形状数据的填充。具体操作方法是双击形状，在内部显示的光标处输入文字。

（4）插入连接线　根据业务流程排列各流程形状后，参照第 5.1.2 小节中的插入连接

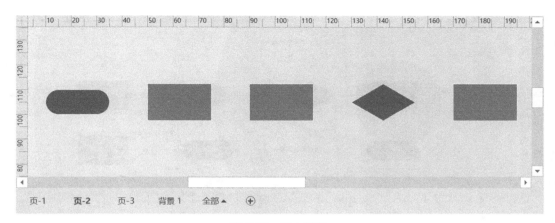

图 5-41　插入形状

线操作完成各流程间的连接线绘制。初步连接完成的报销工作流程图如图 5-42 所示。在绘制连接线时，可以单击【视图】→【显示】→【参考线】复选按钮来显示参考线。插入连接线时，动态连接线的端点必须与形状进行连接。

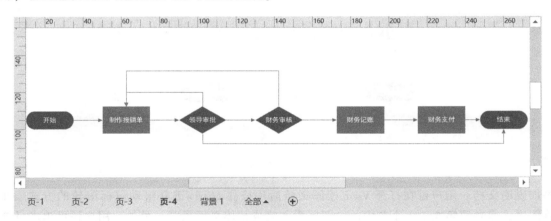

图 5-42　插入连接线

3. 美化文档

（1）排列流程图形状　双击连接线并在部分连接线上输入文字后进行流程图形状的排列。此时可以打开参考线等辅助选项来辅助定位、对齐等操作。另外，用户还可以尝试单击【设计】→【版式】→【重新布局页面】命令来预览不同形式和方向的流程图。排列后的流程图如图 5-43 所示。

（2）美化形状　参照第 5.2.2 小节中的快速美化形状操作完成流程图的形状美化。如设置形状的半透明样式可选中需要美化的形状后单击【开始】→【形状样式】→【快速样式】按钮，在下拉菜单的最下方查看【变体样式】和【主题样式】，选中该形状的【精致效果】图片即可实现半透明样式。同时，选中所有形状，单击【开始】→【字体】中的【字体】、【加粗】等按钮进行流程图显示字体的美化，最终美化界面如图 5-44 所示。

4. 预览保存

（1）效果预览　用户在打印 Visio 绘图文档前须调整形状在绘图区中的位置，明确是否

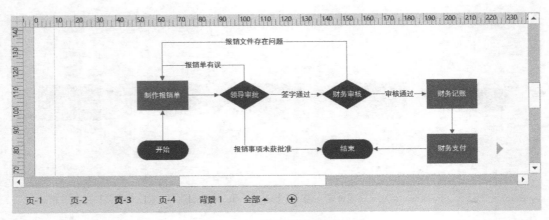

图 5-43　排列流程图形状

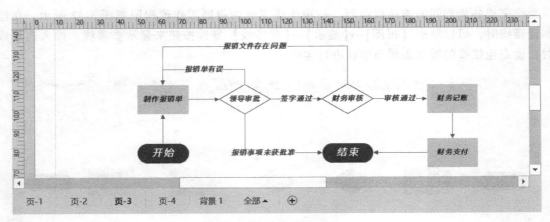

图 5-44　最终美化界面

添加说明文档。用户可在打开 Visio 绘图文档后用按住<Ctrl>键并滚动鼠标滚轮的方式缩小绘图区，或参照第 5.1.1 小节中的绘图区操作完成整体页面预览。另外，用户还可单击【文件】→【打印】来预览打印效果。图 5-45 中调整形状位置后增加 "A 公司财务报销流程" 文本框。

（2）保存为 PDF　参照第 5.2.6 小节中的导出视图操作可导出 PDF 文件，同时用户还可单击【文件】→【另存为】命令，在【另存为】对话框中的【保存类型】下拉列表框中选择【PDF】来生成 PDF 文件。另外，用户还可单击【文件】→【打印】→【Microsoft Print to PDF】打印机来将 Visio 文档打印成 PDF 文档。

（3）打印　参照第 5.2.7 小节中的相关操作可预览并打印 Visio 文件。同时，用户还可以参照第 5.2.6 小节中的软件协同操作将 Visio 图形复制到 Word、PowerPoint 等软件中进行打印。

5.3.3　办公室布局图

1. 创建文档

（1）创建空白 Visio 文档　参照第 5.1.2 小节中的新建空白绘图文档操作完成空白 Visio 文档创建。打开 Visio 软件，单击【文件】→【新建】→【类别】→【地图和平面布置图】→【办公

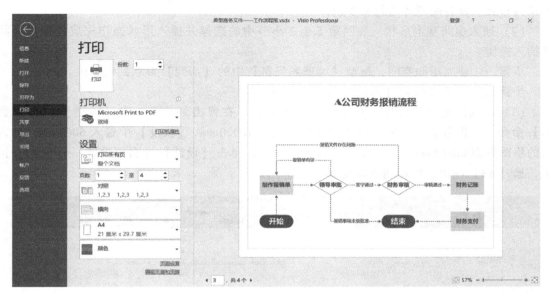

图 5-45 打印效果预览

室布局】模板，单击【创建】按钮创建具备办公室布局系列模具的空白文档。此时系统提供的模具库有【隔间】、【办公室附属设施】、【办公室设备】、【办公室家具】等，如图 5-46 所示。

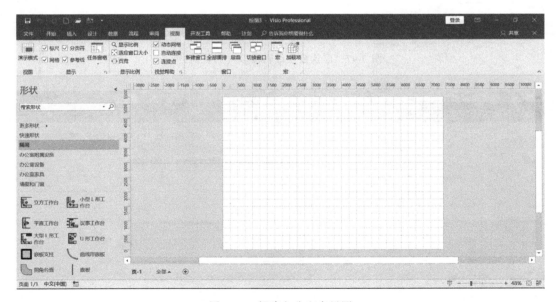

图 5-46 新建办公室布局图

（2）保存 Visio 文档　参照第 5.1.2 小节中的保存 Visio 文档操作完成新建 Visio 文档的保存操作。将文件名更改为"典型商务文件——办公室布局图"。

2. 插入及配置形状

（1）模拟背景　假设某企业更换办公场所，拟对新场所（矩形空间：长 10m，宽 6m）

的家具布置、设备配置等进行初步设计。

（2）插入房间基本形状　参照第 5.1.2 小节中的选择并插入形状操作完成各布局形状的插入操作。

步骤一，建立房间空间，拖动【墙壁和门窗】中的【房间】形状到绘图区。

步骤二，拖动【门】、【窗户】形状到绘图区。

（3）输入房间形状数据　在房间形状上右击，在弹出菜单中单击【数据】→【形状数据】命令，弹出数据输入框。在【宽度】中输入 10000mm，【长度】中输入 6000mm。输入后的绘图界面如图 5-47 所示。此时需要扩大页面。单击【设计】→【页面设置】→【大小】按钮，选【A3】幅面，则绘图界面变成图 5-48 所示。

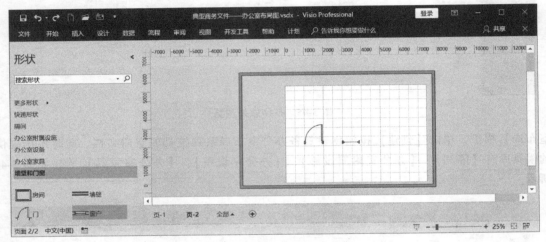

图 5-47　形状数据编辑窗口（调整前）

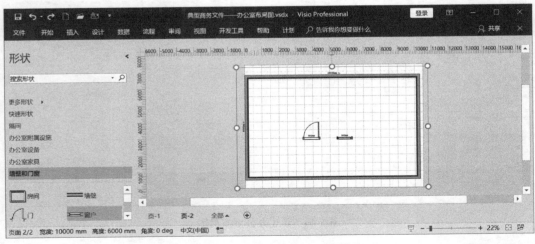

图 5-48　形状数据编辑窗口（调整后）

（4）布置门窗　将门及窗户的形状放到房间形状的边上，门窗会自动与墙壁重合。此处输入一个 1800mm 宽的双开门和 1800mm 宽的窗户。同时在其他位置也设置好门窗，如图 5-49 所示。

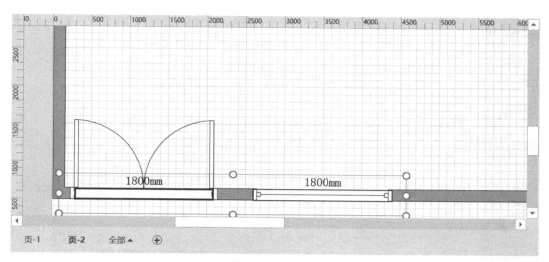

图 5-49　布置门窗

（5）插入家具　从【办公室家具】模具中选择并拖动家具至绘图区，如图 5-50 所示。同一类型的家具拖动一次即可，修改数据并进行复制、对齐、排列。

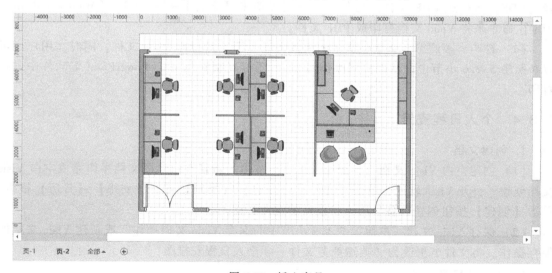

图 5-50　插入家具

3. 预览保存

（1）效果预览　用户在打印 Visio 绘图文档前须调整形状在绘图区中的位置，明确是否添加说明文档。用户可在打开 Visio 绘图文档后用按住<Ctrl>键并滚动鼠标滚轮的方式缩小绘图区，或参照第 5.1.1 小节中的绘图区操作完成整体页面预览。另外，用户还可单击【文件】→【打印】来预览打印效果。图 5-51 中调整形状位置后增加 "A 公司市场部办公室布局图" 文本框。

（2）保存为 PDF　参照第 5.2.6 小节中的导出视图操作可导出 PDF 文件，同时用户还可单击【文件】→【另存为】命令，在【另存为】对话框中的【保存类型】下拉列表框中选

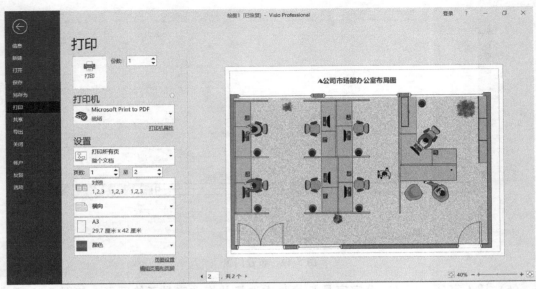

图 5-51　打印效果预览

择【PDF】来生成 PDF 文件。另外，用户还可单击【文件】→【打印】→【Microsoft Print to PDF】命令来将 Visio 文档打印成 PDF 文档。

（3）打印　参照第 5.2.7 小节中的相关操作可预览并打印 Visio 文件。同时，用户还可以参照第 5.2.6 小节中的软件协同操作将 Visio 图形复制到 Word、PowerPoint 等软件中进行打印。

5.3.4　个人日程安排

1. 创建文档

（1）创建空白 Visio 文档　参照第 5.1.2 小节中的新建空白绘图文档操作完成空白 Visio 文档创建。打开 Visio 软件，单击【文件】→【新建】→【类别】→【日程安排】→【日历】模板，单击【创建】按钮创建具备日历形状模具的空白文档。

（2）保存 Visio 文档　参照第 5.1.2 小节中的保存 Visio 文档操作完成新建 Visio 文档的保存操作。将文件名更改为"典型商务文件——个人日程安排图"。

2. 插入及配置形状

（1）模拟背景　假设某人利用 Visio 记录每日工作简要信息并作为个人日程本使用。在以日历为核心的日程本上记录各项安排、计划和注意事项。

（2）插入日历　参照第 5.1.2 小节中的选择并插入形状操作完成【日历形状】中【月】形状的插入操作，此时会弹出【配置】对话框，用户需选择日历中的年月配置，如图 5-52 和图 5-53 所示。

图 5-52　日历配置

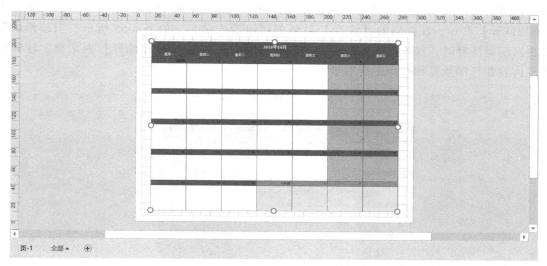

图 5-53　插入日历

（3）导入 Outlook 数据　Visio 为日历形状配置了导入 Outlook 数据的功能，用户单击【日历】→【日历】→【导入 Outlook 数据】即可将 Outlook 中的日程安排导入到 Visio 中来。

（4）美化日历界面　如果插入的日历形状在字体、颜色等方面显示不佳，用户可以选中日历形状进行全局配置。

（5）插入约会及事件　在【日历形状】模具中，【约会】和【多日事件】形状可以进行时间参数配置。将这两个形状拖到绘图区后，会提示设置对话框。在插入后，在两个形状上右击，在弹出的菜单上单击【数据】→【形状数据】命令即可打开图 5-54 所示窗格，用户可输入相关参数。

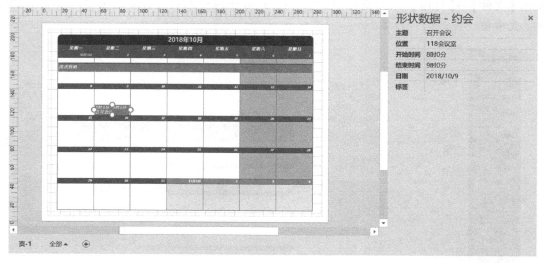

图 5-54　形状数据编辑窗格

（6）插入事件形状　用户可以添加【日历形状】模具中的其他代表性的事件形状，如飞机、火车、表盘等等。这些事件形状没有事件参数设置，但可以输入文本和注释。使用注释功能可以在不同事件点添加备注信息，具体操作方法是在事件形状，在弹出菜单上单击【添加注释】命令，在弹出的【注释】对话框可以输入信息，如图 5-55 所示。当该形状需要再次编辑注释时，仅单击形状右上方的注释标签即可快速打开【注释】对话框。注释标签及内容在打印预览和打印中均不显示。

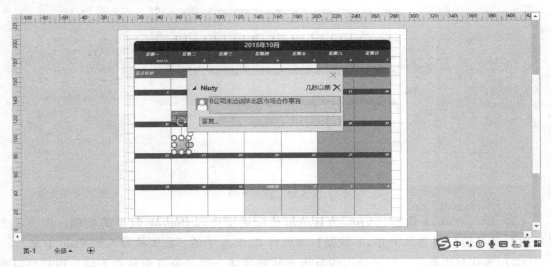

图 5-55　添加注释

3．预览保存

（1）效果预览　用户在打印 Visio 绘图文档前须调整形状在绘图区中的位置，明确是否添加说明文档。用户可在打开 Visio 绘图文档后用按住<Ctrl>键并滚动鼠标滚轮的方式缩小绘图区，或参照第 5.1.1 小节中的绘图区操作完成整体页面预览。另外，用户还可单击【文件】→【打印】来预览打印效果。图 5-56 中调整形状位置后增加"十月份日程安排"文本框。

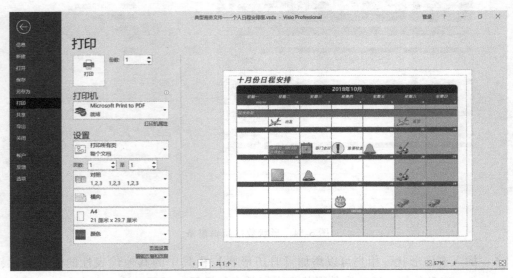

图 5-56　打印效果预览

（2）保存为 PDF　参照第 5.2.6 小节中的导出视图操作可导出 PDF 文件，同时用户还可单击【文件】→【另存为】命令，在【另存为】对话框中的【保存类型】下拉列表框中选择【PDF】来生成 PDF 文件。另外，用户还可单击【文件】→【打印】→【Microsoft Print to PDF】命令来将 Visio 文档打印成 PDF 文档。

（3）打印　参照第 5.2.7 小节中的相关操作可预览并打印 Visio 文件。同时，用户还可以参照第 5.2.6 小节中的软件协同操作将 Visio 图形复制到 Word、PowerPoint 等软件中进行打印。

5.4　常见问题解析

1. 缩减绘图页的文件大小

缩减绘图文件的大小是通过删除绘图文档中的图片、主控形状或主题等元素来达到控制文档大小的目的。用户可单击【文件】→【信息】→【检查问题】→【缩减文件大小】按钮来实现。

2. 控制形状的组合状态

用户在移动形状或与 Word、PowerPoint 等软件进行协同时，可以将拟移动或复制的形状进行组合，避免格式出现变动。同时，在 Visio 绘图文档中，用户也可以选择组合后的形状，右击，在弹出的菜单执行【组合】→【取消组合】命令取消组合状态。

3. 使用辅助功能

用户在绘制 Visio 文档时需要在位置、大小、排列等方面进行设置，此时可以单击【视图】选项卡下的各功能，使用【标尺】、【网格】、【参考线】、【视觉帮助】等多个功能。

4. 取消形状保护

用户如果无法取消形状组合状态，可单击【文件】→【选项】→【自定义功能区】，在右侧【自定义功能区】选项列表框中单击【开发工具】复选按钮。随后，选中形状并单击【开发工具】→【形状设计】→【保护】按钮，在弹出的【保护】对话框中取消所有保护状态。

5.5　拓展案例

【案例名称】：双创空间平面布局

【适用场景】：双创空间是培养创新精神，强化创业意识，提升创新创业能力的重要场所，学生可以在双创空间内进行团队研讨、创意设计和创业经营。本案例以"双创空间平面布局"为例，系统地展示从概念设计到功能布局，从家具选型到尺寸标注的主要流程。通过学习本案例，能够帮助读者熟练掌握 Visio 软件的基本操作，并形成科学严谨的行为方式。

【案例要求】：使用 Visio 文档"双创空间平面布局"，完成以下任务：

1）创建文档：选择【办公室布局】场景模板。

2）创建房间：创建 10m×6m 房间，插入门窗形状并调整尺寸。

3）插入形状：在房间中插入桌椅等双创空间办公家具，并调整尺寸。

4）标注信息：标注空间面积信息、尺寸信息。

5）打印设置：导出或打印为 PDF 文件。

6）复制修改：将图形复制至 Office 下的 Word 及 PowerPoint 文档中，尝试修改信息。

【操作提示】

1）创建文档：打开新建文档后，在【选择绘图类型】窗口单击【地图和平面布置图】→【办公室布局】创建绘图空间，或单击【新建】→【类别】→【地图和平面布置图】→【办公室布局】创建绘图空间。

2）创建房间：单击【设计】→【大小】→【其他页面大小】，选择 A3 幅面，则绘图空间为 A3 大小。单击【视图】，勾选【网格线】，在绘图空间显示网格。单击左侧【形状】→【墙壁和门窗】，将【房间】所在的形状拉出至右侧绘图区。在房间上右击，在弹出菜单中选择【属性】，在弹出的窗口中填写房间大小。随后，调整房间在绘图区中的位置至正中。最后，单击【形状】→【墙壁和门窗】，找到门或窗的形状拖至绘图区的房间墙壁线上，调整尺寸和位置。

3）插入形状：单击左侧【形状】→【办公室家具】或【办公室设备】，将选中的形状拖至绘图区，调整尺寸、位置和颜色等属性。如果左侧没有所需形状，还可以单击【更多形状】来查找所需内容。

4）标注信息：单击左侧【形状】→【墙壁和门窗】，找到【标注】、【控制器尺寸】、【房间尺寸】等形状，将其拖动至绘图区需要进行标注的位置，尺寸数据自动生成。单击左侧【形状】→【墙壁和门窗】，找到【空间】形状，将其拖动至绘图区房间内，可以自动计算区域面积。

5）打印设置：完成形状组合和尺寸标注后，可以选择形状，单击【开始】菜单进行形状填充颜色等属性的调整。最后，单击【文件】→【导出】或通过【文件】→【另存为】可以生成 PDF 文档。单击【文件】→【打印】进行预览打印效果，调整至合适效果后单击【打印】完成打印操作。

6）复制修改：鼠标拉选图形，单击【开始】→【复制】或使用快捷键<Ctrl+C>完成复制操作。打开 Word 文档或 PPT 文档，在需要插入 Visio 图形的位置单击【开始】→【粘贴】或使用快捷键<Ctrl+V>完成粘贴操作。双击复制过来的 Visio 图形，可快速进入简易修改界面。

【操作演示】：扫描下列二维码，观看拓展案例视频。

5.6　习题

1. 绘制公司采购流程

提示 1：在新建文档时选择【流程图】→【基本流程图】或【工作流程图】模具。

提示 2：注意理解各形状的含义，流程中要体现对某项内容的判断选择。

提示 3：至少要包含询价、部门审核、合同审核、财务支付、验收、入库等流程。

2. 绘制住宅户型图

提示 1：在新建文档时选择【地图和平面布置图】→【家居规划】模具。

提示 2：注意形状尺寸和比例功能的使用。

提示 3：要包含外墙、门窗、床、桌椅、家电、绿植等常见形状。

3. 绘制国庆假期旅行日程表

提示 1：在新建文档时选择【日程安排】→【日程表】模具。

提示 2：通过【日程表】专用形状绘制至少五天的旅行日程安排。

提示 3：要包含时间线和里程碑等形状。

第6章　Publisher应用实训

Publisher 2016 是 Microsoft Office 2016 系列产品的套装组件之一，是一款入门级的桌面出版应用程序。Publisher 2016 相比 Word 2016 具有更强大的页面元素控制功能，能够支撑那些没有专业人员制作市场推广材料及其他文档的中小型企业来快速设计较为专业的广告、海报、贺卡、信封、请柬、证书、名片、新闻稿等视觉丰富的出版物。同时，Publisher 2016 的绘图成果还可以转换为 PDF、图片及 .doc 或 .docx 文件。该软件用于快捷的办公出版物设计工作。

本章主要介绍使用 Publisher 2016 创建、编辑、排版和美化文档，并从基础操作、进阶操作、典型商务文件制作三个方面结合实训案例展开。通过对本章的学习，读者应掌握以下内容：

1）Publisher 文档的创建和保存。打开、新建、保存、共享与导出文档等。

2）Publisher 文档的编辑。根据应用场景选择模板并插入丰富的图像、形状、页面部件、日历、广告等多媒体素材。Publisher 母版页的创建与使用。

3）Publisher 文档的排版。设置出版物中各素材的大小、位置、色彩组合、文本样式等。

4）Publisher 文档的审阅。进行拼写检查、信息检索、翻译、中文简繁转换等。

5）Publisher 文档的美化。调整纸张方向与大小、配色方案、字体、页面背景等。

6）典型商务文件制作。

6.1　基础操作

6.1.1　界面认知

1. 启动 Publisher 2016

在 Publisher 2016 中，所有出版物都是从模板开始编辑和处理的，因此要从创建起就找到与最终出版物相似的模板。由于 Office 各组件程序的启动方法是一致的，因此启动 Publisher 2016 软件的方法可参照第 1.4.6 小节。

方法一：双击 Publisher 2016 组件程序图标或在 Publisher 2016 文件菜单中单击【新建】命令。用这种方法打开的 Publisher 2016 工作界面可以直接选择模板，如图 6-1 和图 6-2 所示。

方法二：双击已有的 Publisher 文件启动 Publisher 2016。用这种方法打开的工作界面不显示可选模板，而是直接打开可编辑的工作界面，如图 6-3 所示。

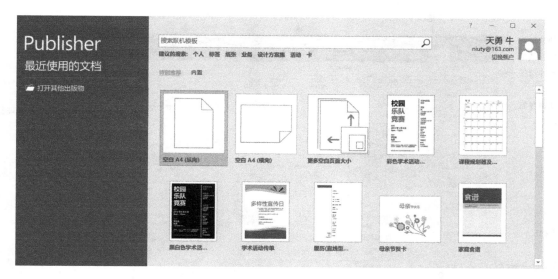

图 6-1　Publisher 推荐模板选择界面

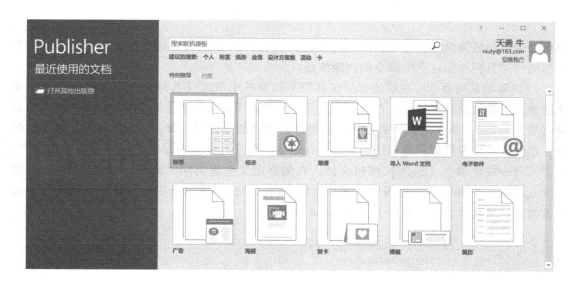

图 6-2　Publisher 内置模板选择界面

　　Publisher 2016 的工作界面可划分为快速访问工具栏、功能区、编辑区、状态栏四大部分，共包含文件菜单、选项卡、标题栏、窗口控制按钮、编辑区、显示比例、对象位置、对象尺寸等十余功能项，如图 6-3 所示。

　　2. 快速访问工具栏

　　快速访问工具栏是一个包含一组独立命令的自定义工具栏，用户可以自定义快速访问工具栏的位置和命令内容。快速访问工具栏的具体位置在图 6-3 的左上方 1 号位。

　　（1）勾选常用命令　单击快速访问快速访问工具栏最右侧的下三角符号，会弹出下拉菜单，在下拉菜单中用户可以单击某项命令来确定其是否显示在 Publisher 工作界面上的快速访问工具栏中。如果某项命令前面有"√"，则该命令被设置为显示。如果没有"√"，

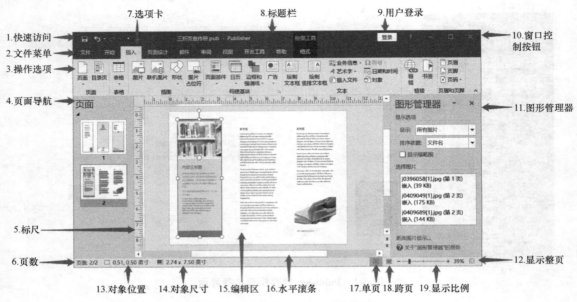

图 6-3　Publisher 2016 工作界面

则该命令被设置为隐藏。此处，选择【新建】、【打印预览】和【拼写检查】三个命令，则快速访问工具栏增加这三个命令的快捷按钮。

（2）新增常用命令　在快速访问工具栏下拉菜单中单击【其他命令】则会弹出自定义快速访问工具栏设置对话框。首先，用户需要明确新增命令所属位置，这项任务的默认信息是【常用命令】。单击【从下列位置选择命令】下方的下拉列表框，会出现命令所属位置列表。选择某个位置后即可显示该位置的所有命令。用户选择拟自定义快速访问的常用命令，双击该命令或者单击【添加】按钮来加入右侧自定义快速访问工具栏。本处选择【"母版页"选项卡】中的【添加母版页】命令作为示例，双击【添加母版页】命令即可将其添加至右侧自定义快速访问工具栏中，如图 6-4 所示。

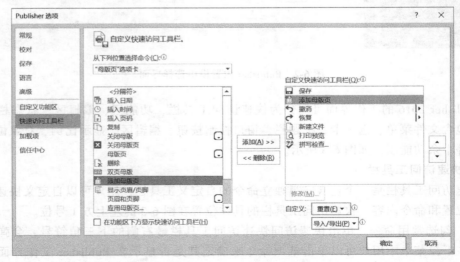

图 6-4　新增自定义快速访问命令

（3）删除常用命令　与新增常用命令的操作类似，用户如果要删除某项自定义的快速访问命令，则在自定义快速访问工具栏对话框的右侧列表中双击拟删除的常用命令，或单击拟删除的常用命令后单击【删除】按钮来删除该命令。

（4）设置显示位置　快速访问工具栏默认布置在图6-3所示位置，另外还可以布置在功能区下方。操作方法是在快速访问工具栏下拉菜单中单击最下方的【在功能区下方显示】，或者在图6-4中单击【在功能区下方显示快速访问工具栏（H）】复选按钮。

3. 功能区

Publisher 2016中的功能区取代了旧版本中的菜单命令，并依据各项功能划分为【开始】、【插入】、【页面设计】、【邮件】、【审阅】和【视图】等选项卡。每种选项卡下划分了多种选项组，包含多个具体命令。

（1）隐藏功能区　在Publisher 2016中，用户可通过隐藏功能区的方式扩大编辑区的可视面积。具体的方法有两种，一是通过双击选项卡名称的方法来显示或隐藏功能区，二是右击选项卡名称，在弹出的下拉菜单中单击【折叠功能区】命令。

（2）使用快捷键　在Publisher 2016工作界面中按<Alt>键即可打开功能区快捷键。用户可以根据快捷键提示来输入选项卡命令。如图6-5所示，用户在按<Alt>键后可以依据提示继续按下相应按键。如要执行字体【倾斜】命令，在图6-5所示界面下按<H>键，然后出现图6-6所示界面。用户根据提示按<2>键即可完成倾斜操作。

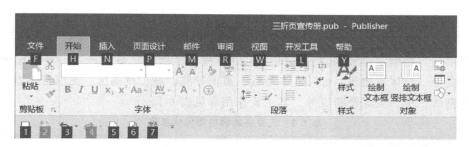

图6-5　选项快捷键

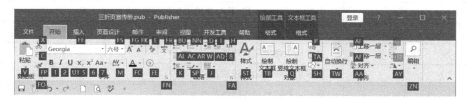

图6-6　命令快捷键

（3）启动对话框　在很多选项组的右下角会有一个启动对话框的下三角按钮，单击该按钮就可以打开该选项组的对话框，并可以在该对话框中执行更多同类型命令。例如，单击【开始】→【段落】选项组中的【启动对话框】按钮，便可以打开【段落】对话框。

4. 编辑区

编辑区位于工作界面的中间，主要显示处于活动状态的出版物绘图素材，用户可通过执行【视图】选项卡中的各种命令来显示边界、参考线、标尺、页面导航、草稿区、水平基线、垂直基线、图形管理器、显示比例、普通视图和母版页等。

（1）编辑窗口及辅助功能　编辑窗口主要用来显示出版物编辑状态，用户在编辑窗口添加各类素材或设置各素材的格式。对于较大幅面的编辑页来讲，用户可通过水平或垂直滚条来查看编辑页的不同区域。另外，用户可以通过【页面导航】窗格选择不同的页面进行编辑，如图6-7所示。

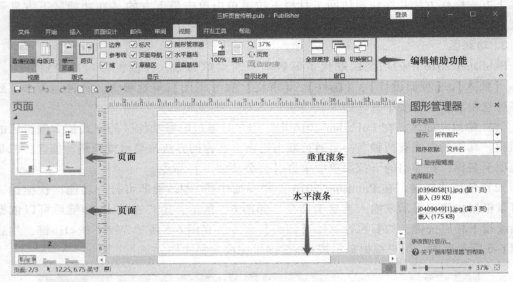

图6-7　编辑窗口

为辅助用户精确定位和编辑，Publisher 2016提供了版式、显示选项、显示比例等大量绘图辅助功能，具体有边界、标尺、参考线、页面导航、域、草稿区、图形管理器、水平基线、垂直基线、单一页面及跨页等。其主要作用详见表6-1。

表6-1　主要编辑辅助功能信息表

序号	辅助功能名称	作　用
1	边界	显示形状、文本框和图片的边界
2	标尺	查看和设置制表位、移动表格边框和对齐文档中的对象
3	参考线	显示可用于对齐幻灯片上对象的可调整绘图参考线
4	页面导航	显示出版物中每页的图像
5	域	显示出版物中的字段项目
6	草稿区	显示对象或页边界之外的对象的部分
7	图形管理器	查看并管理出版物中的图像
8	水平基线	帮助将对象向出版物中水平文本的基准对齐
9	垂直基线	帮助将对象向出版物中垂直文本的基准对齐
10	单一页面	分别查看出版物的每一页
11	跨页	同时查看出版物的对开页
12	普通视图	查看和编辑出版物的主要页面
13	母版页	编辑母版页的设计和布局
14	显示比例	通过100%缩放、整页缩放、自定义比例缩放等查看页面

（2）页面导航　页面导航显示出版物中每页的图像，是整个出版物的图形目录。用户可从页面导航中查看各页的缩略图，也可以在页面导航中复制页面、创建新页面、删除页面并调整各页面间的前后顺序，如图6-8所示。

（3）图形管理器　图形管理器是Publisher文档编辑的一个全局功能，如图6-9所示，可以查看当前活动文件中的所有图片及其详细信息，并能对所有图片进行定位、链接、替换等操作。

5. 应用领域

Publisher 2016作为一款桌面出版组件程序，应用领域广泛，能满足不同规模企业的商务人士进行出版物制作的需求。目前，Publisher 2016可应用于标签、标志、菜谱、电子邮件、广告、海报、贺卡、奖状、名片、日历、信封、折纸方案等多个应用场景，并提供了25套内置模板和28个推荐模板，适合多个行业使用。

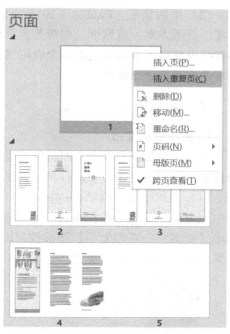

图6-8　页面导航

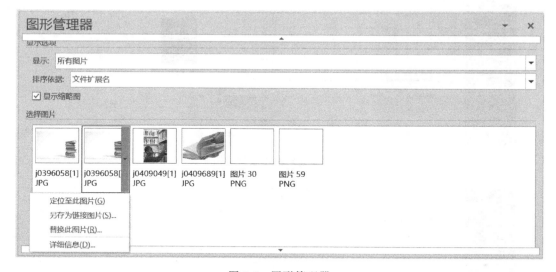

图6-9　图形管理器

（1）宣传发布　Publisher 2016为用户提供了广告、海报、横幅、新闻稿等多套可用于宣传发布的内置模板和推荐模板。用户单击使用这些模板可更直观地查看各个应用场景的应用样式，并在此基础上引导用户创造符合自身需求的宣传发布出版物。

（2）商务办公　Publisher 2016为用户提供了标签、标志、电子邮件、简历、奖状、名片、明信片、小册子、信封、信头、业务表等多套可用于商务办公的内置模板和推荐模板。用户单击使用这些模板可更直观地查看各个应用场景的应用样式，并在此基础上引导用户创造符合自身需求的商务办公出版物。

（3）生活娱乐　Publisher 2016 为用户提供了菜谱、贺卡、节目单、礼品证书、请柬、日历、折纸方案、致歉卡、相册等多套可用于生活娱乐的内置模板和推荐模板。用户单击使用这些模板可更直观地查看各个应用场景的应用样式，并在此基础上引导用户创造符合自身需求的生活娱乐出版物。

6.1.2　常规操作

1. 新建空白文档

空白文档是一种没有参照，但能设置初始页面大小的文档。用户在空白文档中可以自选设计素材，这适用于需要进行灵活创建的出版物。

（1）直接创建　启动 Publisher 2016 组件程序，系统会自动弹出【新建】页面。在该页面中，为用户提供了推荐模板、内置模板文档和最近使用的文档等信息，如图 6-10 所示。单击【更多空白页面大小】图形按钮即可弹出图 6-11 所示标准空白页面大小选择窗口，单击某样式即可新建空白文档。

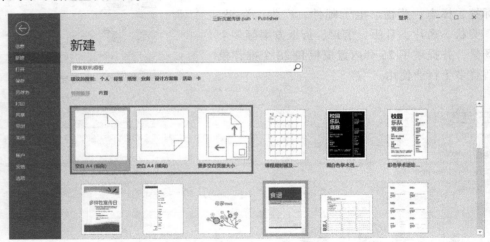

图 6-10　新建空白出版物文档界面

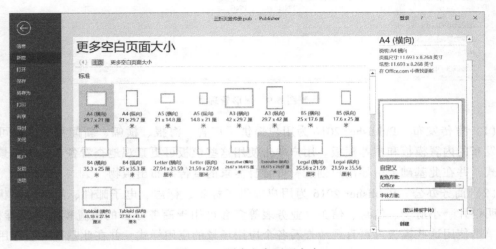

图 6-11　更多空白页面大小

（2）菜单命令创建　在已经打开的 Publisher 文件中，单击【文件】→【新建】命令打开图 6-10 所示界面。用户单击【更多空白页面大小】图形按钮即可弹出图 6-11 所示标准空白页面大小选择窗口，单击某样式即可新建空白文档。

（3）新建文档创建　在计算机桌面右击，在弹出的快捷菜单中单击【新建】→【Microsoft Publisher Document】即可新建 Publisher 文档。双击打开该文档会弹出图 6-11 右侧所示 A4 纵向页面的空白文档。

（4）快捷键创建　在已经打开的 Publisher 文件中，执行按<Ctrl+N>快捷键可直接弹出图 6-12 所示窗口。单击【更多空白页面大小】图形按钮即可弹出如图 6-11 所示标准空白页面大小选择窗口，单击某样式即可新建空白文档。

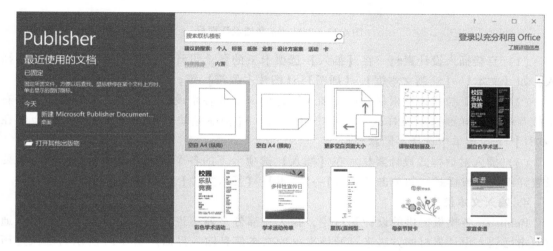

图 6-12　快捷键创建空白文档

（5）快速访问工具栏创建　在已经打开的 Publisher 文件中，单击快速访问工具栏中预先自定义的【新建】按钮即可直接创建空白绘图文档。

2. 保存 Publisher 文档

在绘制 Publisher 文档过程中或结束后，用户可以执行操作保存该文档。在保存过程中软件会根据 Publisher 文档创建的类型来判断是否要选择保存位置和类型。

（1）保存新建绘图文档　通过 Publisher 2016 快捷方式、Publisher 组件程序图标、<Ctrl+N>快捷键和快速访问工具栏【新建】按钮等方式新建的文档均没有预先指定存储位置。因此在首次保存时需要指定存储位置和保存类型等内容。对新建文档的保存操作有三种，分别是：<Ctrl+S>快捷键、快速访问工具栏【保存】按钮、【文件】菜单中的【保存】或【另存为】命令。用户在该对话框中需要指定存储位置，并在弹出的【另存为】对话框中选择具体位置、文件名和保存类型等信息。其中，保存类型有 pub、doc、pdf、txt、jpg、gif、bmp 等。

（2）保存已有绘图文档　打开已有 Publisher 文档及通过在计算机桌面，右击在弹出快捷菜单中单击【新建】→【Microsoft Publisher Document】命令创建的 Publisher 文档后，用户可以直接完成保存操作。对已有文档的保存操作有三种，分别是：<Ctrl+S>快捷键、快速访问工具栏【保存】按钮、【文件】菜单中的【保存】或【另存为】命令。除【另存为】命令外，其他保存操作均为快速保存，不弹出选择存储位置、文件名和保存类型的对话框。

3. 插入设计素材

Publisher 中配置了多种设计素材，插入这些素材并将其组合在文档编辑区中形成一份满足用户需求的文档。如图 6-13 所示，Publisher 文档中的相关设计素材共分成页面、表格、插图、构建基块、文本、链接、页眉和页脚七大类，包括图片、形状、日历、广告、艺术字、页眉、页脚、页码等多个设计素材。Publisher 编辑出版物文档的整体逻辑思路是将各个设计素材按照一定的位置插入到编辑区中，再对相关素材进行主题设置和样式设置。

图 6-13　Publisher 文档设计素材

（1）直接插入设计素材　在【插入】选项卡下的各个设计素材中，部分素材可直接插入，如【文本】→【绘制文本框】、【插图】→【图片占位符】等。

（2）插入下拉式设计素材　在【插入】选项卡下的各个设计素材中，部分素材需要右下拉菜单设置详细选项或样式，如单击【插入】→【构建基块】→【日历】→【本月】，并在【本月】下拉菜单中选择不同款式。

（3）插入对话框式设计素材　在【插入】选项卡下的各个设计素材中，部分素材需要设置详细选项或样式，如单击【插入】→【文本】→【插入文件】或【对象】等。

4. 输入文本信息

Publisher 各模板提供的设计素材中，很大一部分是能够进行文本信息输入的。用户通过双击已插入设计素材的方法来打开该素材的文本信息输入界面。图 6-14 所示为插入月历后的文本信息输入界面。

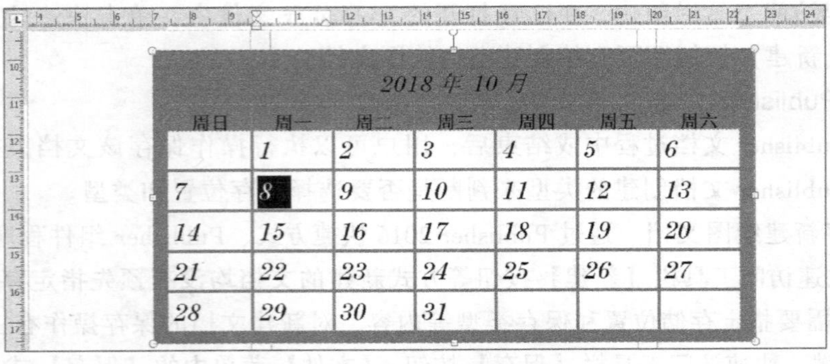

周日	周一	周二	周三	周四	周五	周六
2018 年 10 月						
	1	2	3	4	5	6
7	8	9	10	11	12	13
14	15	16	17	18	19	20
21	22	23	24	25	26	27
28	29	30	31			

图 6-14　文本信息输入界面

5. 移动、复制与删除

（1）移动素材　在图片和文本框等素材被拖动到编辑区后，直接拖动素材至指定位置。Publisher 2016 提供了参考线等功能，用户可以利用【视图】→【显示】中的相关功能辅助素材移动。

（2）复制形状　很多场景中需要复制已经定义好主题、大小、色彩并填充好文字的图片或文本框等素材。用户可以通过 Office 2016 的通用复制操作方法来实现形状复制。

（3）删除形状　对于场景中不再需要的各类图片或文本框等素材，用户可以通过 Office 2016 的通用删除操作方法来实现形状删除。

6.1.3　应用模板

在第 6.1.1 小节中提及 Publisher 为宣传发布、商务办公和娱乐生活中的很多应用场景提供了丰富的应用模板，能够满足不同人群对出版物制作的基本需求。专业人士利用 Publisher 应用模板能快速制作 Publisher 文档，非专业人士利用 Publisher 应用模板能实现专业出版物认知和专业文档的初级制作，支撑应用场景下的交流和协作。

1. 初始设定

Publisher 为用户提供给了大量的模板，也为这些模板设置了初始设定功能。用户在选择内置模板时可同步进行页面尺寸、配色方案、业务信息等方面的设定。以下以横幅、日历、海报三个类型的模板为例展示初始设定的基本内容。

（1）设定横幅模板　横幅虽然简单，但其使用场景非常广泛，设计制作时的基本要素是横幅尺寸和内容。因此，在横幅模板的自定义区域也提供了【配色方案】、【字体方案】、【业务信息】、【页面尺寸】、【边框】、【图形】等初始设定选项，如图 6-15 所示。

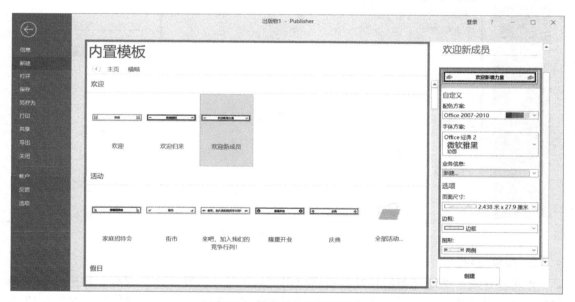

图 6-15　横幅模板的初始设定

在【配色方案】、【字体方案】、【业务信息】中，提供了丰富的色彩方案和字体，这也是各模板中的通用设置。【页面尺寸】、【边框】、【图形】是横幅模板的特有设置。用户完成各项设定后单击【创建】按钮即可高效开展出版物的设计。

（2）设定日历模板　年历、月历是绝大多数办公场景中的必备出版物，设计制作时的重点是导入日历信息的基础上增加重点活动、重要节点等内容。因此，在日历模板的自定义区域也提供了【配色方案】、【字体方案】、【业务信息】、【页面尺寸】、【时间范围】、【设置日历日期】等初始设定选项及【包含活动安排】的复选按钮。

在【配色方案】、【字体方案】、【业务信息】中，提供了丰富的色彩方案和字体，这也是各模板中的通用设置。【页面尺寸】、【时间范围】、【设置日历日期】是日历模板的特有设置，【页面尺寸】较为简单，仅提供横向和纵向两种尺寸。【时间范围】设定每页包含的日期范围。【设置日历日期】设定为选择的月份创建单独的日历页。用户完成各项设定后单击【创建】按钮即可高效开展日历的设计。

（3）设定海报模板　海报是开展宣传工作、发布通知公示的重要出版物，设计制作时的基本要素是图形、文字和附加信息条。因此，在海报模板的自定义区域也提供了【配色方案】、【字体方案】、【业务信息】、【包含邮寄地址】、【包含图形】、【易撕条】等初始设定选项。

在【配色方案】、【字体方案】、【业务信息】中，提供了丰富的色彩方案和字体，这也是各模板中的通用设置。【包含邮寄地址】、【包含图形】、【易撕条】是海报模板的特有设置，为重要信息和图形元素的布设进行了预先设计。【易撕条】包含联系信息、赠券、定单、答复单、签约单等常用信息条。如图 6-16 所示，用户完成各项设定后单击【创建】按钮即可高效开展海报的设计。

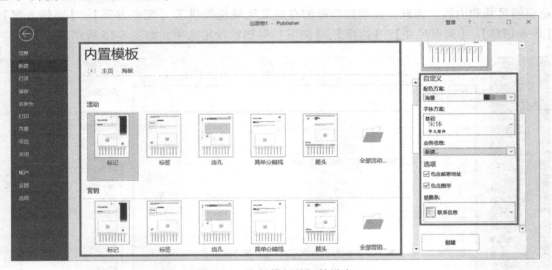

图 6-16　海报模板的初始设定

2. 简单应用

Publisher 用户通过【新建】操作根据应用场景预览并选择合适的模板。选中【特别推荐】专区的某个模板（如【小册子】）后可以预览模板样式和初始设定信息，如图 6-17 所示。用户在【特别推荐】或【内置】模板部分选定模板后可以单击【创建】按钮进行选用，进入 Publisher 工作界面。

用户选择模板并打开后可以通过直接更改各素材内的文字内容、文字样式及素材本身的样式来快速生成出版物的设计文档，如图 6-18 所示。

3. 创作应用

Publisher 2016 为各个场景的应用提供了内置模板，用户可基于所选用的内置模板进行页面增减、母版设计与选用、素材增删组合等操作，创作新的出版物。创作应用的主要操作流程是编辑母版页、选定工作页面、插入并处理素材、文档导出。同时，用户可以打开内置模板进行观摩和学习，并在此基础上尝试专业性设计。

图 6-17　模板简介

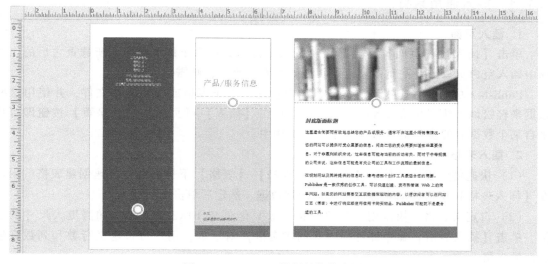

图 6-18　Publisher模板的简单应用

【创作应用流程】

● 编辑母版：单击【页面设计】→【页面背景】→【母版页】→【编辑母版页】命令，随后用户可在母版设计界面进行母版页面增删和素材导入等操作。母版编辑完毕后即可单击【母版页】→【关闭】→【关闭母版页】命令退出，如图6-19所示。

● 选定工作页面：参照第6.1.1小节页面导航部分的操作，在右键菜单中选择【插入页】、【插入重复页】、【母版页】等选项进行工作页面设定。

● 插入并处理素材：在选定的工作界面上进行素材插入和处理，主要使用的是各选项卡下的功能命令。用户结合相关命令在工作界面上对素材的位置、样式、内容等进行调整和创作。

● 文档导出：创作过程中需随时保存文档。创作完毕后，用户单击【文件】→【另存为】选项即可参照第6.1.2小节中的保存Publisher文档操作来导出图片或PDF等文档。

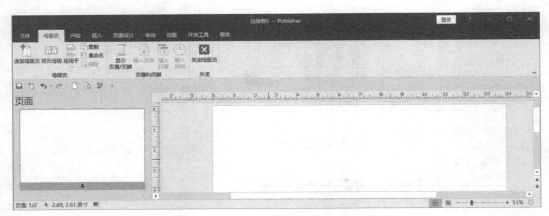

图 6-19 母版页设计界面

6.1.4 插入通用素材

1. 插入页面

单击【插入】→【页面】→【页面】→【插入空白网页】命令即可在当前所选页之后的出版物中插入空白页。需要注意的是以跨页方式查看出版物，则需插入双页。

Publisher 功能能够连接到数据源，如数据库、电子表格或甚至文本文件，并使用这些数据来轻松地创建产品或服务的目录。用户单击【插入】→【页面】→【目录页】按钮即可将来自某个数据源的多条记录合并到单个出版物中。

2. 插入表格

（1）快速创建表格　单击【插入】→【表格】→【表格】下拉列表可快速创建表格。用户在【插入表格】窗格移动光标即可选择行列数据，选定后单击即可插入。

（2）自定义表格　快速创建简单表格最大只能创建 10×8 的表格。如需更大尺寸的表格，单击【插入表格】命令即可弹出【创建表格】对话框，用户可自定义行数和列数来创建新的表格。

3. 插入插图

（1）插入图片　插入图片是指插入本地硬盘中保存的图片文件，以及通过各类接口连接到本地计算机中的移动硬盘、U 盘、数码相机或其他电子数码设备中的图片文件。具体操作方法是单击【插入】→【插图】→【图片】按钮，在弹出的【插入图片】对话框中选择指定图片位置中的图片文件，并单击【打开】按钮。此时，在 Publisher 文档中的编辑区将会显示所插入的图片文件。

用户还可直接复制本地硬盘中保存的图片文件，以及通过各类接口连接到本地计算机中的移动硬盘、U 盘、数码相机或其他电子数码设备中的图片文件，在 Publisher 绘图文档中的编辑区使用<Ctrl+V>或单击【开始】→【剪贴板】→【粘贴】命令来插入图片。

（2）插入联机图片　在 Publisher 中，用户可以从 Internet 网络及 OneDrive 获取并插入在线图片。具体操作方法是单击【插入】→【插图】→【联机图片】按钮，弹出必应搜索对话框。在搜索文本框内输入关键词后单击【搜索】按钮即可查找在线图片。单击搜索文本框前的【必应】按钮可选择【OneDrive】选项，界面转换为在线图片搜索对话框。单击【登录】按钮，使用个人 Microsoft 账户登录后即可搜索来自 OneDrive 及其他网站的照片。

（3）插入形状　用户可以插入 Publisher 内置的线条和形状来进行编辑。具体操作方法是单击【插入】→【插图】→【形状】下拉按钮，系统显示六类形状。单击某个被选中的形状，在编辑区空白处按住并拖动鼠标即可创建形状。

（4）插入图片占位符　如果用户在版面设计的时候暂无合适图片，可执行插入图片占位符的形式，为以后要添加的图片保留空间。具体操作方法是单击【插入】→【插图】→【图片占位符】按钮，编辑区即可自动出现图片占位符。用户可在编辑区自由拖动或调整图片占位符的大小及旋转角度。单击图片占位符中间的图片即可弹出插入图片选择框，用户可通过【从文件】、【必应图像搜索】或【OneDrive】等方式查找并选择图片。当选中图片大于占位符范围时，系统会自动显示两者位置，用户拖动图片即可选择拟在占位符中显示的图片内容，如图 6-20 所示。

图 6-20　图片显示区域选择

4. 插入文本

（1）绘制文本框　单击【插入】→【文本】→【绘制文本框】或【绘制竖排文本框】按钮即可在编辑区生成一个文本框。同时功能区会显示【绘图工具】和【文本框工具】的【格式】设置，如图 6-21 所示。用户可利用这两个工具的【格式】设置调整文本框及其内容的样式。

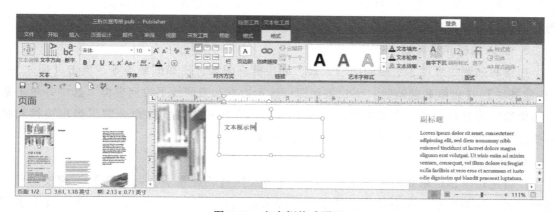

图 6-21　文本框格式设置

（2）插入业务信息 业务信息以易于更新的格式添加联系人信息。单击【插入】→【文本】→【业务信息】下拉按钮即可展示已定义好的各类信息。单击【编辑业务信息】命令可进行更多设置，单击【更多业务信息】命令可选择更多业务信息内容。

（3）插入艺术字 单击【插入】→【文本】→【艺术字】下拉按钮即可展示系统内置的艺术字样式。单击选用的艺术字样式后弹出【编辑艺术字文字】对话框，用户输入文字并设置文字样式后单击【确定】按钮即可完成艺术字插入操作。

5. 插入页码

单击【插入】→【页眉和页脚】→【页码】下拉按钮即可展示页码设置菜单。系统提供了【左上】、【顶部居中】、【右上】、【左下】、【底部居中】、【右下】六个快捷页码位置设置，用户单击页码位置即可在文档中的相应位置插入页码。

单击【设置页码格式】命令弹出【页码格式】对话框，用户可自定义部分信息。单击【首页显示页码】命令可以控制首页是否设置页码。

6.1.5　插入构建基块

构建基块是内容可重用的业务信息、标题、日历、边框和在库中存储的广告之类的片段。用户可以访问并在任何时候重复使用构建基块，还可以创建和保存自己的构建基块、分类、编写的说明，并使用关键字以使其更易于被查找标记。这些自定义构建基块可以是图形、文本和甚至其他构建基块的组合。

1. 插入页面部件

页面部件是预设格式的结构元素，如标题、边栏和文章出版物。单击【插入】→【构建基块】→【页面部件】下拉按钮即可展示页面部件下拉列表框，包括【标题】、【提要栏】等。选中并单击某个部件即可将其自动显示在编辑区内。单击【更多页面部件】命令即可弹出页面部件库，用户可在该库中选择更多页面部件素材。

2. 插入日历

日历是预设格式的每月日历，单击【插入】→【构建基块】→【日历】下拉按钮即可展示【日历】下拉列表框。选中并单击某个日历即可将其自动显示在编辑区内。单击【更多日历】命令即可弹出日历库，用户可在该库中选择更多日历素材。

3. 插入边框和强调线

边框和强调线提供了更多的图形元素，如边框、图案、栏和框架等等。单击【插入】→【构建基块】→【边框和强调线】下拉按钮即可展示边框和强调线下拉列表框。选中并单击某个图例即可将其自动显示在编辑区内。单击【更多边框和强调线】命令即可弹出边框和强调线库，用户可在该库中选择更多边框和强调线素材。

4. 插入广告

广告适用于预设格式的广告元素。单击【插入】→【构建基块】→【广告】下拉按钮即可展示广告下拉列表框。选中并单击某个图例即可将其自动显示在编辑区内。单击【更多广告】命令即可弹出广告库，用户可在该库中选择更多广告素材。

6.2 进阶操作

6.2.1 插入特殊素材

1. 插入文件

插入文件是将可以将文件中的文本插入到正在编辑的出版物中。如果选择了文本框则将文本添加至该文本框，如果没有选择文本框则会创建新的文本框。具体操作方法是单击【插入】→【文本】→【插入文件】按钮，在弹出的【插入文件】对话框中选择文件位置、文件名等信息后单击【确定】按钮即可插入文件。

2. 插入日期和时间

插入日期和时间是插入系统当前的日期和时间。具体操作方法是先选中某个文本框或表格，单击【插入】→【文本】→【日期和时间】按钮后弹出【日期和时间】对话框。在【可用格式】列表框选择日期和时间的格式，单击【确定】按钮即可完成日期和时间的插入。

3. 插入对象

对象指插入到 Publisher 文档中的其他文件。具体操作方法是单击【插入】→【文本】→【对象】按钮后弹出【插入对象】对话框，如图 6-22 所示。用户可以选择【新建】或【由文件创建】两种模式的对象插入。选中【新建】可在【对象类型】列表框中选择拟插入对象的类型。以输入公式对象为例，选择【MathType 7.0 Equation】后单击【确定】按钮，弹出公式编辑器。输入公式保存后退出公式编辑器，则 Publisher 文档中会显示已经编辑好的公式。此时双击公式会重新进入公式编辑器，用户可以修改或重新输入公式。

图 6-22 【插入对象】对话框

4. 插入书签

书签作为图形元素显示在页面上，同时也提供将超链接添加到该位置的功能。具体操作方法是在需要添加书签的位置单击【插入】→【文本】→【书签】按钮，在弹出的【书签】定义对话框中先输入【书签名称】后再单击【添加】按钮即可。

5. 插入符号

符号为出版物提供数字、货币及版权等多种符号。具体操作方法是先选中需要插入符号的文本框及表格，单击【插入】→【文本】→【符号】按钮，在弹出的【符号】下拉列表中选择符号或单击【其他符号】选项，在图 6-23 所示的【符号】下拉列表中选取符号并单击【插入】按钮即可。

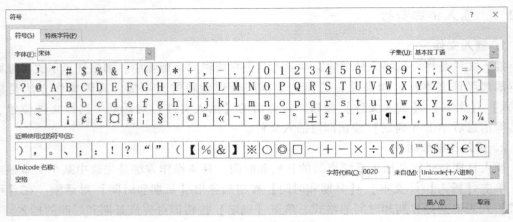

图 6-23　符号列表

6. 插入超链接

超链接可以提供快速访问网页、文件及文档中其他位置的功能。具体操作方法是在需要添加超链接的位置单击【插入】→【链接】→【链接】按钮，在弹出的【插入超链接】对话框选择【链接到】及具体链接内容。选中链接内容后，在【要显示的文字】中填写显示在出版物中的文字，默认是链接内容的地址。最后，单击【确认】按钮即可完成超链接插入操作。

6.2.2　美化素材

1. 快速美化素材

（1）设置配色方案　Publisher 内置了 93 种配色方案，用户可以单击【页面设计】→【方案】中的某种配色方案对整个出版物进行配色方案全局调整，如图 6-24 所示。用户还可以

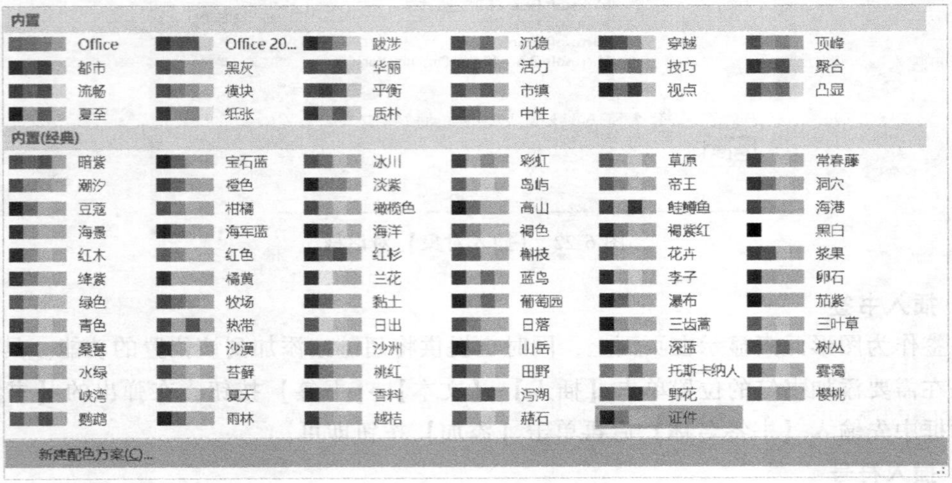

图 6-24　内置配色方案

单击【新建配色方案】命令，在弹出的【新建配色方案】对话框进行自定义配色。

（2）设置形状样式　Publisher内置了50种形状样式方案，用户选中素材后单击【绘图工具】→【格式】→【形状样式】中的某种形状样式，可以对被选中素材进行配色方案调整，如图6-25所示。

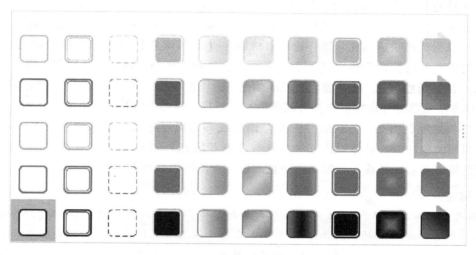

图6-25　形状样式方案

（3）设置艺术效果　单击素材后，单击【绘图工具】→【格式】→【形状样式】→【形状效果】按钮，打开图6-26所示六个外观效果选项菜单。每个选项还有多种具体的外观效果供用户选择。图6-26编辑区中还展示了针对同一素材设置阴影、映像、发光、柔化边缘、棱台等效果对比。单击每个具体效果最下方的按钮均可进入【设置形状格式】对话框，并进行参数设置。

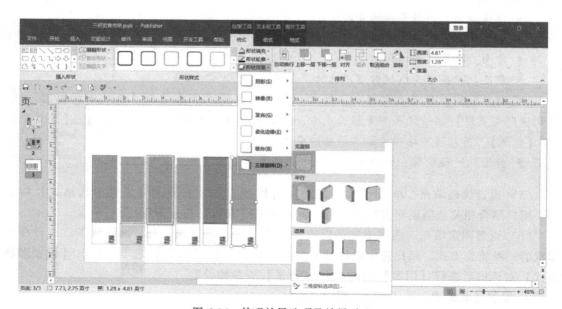

图6-26　外观效果选项及效果对比

2. 设置填充效果

在编辑区配色方案及形状样式设置中无法满足用户需求时，Publisher 还为用户提供自定义填充效果功能。具体操作方法是选中素材后单击【绘图工具】→【格式】→【形状样式】→【形状填充】按钮，在其下拉菜单中可以选择【方案颜色】、【标准色】、【最近使用的颜色】、【无填充】、【其他填充颜色】、【淡色】、【提取填充颜色】、【图片】、【渐变】、【纹理】和【图案选项】等选项，并将光标移动到色块或选项上进行颜色预览和单击设置。

（1）设置纯色快速填充　用户选中素材后在【形状填充】选项中直接选择色块，或单击【其他填充颜色】命令弹出【颜色】对话框，进行填充颜色选择及透明度设置。

（2）设置淡色填充　为丰富同一基准颜色下的填充效果，Publisher 提供了淡色填充效果。具体操作方法是单击【形状填充】→【淡色填充】选项，在弹出的对话框中进行效果设定。

（3）提取颜色填充　为获取并匹配与模板或其他渠道导入的形状颜色，Publisher 提供了提取填充颜色功能。具体操作方法是单击【形状填充】→【提取填充颜色】选项，光标会变成颜色提取器形状，移动到拟提取颜色的位置单击即可获取指定颜色。

> **【填充提示】**
>
> 如果是同一编辑页（编辑区）多个形状使用同一颜色填充，用户使用鼠标框选或按住<Ctrl>键并单击目标的方式选中形状，并单击【形状填充】按钮进行颜色设定。如果是不同编辑页的多个形状进行同一颜色的批量填充，用户完成第一次纯色填充后就可以改变【形状填充】按钮左侧的【快捷填充】图块。用户在该 Publisher 文档其他编辑页进行纯色填充时可直接单击该【快捷填充】图块进行填充。

（4）设置渐变填充　单击【形状填充】→【渐变】选项，弹出【设置形状格式】对话框。用户结合相关选项说明进行渐变色设置后单击【确认】按钮即可。

> **【渐变填充】**
>
> - 预设渐变：选取系统内置渐变色。
> - 类型：选择线性和路径两种渐变样式。
> - 方向：根据类型选择渐变方向。
> - 角度：在类型为线性时可以选择渐变角度。
> - 渐变光圈：设置渐变停止点及颜色。具体操作方法是单击【添加渐变光圈】或【删除渐变光圈】按钮设置渐变停止点后，单击某个停止点并设置其【颜色】、【透明度】及【位置】。用户还可拖动停止点调整渐变光圈。
>   - 与形状一起旋转：将渐变颜色与形状绑定，并作为一个整体进行旋转。

（5）设置纹理填充　单击【形状填充】→【纹理】选项，弹出【设置形状格式】对话框。用户结合相关选项说明进行纹理色设置后单击【确认】按钮即可。

（6）设置图案填充　图案填充是以重复的水平线或垂直线、点、虚线或条纹设计作为形状的一种填充方式。用户选中形状后单击【形状填充】→【图案】选项，弹出【设置形状格式】对话框后进行【图案】、【前景】、【背景】等参数设置。

3. 设置形状轮廓

在编辑区配色方案及形状样式设置中无法满足用户需求时，Publisher 还为用户提供自定义形状轮廓功能。具体操作方法是选中形状后单击【绘图工具】→【格式】→【形状样式】→【形状轮廓】按钮，在其下拉菜单中可以选择【方案颜色】、【标准色】、【最近使用的颜色】、【无轮廓】、【其他轮廓颜色】、【淡色】、【提取线条颜色】、【粗细】、【虚线】、【箭头】和【图案】等选项，并将光标移动到色块或选项上进行颜色预览和单击设置。

（1）设置轮廓颜色 用户选中素材形状后在【形状轮廓】选项中直接选择色块，或单击【其他轮廓颜色】命令弹出【颜色】对话框，进行轮廓颜色及透明度设置。

（2）设置轮廓线条类型 用户选中形状后在【形状轮廓】选项中直接单击【粗细】、【虚线】或【箭头】按钮，在弹出的下拉菜单中选择内置线条类型。为配置更多效果，用户可以在【设置自选图形格式】对话框中进行详细参数设置。美化不同类型的形状轮廓时，会根据形状显示不同内容的【设置自选图形格式】对话框。在【形状轮廓】选项中单击【图案】按钮，在弹出的【带图案线条】对话框进行相关设置。

4. 设置图片效果

在编辑页插入图片后，为使图片与其他素材的排列组合更加美观，还需要对图片进行大小、位置、旋转、裁剪及显示层次的调整。选中插入的图片素材，功能区会出现【图片工具】，该选项卡下设有较为丰富的图片效果处理命令。

（1）调整大小 单击图片后，图片四周将会出现4个缩放控制点、4个拉伸控制点及1个旋转控制点，如图6-27所示。将光标置于控制点上时会变成双向箭头，此时拖动鼠标即可调整图片大小。Publisher为图片素材的中央部位增加了图片标识，在该标识处右击会弹出编辑选项。

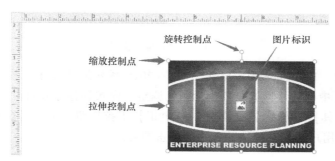

图 6-27 图片控制点及标识

（2）调整位置 在编辑区选中图片，当光标置于图片上时，光标会变成四向箭头。此时，单击并拖动图片至合适位置，松开鼠标即可调整图片的显示位置。

（3）旋转图片 单击图片后，将光标移动至图片上方的旋转控制点处。当光标变成黑色弧形箭头时，单击并左右拖动即可旋转图片至合适位置。另外，用户还可以单击【图片工具】→【格式】→【排列】→【旋转】命令，在下拉菜单中选择【向右旋转90°】、【向左旋转90°】、【垂直翻转】、【水平翻转】、【自由旋转】五种旋转方式，并能设置旋转属性。

（4）裁剪图片 选中图片后，单击【图片工具】→【格式】→【剪切】→【裁剪】按钮，图片四周会出现如图6-28所示黑色短线条。将光标移至图片四周黑色短线条处并变成双向箭头形状后，拖动鼠标即可裁剪图片。

单击【图片工具】→【格式】→【剪切】→【裁剪】下拉按钮后选择剪裁为形状，其下拉菜单提供多种形状。用户单击某形状即可使用其剪裁编辑区被选中的图片，剪裁效果如图6-28所示。

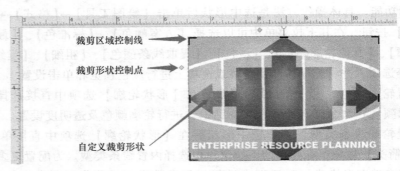

图 6-28　裁剪操作

（5）调整层次　当编辑区有多个图片或其他素材形状时，为了突出显示效果，还需要设置图片的显示层次。具体操作方法是单击【图片工具】→【格式】→【排列】→【上移一层】或【下移一层】按钮。图片经过上下层次调整后会呈现图 6-29 所示的对比界面。

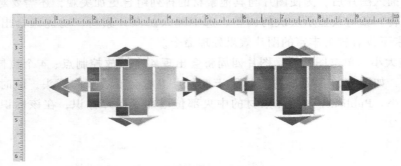

图 6-29　层次调整对比界面

（6）设置特效　Publisher2016 与其他 Office2016 系列组件程序一样，对图片有特效设计。Publisher 2016 中的图片特效主要包含颜色调整、样式调整等方面。

单击【图片工具】→【格式】→【调整】→【更正】下拉按钮，出现图 6-30 所示亮度和对比度调整后的特效。用户选择某种特效并直接单击即可。

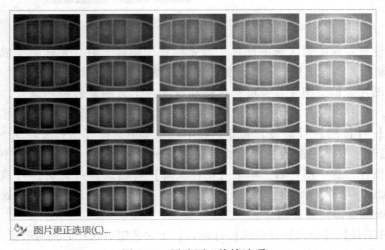

图 6-30　图片更正快捷选项

单击【图片工具】→【格式】→【调整】→【重新着色】下拉按钮，出现风格效果调整后的特效。用户选择某种特效并直接单击即可。

（7）增加标题　Publisher为图片提供了标题功能，并内置多种样式，便于图片素材的展示。具体操作方法是单击【图片工具】→【格式】→【图片样式】→【标题】下拉按钮。用户选择某种标题特效并直接单击即可。

5. 设置其他效果

（1）设置表格效果　插入表格后，用户可以利用【表格工具】→【设计】及【布局】两大选项组提供的丰富功能来美化表格。图6-31所示为表格【设计】界面，图6-32所示为表格【布局】界面，两者配合工作，方便用户设计更多表格效果。

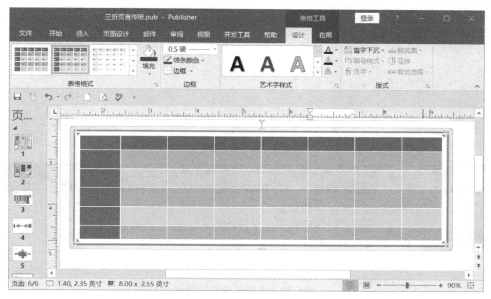

图6-31　表格效果设置

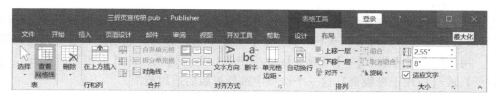

图6-32　表格布局设置

（2）设置艺术字效果　插入艺术字后，用户可以利用【艺术字工具】→【格式】功能区中的丰富功能来美化艺术字。相关操作包含文字间距、艺术字样式、更改艺术字形状、自动换行、选装等，方便用户快捷地生成艺术字。

6.2.3　管理母版

1. 查看母版

出版物的每个页面都需匹配一个母版。母版也为批量文件的制作提供支持。

单击【视图】→【视图】→【母版页】按钮可直接进入母版页编辑窗口，选项卡中也增加

【母版页】及其下属多个编辑命令，如图 6-33 和图 6-34 所示。Publisher 内置模板的母版页已经添加了相关图形元素，但新建 Publisher 空白文件的母版页为空，需要用户自己定义。

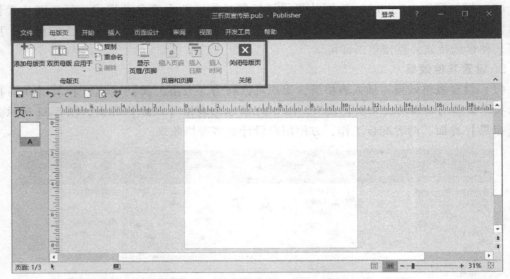

图 6-33　母版页编辑窗口

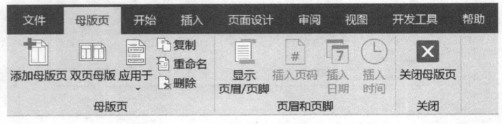

图 6-34　母版页设置功能区

2. 创建母版

在图 6-33 中默认有一个母版页，用户如需创建多个母版可单击【母版页】→【母版页】→【添加母版页】或【双页母版】按钮。其中，【双页母版】的功能是创建两个将用于跨页的新母版页。用户单击【母版页】→【母版页】→【应用于】下拉选项，在【应用于所有页】、【应用于当前页】或【应用于母版页】这三个选项中选择母版的适用范围。

3. 编辑母版

创建母版后，可将母版作为一个单独的出版物文件来进行图形元素的增删、调整和其他编辑工作。具体操作方法请参照第 6.1 节及第 6.2 节的部分内容。

在母版编辑页，可单击【母版页】→【母版页】→【复制】、【重命名】或【删除】按钮来对母版页进行相关操作。其中，重命名母版指为母版增加备注说明。

4. 插入页眉页脚

单击【母版页】→【页眉和页脚】→【显示页眉/页脚】按钮可在母版页上增加页眉及页脚设置文本框，且只有单击该按钮后，同一功能区的【插入页码】、【插入日期】及【插入时间】按钮才能激活。此处的【插入日期】和【插入时间】均为系统时间，且在该文档重新打开时会动态调整更新日期及时间点。

6.2.4 审阅文件

1. 校对文档

（1）拼写检查 Publisher 为用户提供了拼写检查功能，辅助制作高质量的出版物。具体操作方法是单击【审阅】→【校对】→【拼写检查】按钮。如果在执行该操作前选择了一个形状或文本框，则系统会弹出提示框，由用户来判定是否要继续检查。如果在拼写检查过程中发现了拼写错误，会弹出提示框，且对有可能拼写出错的点进行强调显示。用户可自行判断并执行修改或忽略等操作。在提示框中单击【选项】按钮可弹出【Publisher 选项】→【校对】选项卡，用户可自行设定拼写检查及更正规则。

（2）信息检索 Publisher 为用户提供了信息检索功能，辅助使用各种资源（词典、百科全书或翻译服务）获取信息。具体操作方法是单击【审阅】→【校对】→【信息检索】按钮，弹出【信息检索】窗口，该窗口为用户提供了翻译和自动组词参考服务。

（3）同义词库 Publisher 为用户提供了同义词库功能，辅助使用更多表达来丰富出版物。具体操作方法是选中文字后单击【审阅】→【校对】→【同义词库】按钮，弹出【同义词库】对话框。在 Publisher 2016 中仅对同语种的同义词库进行搜索，并不在同义词库这提供翻译服务。

2. 设置语言及拼写

（1）翻译所选文字 单击【审阅】→【语言】→【翻译所选文字】按钮，弹出【信息检索】窗口，系统自动输入所选文字。用户可在【信息检索】窗口进行文字翻译。

（2）设置语言 单击【审阅】→【语言】→【语言】→【设置校对语言】按钮，弹出【语言】对话框。用户根据出版物校对要求选择匹配的语言即可。

（3）转换简繁中文 选中中文文本，单击【审阅】→【语言】→【中文简繁转换】→【简转繁】、【繁转简】或【简繁转换】三个按钮来执行转换。其中，选择【简繁转换】将弹出【中文简繁转换】对话框。用户根据出版物校对要求选择相关设置即可。

6.2.5 分发共享

Publisher 拥有强大的出版物素材编辑和整合能力，也内置了大量小部件供不同场景下的出版物成果使用。

1. 分发文档

为达到协同工作的目的，可以将 Publisher 文档通过电子邮件发送给同事，或使用公共文件夹共享 Publisher 绘图。单击【文件】→【共享】选项，用户可选择【电子邮件】的方式来分发出版物。【电子邮件】方式中有作为【发送当前页面】、【作为附件发送】、【以 PDF 形式发送】、【以 XPS 格式发送】四种分发类型。选择后两种类型时，Publisher 自动将文档转换成 PDF 或 XPS 格式，如图 6-35 所示。

2. 导出视图

（1）创建 PDF/XPS 文档 Publisher 提供将文档转换为可移植文档格式，也可以保存为图片等格式。单击【文件】→【导出】→【创建 PDF/XPS 文档】→【创建 PDF/XPS】按钮，弹出【发布为 PDF 或 XPS】对话框。单击【选项】按钮，打开【发布选项】对话框并进行相

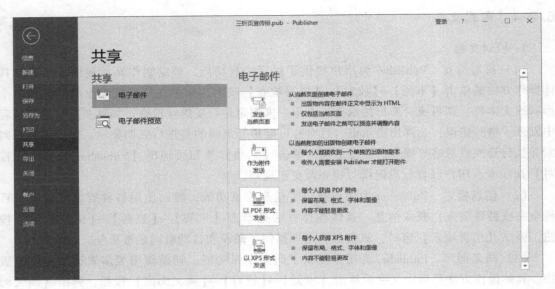

图 6-35　电子邮件分发选项

关设置。返回【发布为 PDF 或 XPS】对话框，定义【文件名】并选择【保存类型】，然后单击【发布】按钮即可完成操作。

（2）更改文件类型　Publisher 为用户提供多种文件存储类型。单击【文件】→【导出】选项，在【更改文件类型】列表中选择一种文件类型，单击【另存为】按钮即可。

3. 打包文件

为方便携带、传输和应用，Publisher 提供了将设计文件打包成不同类别文档的模式。

（1）保存以用于照片打印　出版物的每一页都作为单独的图像被保存，且保存为 JPEG 和 TIFF 格式文件。打包导出界面如图 6-36 所示。

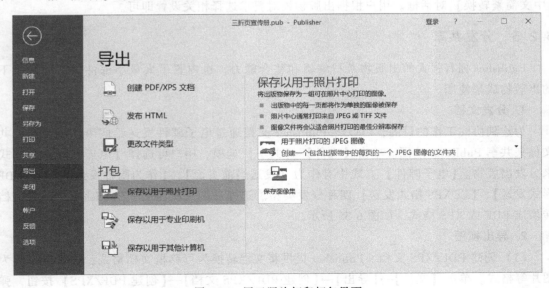

图 6-36　用于照片打印打包界面

（2）保存以用于专业印刷机　为准备出版物的专业印刷，Publisher 提供了用于专业印刷的打包导出选项。在该功能中，可以进行专业出版、高质量打印、标准打包、最小文件大小打包，分别适用于从专业印刷到桌面屏幕显示的要求。

（3）保存以用于其他计算机　该模式允许将携带嵌入字体和带链接图形样式的出版物文档进行打包导出。

6.2.6　应用打印

使用 Publisher 2016 制作的出版物一般都要进行打印和装订，因此不仅要在预览环节调整页面布局，还要提前打印草稿来查看打印效果、研究文档的改进等。因此，为取得整齐规范的打印效果，需要进行打印设置，如图 6-37 所示。

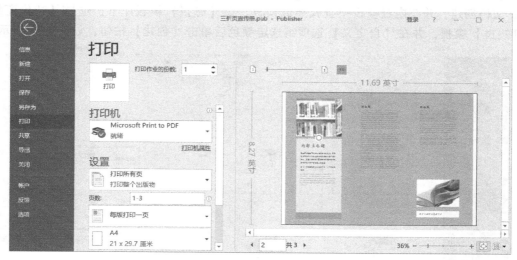

图 6-37　打印界面

1. 设置打印版式

为满足更多打印版式需要，Publisher 在打印窗口提供给了多种打印版式供用户选择。具体操作方法是单击【文件】→【打印】→【设置】→【每版打印一页】下拉按钮，弹出版式选项。用户根据需求选择，并在图 6-37 所示打印界面的右侧预览版式效果。

2. 设置打印效果

（1）设置打印范围　单击【文件】→【打印】按钮，在【设置】列表中单击【打印所有页】下拉按钮，从下拉列表中选择打印页。另外还可以在【设置】→【页数】后面人工输入打印范围。

（2）设置打印颜色　Publisher 为用户提供了复合 RGB 和复合灰度两种打印颜色，分别适用于 RGB 颜色出版物和灰度出版物打印。单击【文件】→【打印】命令，在【设置】列表中单击【复合 RGB】或【复合灰度】下拉按钮，选择相应的选项即可。

除了范围和颜色之外，Publisher 打印还提供了打印纸张尺寸选择、单双面打印设置等选项，支撑对出版物文档的自定义打印。

3. 预览并打印绘图

单击【文件】→【打印】按钮，在页面右侧查看出版物各页的最终打印效果。

单击【文件】→【打印】按钮，在预览页面预览整个出版物的打印效果后，设置【份数】，并单击【打印】按钮开始打印绘图。

6.3 典型商务文件制作

6.3.1 活动传单

任务简介：制作某实体店"双十一"活动传单。

1. 创建文档

（1）创建 Publisher 文档　参照第 6.1.2 小节中的新建空白绘图文档操作完成空白 Publisher 文档创建，并在内置模板中查找类似模板。在【海报】模板库下，选择【特价商品】的【边框】模板，并在【自定义】选项组选定颜色后单击【创建】按钮，如图 6-38 所示。

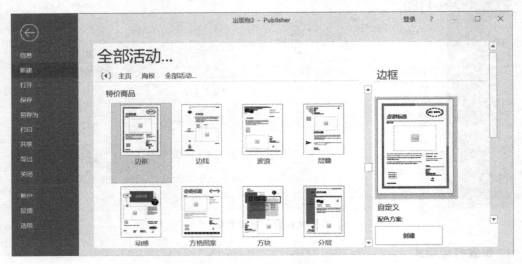

图 6-38　新建组织结构图

（2）保存 Publisher 文档　参照第 6.1.2 小节中的保存 Publisher 文档操作完成新建 Publisher 文档的保存操作。将文件名更改为"典型商务文件——活动传单"，如图 6-39 所示。

2. 插入素材

（1）模拟背景与任务分解　假设某实体店超市拟在 11 月 9~12 日期间举办"双十一"优惠大酬宾活动，借此机会采取薄利多销的方法，实现积压换新、消除库存的目的。现需要提前半个月制作并印制分发活动传单。

> **【任务分解】**
> - 标题：双十一大酬宾。
> - 主题图：选择超市商品类别图或商品图。
> - 减价幅度：设定全部九折。
> - 宣传词：由用户自定义。
> - 地点：某某地的某某超市，由用户自定义。

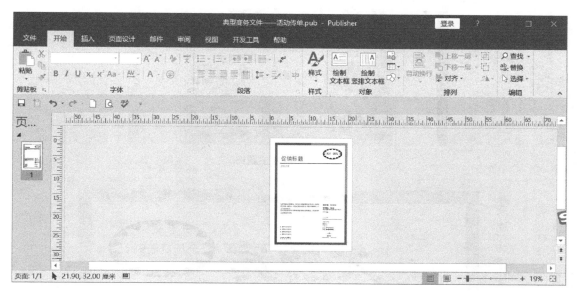

图 6-39　工作界面

（2）选择并插入素材　根据任务分解，参照第 6.1.2 小节中的插入设计素材和插入文本信息操作完成活动传单部分图形元素的插入操作。本环节重点完成四项素材的插入操作，分别是设定标题、设定折扣、插入主题图、输入日期与时间。

步骤一：在主题文本框内输入"双十一大酬宾"，如图 6-40 所示。

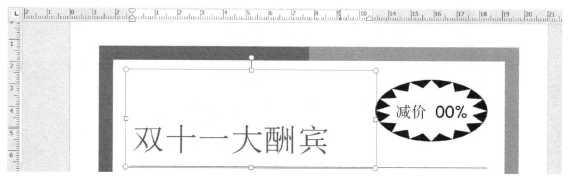

图 6-40　输入文档标题

步骤二：在广告处输入"全场最低九折"。

步骤三：插入主题图。单击图片占位符正中间的图片标识，打开选择【插入文件】对话框，选择图片并插入，如图 6-41 所示。

步骤四：输入日期与时间。输入销售日期、销售时间、超市名称及地点。

3. 优化文档

（1）修改文本样式　更改文档标题字体大小和字体等信息，修改结果如图 6-42 所示。

（2）更改折扣形状　更改折扣形状及颜色，修改结果如图 6-43 所示。

（3）设置图片效果　将主题图片设定图片样式，修改结果如图 6-44 所示。

图 6-41　插入主题图

图 6-42　修改文本样式

图 6-43　修改广告部件

图 6-44　设置图片效果

4. 预览保存

（1）效果预览　用户在打印或导出 Publisher 文档前须多次预览并调整各素材的位置和样式。用户可在打开 Publisher 绘图文档后用按住<Ctrl>键并滚动鼠标滚轮的方式缩小绘图区，或参照第6.1.1 小节中的编辑区显示控制设置完成整体页面预览。另外，用户还可单击【文件】→【打印】选项来查预览打印效果。图 6-45 所示是调整优化后活动传单终稿打印预览界面。

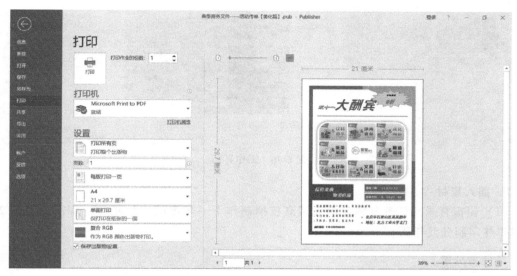

图 6-45　打印效果预览

（2）保存为图片　参照第6.2.5 小节中的文件打包操作将设计文件打包成用于查看效果的照片。

（3）保存为 PDF　共有以下四种方法可以保存：

方法一：参照第6.2.5 小节中的导出视图操作可导出 PDF 文件。

方法二：参照第6.2.5 小节中的文件打包操作打包成用于专业印刷机的 PDF 文件。

方法三：单击【文件】→【另存为】选项，在【另存为】对话框中的【保存类型】下拉列表框中选择【PDF】来生成 PDF 文件。

方法四：单击【文件】→【打印】选项，选择【Microsoft Print to PDF】打印机来将 Publisher 文档打印成 PDF 文档。

（4）打印　参照第6.2.6 小节中的相关操作可预览并打印 Publisher 文档。

6.3.2　工作年历

任务简介：制作某单位某一年的工作年历。

1. 创建文档

（1）创建 Publisher 文档　参照第6.1.2 小节中的新建空白绘图文档操作完成空白 Publisher 文档创建，并在内置模板中查找类似模板。在【日历】模板库下，选择整页的【高校】模板，自定义颜色后单击【创建】按钮。

（2）保存 Publisher 文档　参照第6.1.2 小节中的保存 Publisher 文档操作完成新建 Publisher 文档的保存操作。将文件名更改为"典型商务文件——工作年历"，如图 6-46 所示。

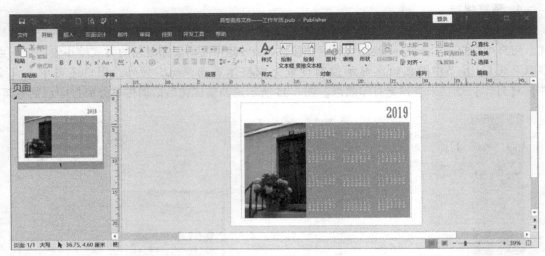

图 6-46　工作界面

2. 插入素材

（1）模拟背景与任务分解　假设某高校拟制作下一年度的工作年历，现需要提前 2 个月制作并印制分发年历。

【任务分解】
- 标题：学校名称及年历年度。
- 主题图：将默认图片更换为校园建筑或风景，由一张图可增加至多张图。
- 日历部件：可使用模板也可以插入日历构建基块。
- 其他：选择性地增加校徽、校风、校训等内容。

（2）选择并插入素材　根据任务分解，参照第 6.1.2 小节中的插入设计素材和插入文本信息操作完成工作年历部分图形元素的插入操作。本环节重点完成三项操作，分别是设定标题、更换主题图、插入其他素材。

步骤一：在主题文本框内输入"NCUT"，如图 6-47 所示。

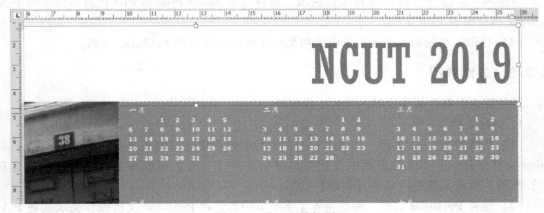

图 6-47　输入文档标题

步骤二：右击图片中央的控制标识，在选项卡中选择【更改图片】→【删除图片】。随后，参照第 6.1.1 小节中的编辑区操作显示水平基线。插入并调整出 3 个图片占位符，如图 6-48 所示。

步骤三：插入主题图。单击图片占位符正中间的图片标识，打开【插入文件】对话框，选择图片并插入，如图 6-49 所示。

步骤四：插入校徽，如图 6-50 所示。

3. 优化文档

（1）修改日历样式 更改日历样式，包括日历填充、字体样式等，如图 6-51 所示。

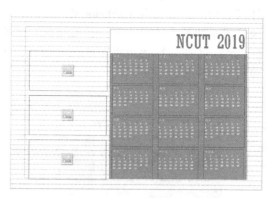

图 6-48 设置占位符

图 6-49 插入主题图

图 6-50 插入其他素材

（2）修改图片样式 修改图片样式和效果，如图 6-52 所示。

图 6-51 修改日历样式

图 6-52 修改图片样式

（3）增加艺术字 插入"工作年历"的艺术字，调整艺术字字体样式，如图 6-53 所示。

（4）插入边框 选择【边框与强调线】命令，插入边框，如图 6-54 所示。

4. 预览保存

（1）效果预览 用户在打印或导出 Publisher 文档前须多次预览并调整各素材的位置和

样式。用户可在打开 Publisher 绘图文档后用按住<Ctrl>键并滚动鼠标滚轮的方式缩小绘图区，或参照第 6.1.1 小节中的编辑区显示控制设置完成整体页面预览。另外，用户还可单击【文件】→【打印】选项来预览打印效果。图 6-55 所示是调整优化后工作年历终稿打印预览界面。

图 6-53　增加艺术字

图 6-54　插入边框

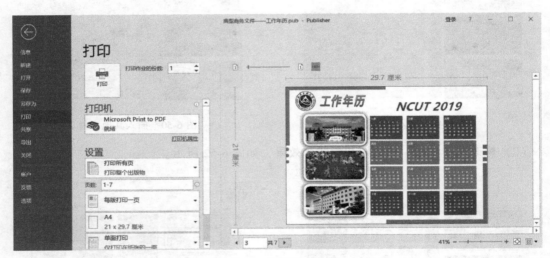

图 6-55　打印效果预览

（2）保存为图片　参照第 6.2.5 小节中的文件打包操作将设计文件打包成用于查看效果的照片。

（3）保存为 PDF　共有 4 种方法可以保存文件：

方法一：参照第 6.2.5 小节中的导出视图操作可导出 PDF 文件。

方法二：参照第 6.2.5 小节中的文件打包操作打包成用于专业印刷机的 PDF 文件。

方法三：单击【文件】→【另存为】选项，在【另存为】对话框中的【保存类型】下拉列表框中选择【PDF】来生成 PDF 文件。

方法四：单击【文件】→【打印】选项，选择【Microsoft Print to PDF】来将 Publisher 文档打印成 PDF 文档。

（4）打印　参照第 6.2.6 小节中的相关操作可预览并打印 Publisher 文档。

6.3.3 工作简报

任务简介：制作某部门工作简报封面。

1. 创建文档

（1）创建 Publisher 文档　参照第 6.1.2 小节中的新建空白绘图文档操作完成空白 Publisher 文档创建，并在【特别推荐】选项卡中单击【电子邮件新闻稿】模板，如图 6-56 所示，并在弹出的窗口中单击【创建】按钮即可。

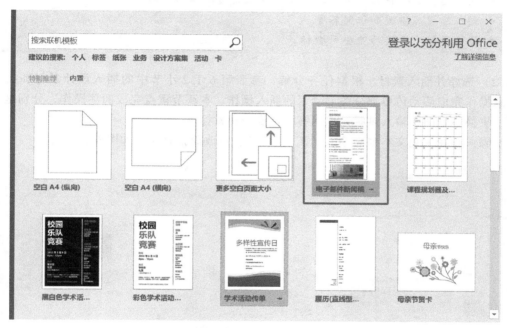

图 6-56　新建电子邮件新闻稿

（2）保存 Publisher 文档　参照第 6.1.2 小节中的保存 Publisher 文档操作完成新建 Publisher 文档的保存操作。将文件名更改为"典型商务文件——工作简报"，如图 6-57 所示。

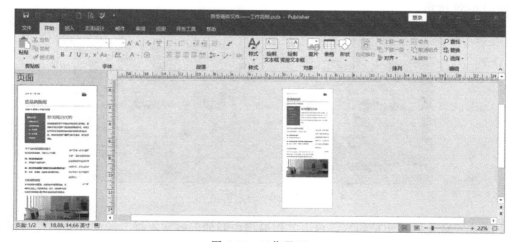

图 6-57　工作界面

2. 插入素材

（1）模拟背景与任务分解　假设某物业公司要制作上一个月的工作简报，对各物业管理项目部的亮点工作进行总结和汇报。现需要在月初制作工作简报封面后整理素材并印制分发公司工作简报。

> **【任务分解】**
> ● 标题：工作简报。
> ● 主题图：选择打扫卫生和绿化等与物业公司工作相关的图片。
> ● 文本编辑：供暖知识问答等。
> ● 替换徽标：更换物业公司徽标。

（2）选择并插入素材　根据任务分解，参照第 6.1.2 小节中的插入设计素材和插入文本信息操作完成活动传单部分图形元素的插入操作。本环节重点完成四项操作，分别是设定标题、更换主题图、输入供暖知识问答、替换公司徽标。

步骤一：在主题文本框内输入"工作简报"，更改简报日期，如图 6-58 所示。

图 6-58　输入文档标题

步骤二：将工作简报最底部图片更换为打扫秋叶。右击图片中央的控制标识，在选项卡中选择【更改图片】→【删除图片】。随后，参照第 6.1.4 小节中的插入插图操作插入本地图片，如图 6-59 所示。

图 6-59　设定折扣

步骤三：输入供暖知识问答。单击工作简报中间的问答文本框，输入有关供暖的相关信息，如图 6-60 所示。

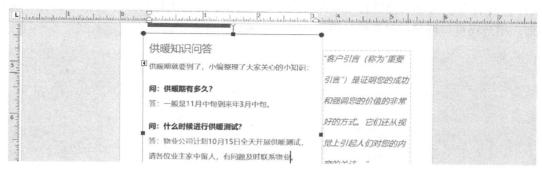

图 6-60　插入主题图

步骤四：替换公司徽标。参照第二步操作，更换公司徽标。

步骤五：修改工作简报其他文本框，用户可自定义内容。

3. 优化文档

（1）修改文本样式　更改文档标题字体大小和字体等信息，修改结果如图 6-61 所示。

图 6-61　文本样式修改

（2）设置图片效果　更改工作简报封面图片特效，修改结果如图 6-62 所示。

图 6-62　封面图片效果修改

4. 预览保存

（1）效果预览　用户在打印或导出 Publisher 文档前须多次预览并调整各素材的位置和样式。用户可在打开 Publisher 绘图文档后用按住<Ctrl>键并滚动鼠标滚动的方式缩小绘图区，或参照第 6.1.1 小节中的编辑区显示控制设置完成整体页面预览。另外，用户还可单击

【文件】→【打印】选项来预览打印效果。图6-63所示是调整优化后工作简报终稿打印预览界面。用户还可以调整页面大小，使页面布局与素材布置更匹配。

图6-63　模板及设计稿对比示意

（2）保存为图片　参照第6.2.5小节中的文件打包操作将设计文件打包成用于查看效果的照片。

（3）保存为PDF　共有四种方法可以保存文件。

方法一：参照第6.2.5小节中的导出视图操作可导出PDF文件。

方法二：参照6.2.5小节中的文件打包操作打包成用于专业印刷机的PDF文件。

方法三：单击【文件】→【另存为】选项，在【另存为】对话框中的【保存类型】下拉列表框中选择【PDF】来生成PDF文件。

方法四：单击【文件】→【打印】选项，选择【Microsoft Print to PDF】来将Publisher文档打印成PDF文档。

（4）打印　参照第6.2.6小节中的相关操作可预览并打印Publisher文档。

6.3.4　专用信封

任务简介：制作某单位专用信封。

1. 创建文档

（1）创建Publisher文档　参照第6.1.2小节中的新建空白绘图文档操作完成空白Publisher文档创建，并在【新建】页面的【搜索联机模板】中输入"信封"后进行搜索。搜索结果如图6-64所示，选中并单击【国内信封（尺寸：C5）】模板，并在弹出窗口中单击【创建】按钮。

（2）保存Publisher文档　参照第6.1.2小节中的保存Publisher文档操作完成新建Publisher文档的保存操作。将文件名更改为"典型商务文件——专用信封"，如图6-65所示。

2. 插入素材

（1）模拟背景与任务分解　假设某高校内的某个学院拟制作7号专用信封（C5：229mm×162mm），且具有该高校校徽和基本地址信息。现需要提前1个月制作并交付印刷厂。

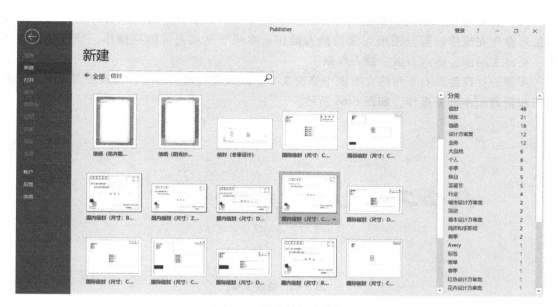

图 6-64　搜索并新建信封

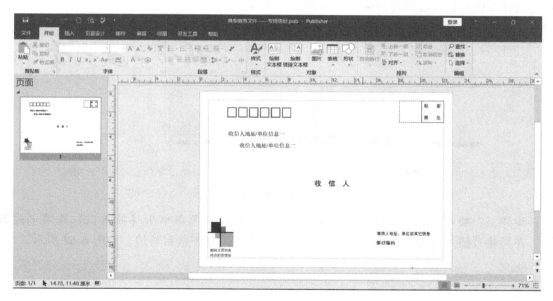

图 6-65　工作界面

【任务分解】
- 文本框：更换高校地址信息及邮编。
- 主题图：将默认图片更换为地区特色标志。
- 背面设计：新增页，设计封面背面为长边开口。
- 背面设计：增加校徽及校风或校训。

（2）选择并插入素材　根据任务分解，参照第 6.1.2 小节中的插入设计素材和插入文本信息操作完成信封部分图形元素的插入操作。本环节重点完成四项操作，分别是修改文本、更换主题图、插入页面、插入校徽。

步骤一：在封面右下角的文本框中修改文本，改为高校通信地址。在该步骤中用到插入插图和新建文本框等操作，如图 6-66 所示。

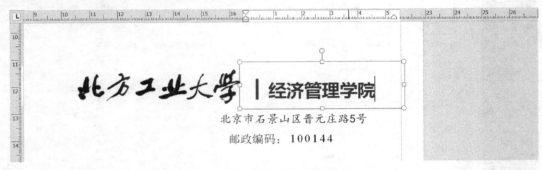

图 6-66　修改文本

步骤二：选中并删除信封左下角的图形组合。随后，参照第 6.1.4 小节中插入插图的操作，选择地区特色标志图片并插入，如图 6-67 所示。

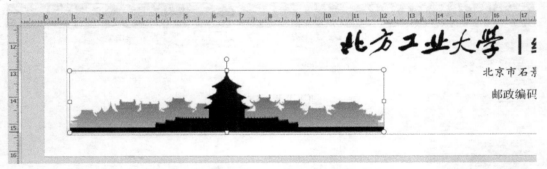

图 6-67　插图地区特色标志图片

步骤三：插入页面。在页面导航窗格中右击，在右键菜单单击【插入页】选项创建新页。在新建页插入【箭头：五边形】形状后进行旋转，对齐信封长边，如图 6-68 所示。

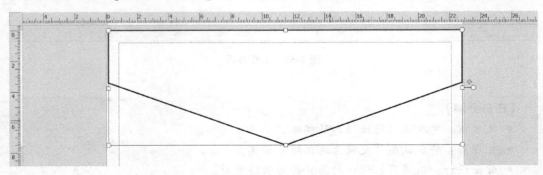

图 6-68　插入五边形

步骤四：插入校徽，如图 6-69 所示。

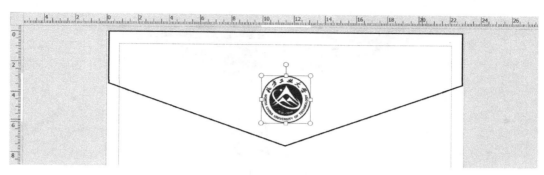

图 6-69 插入校徽

3. 优化文档

（1）修改封面图片样式 使用【裁剪】中的【裁剪为形状】、【重新着色】等命令更改地区特色标志图片的显示效果，如图 6-70 所示。

图 6-70 更改封面图片样式

（2）修改封面背面形状样式 修改封面背面的校徽及五边形的样式和效果。对五边形使用【形状填充】和【形状轮廓】选项进行设置，对校徽使用【图片样式】、【图片边框】和【图片效果】选项进行设置，形成效果如图 6-71 所示。

图 6-71 美化图片效果

（3）增加封面背面图片元素 在信封背面插入校风或校训图片，如图 6-72 所示。

4. 预览保存

（1）效果预览 用户在打印或导出 Publisher 文档前须多次预览并调整各素材的位置和

图 6-72　增加图片元素

样式。用户可在打开 Publisher 绘图文档后用按住<Ctrl>键并滚动鼠标滚轮的方式缩小绘图区，或参照第 6.1.1 小节中的编辑区显示控制设置完成整体页面预览。另外，用户还可单击【文件】→【打印】选项来预览打印效果。图 6-73 所示是调整优化后信封打印预览界面。

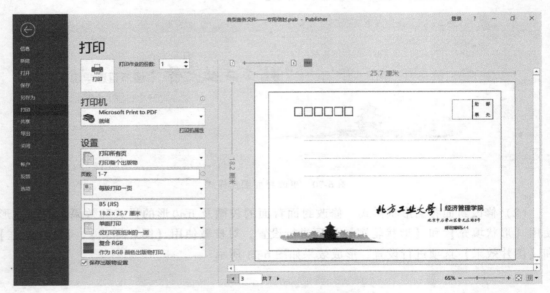

图 6-73　打印效果预览

（2）保存为图片　参照第 6.2.5 小节中的文件打包操作将设计文件打包成用于查看效果的照片。

（3）保存为 PDF　共有四种方法可以保存文件：

方法一：参照第 6.2.5 小节中的导出视图操作可导出 PDF 文件。

方法二：参照第 6.2.5 小节中的文件打包操作打包成用于专业印刷机的 PDF 文件。

方法三：单击【文件】→【另存为】选项，在【另存为】对话框中的【保存类型】下拉列表框中选择【PDF】来生成 PDF 文件。

方法四：单击【文件】→【打印】选项，选择【Microsoft Print to PDF】来将 Publisher 文档打印成 PDF 文档。

（4）打印　参照第 6.2.6 小节中的相关操作可预览并打印 Publisher 文档。

6.4 常见问题解析

1. 首页无法跨页预览

在页面导航窗格中，第一页是首页。如果要将首页和后面页面进行跨页预览，首先在【母版页】设置界面新建跨页母版页，再从页面导航窗格中复制首页，此时单击【视图】→【版式】→【跨页】命令即可查看包含首页复制页在内的跨页预览效果，如图6-74所示。

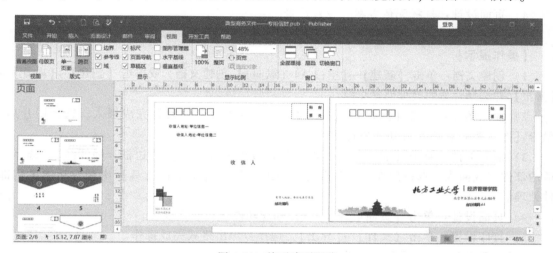

图 6-74　首页跨页预览

2. 单击形状无法更改文字样式

在Publisher中单击形状仅可以修改【形状填充】、【形状轮廓】等有关于形状数据本身的参数，如需修改形状内的文字，只需直接单击或双击形状中的文字即可进入文字编辑状态。

3. 找不到合适的模板

Publisher为用户提供了特别推荐模板和内置模板，用户可以查找这两类。如果还需更多模板，用户可在【新建】页面的【搜索联机模板】搜索框内输入关键字查找模板。

4. 删除图片后如何保留图片占位符

单击图片并按<Delete>键或直接使用【剪切】等操作将图片占位符一并删除。用户可右击原图片中间的控制标识，在弹出的菜单中单击【改变图片】→【删除图片】命令或者直接单击【改变图片】→【更改图片】命令。

5. 如何调整并对其素材大小

Publisher为用户提供了设计辅助线功能，如【边界】、【参考线】、【标尺】、【水平基线】、【垂直基线】等。用户可在调整素材时打开相关辅助功能，进行对齐或粘附定位操作。

6.5 拓展案例

【案例名称】：学生活动海报

【适用场景】：校园里有着丰富多彩的学生活动，丰富着学生们的课余生活，也锻炼了学生们的组织能力。学生们经常会以海报或宣传单的形式来宣传活动。本案例以某项活动的"学生活动海报"为例，展示各功能模块及组件的位置和使用方法。通过学习本案例，能够帮助读者更快速的使用 Publisher 软件设计宣传物。

【案例要求】：使用文档"学生活动海报"，完成以下任务：

1）创建文档：选择【海报】模板或新建空白文档。

2）插入图片：插入准备好的素材并进行图片处理。

3）插入部件：插入系统内置页面部件，并调整属性。

4）页面设计：选择配色方案，设置背景。

5）打印设置：导出或另存为 PDF、JPEG 等格式文档。

【操作提示】

1）创建文档：单击【新建】→【空白 A4（纵向）】创建文档，或单击【新建】→【内置】→【海报】并选择合适的模板创建文档。

2）插入图片：单击【插入】→【图片】，选择预先准备的素材完成插入。选择图片后，单击【图片格式】中相应功能进行图片处理。

3）插入部件：单击【插入】→【页面部件】或单击【插入】→【边框和强调线】，选择合适的部件完成插入。选择部件后，单击【绘图工具】和【文本框工具】中相应功能进行部件处理。

4）页面设计：单击【页面设计】，选择相应功能进行页面设置。

5）打印设置：单击【文件】→【导出】，选择拟导出格式完成操作。

【操作演示】：扫描下列二维码，观看拓展案例视频。

6.6 习题

1. 制作生日贺卡

提示 1：在新建文档时选择【内置】→【贺卡】，进入贺卡库并选择贺卡模板。

提示 2：注意图片的裁剪和文字样式设计。

提示 3：要包含边框、蛋糕图片、文本框等图形元素。

2. 绘制备考计划

提示 1：在新建文档时选择【内置】→【日历】，进入日历库并选择日历模板。

提示 2：选择一个月的计划安排，在创建时要选择【包含活动安排】。

提示 3：要对日历样式、文本样式、活动安排进行填充和调整设计。

3. 绘制售房海报

提示 1：在新建文档时选择【内置】→【海报】，进入海报库并选择海报模板。

提示 2：发布 1 套户型的售房信息，包含户型图和文字介绍。

提示 3：要包含图片、文本框、易撕条（联系信息）等图形元素。

第7章 商务软件应用综合实训

Microsoft Office 2016 是一款历经 20 多年发展的软件，其组件程序和功能都在不断丰富，也在不断适应现代商业社会的技术进步和实际需求。尤其在互联网络四通八达、网络设备日新月异、办公方式多种多样的环境下，各类商务活动及工作会面临更加复杂的办公场景，也要求在校生和职场人士商务软件应用能力有所提升。掌握商务软件的综合应用是成功完成学习和走入职场的重要基础，学习者们应该将其作为一项基本技能进行储备和使用，也要将正确、规范的使用方法变为自身进行商务文档处理时的习惯用法。

本章主要介绍综合使用 Microsoft Office 2016 软件的典型场景，介绍知识点和制作要求。本章共包含三个综合实训项目，其内容可以作为 Microsoft Office 2016 协同工作状态下创建、编辑、导出和打印文档的综合训练。通过本章的学习，应掌握以下内容：

1）在 Office 核心组件程序中进行文档创建、保存、编辑、共享与导出设置等。

2）Office 核心组件程序间的协同工作，形状及信息在不同软件间的编辑操作。

3）Office 核心组件程序的应用场景和操作方法。

7.1 项目路演配套文件设计与制作

7.1.1 项目路演及其特点

项目路演一般是企业代表在讲台上向台下众多的投资方讲解自己的企业产品、发展规划、融资计划的过程。项目路演的目的是通过项目方精心的准备，把项目中隐含的、技术的、专业的内容以精简的、直观的、全面的、有重点和吸引力的言辞及其他展示手段来向投资者汇报并交流。而投资者则凭借其丰富的投资经验、敏锐的市场洞察力和全面的风险预判方法来判断、选择心仪的项目，辅助项目方更好地认清项目定位和发展中的隐患、不足和优势，以及往前继续发展的契机。如果项目路演获得部分投资者的青睐，双方将会在项目投资与收益等方面达成一定共识，共同促进项目的快速落地和健康发展。

项目路演一般分为线上项目路演和线下项目路演。

1. 线上项目路演及其特点

线上项目路演主要是通过在线视频、QQ 群、微信群，或者其他新媒体手段等互联网方式对项目进行讲解，其特点是：

（1）传播广泛，沟通欠缺　通过线上的方式进行项目路演往往是直播或录播两种方式，且无论哪种方式都具有传播广泛的优点，但也存在因无法当场面对面交流而导致的投资意向少的问题。如果配合线下互动将会有更好的效果。

（2）准备充分，言辞精辟　通过线上的方式进行项目路演可以给项目方提供很多后台准备时间，项目方可以很好地总结路演内容，并以最好的状态制作最好的成果。

（3）保密性差，难以对接　线上观看和传播存在一定的泄密风险，同时线上路演也会在一定程度上分散投资人的注意力，使项目对接较难。

2. 线下项目路演及其特点

线下项目路演主要通过活动专场与投资人进行面对面的演讲以及交流，其特点是：

（1）当面沟通，现场交流　线下项目路演往往是专场展示，能与投资方进行面对面的交流和答疑。

（2）临场发挥，易出漏洞　线下项目路演考验演讲者的心理承压能力和随机应变能力，需要演讲者对项目本身有较深理解，也需要演讲者有一定的演讲技巧。

（3）保密性好，易于对接　由于项目路演一般都是小范围的演讲和交流，所以能够更好地获得交流和对接的机会，便于双方项目对接。

7.1.2　项目路演配套文件及适用软件

项目路演需要的成果一般有视频类、演示类、文档类和表格类文件。对于已经有一定企业规模和资金背景的项目来说可以请专业公司来进行项目路演配套文件的采集制作，对于小微企业、初创者和在校学生等人群来说，欠缺外包制作的资金，此时可以选择由内部人员自行制作配套文件。制作项目路演配套文件相关软件可由用户参考第 1.1 节中对商务软件的简单介绍来选择使用。

1）商业计划书：适用于 Word 编辑，其他软件提供素材后导入 Word。

2）财务分析数据：适用于 Excel 统计分析，并形成专业图表。

3）项目或产品推广画册：适用于 Publisher 设计，可直接印刷或打印纸质版画册。

4）项目或产品推广视频：适用于 PowerPoint 或其他专业软件设计。

5）研究报告：适用于 Word 编辑，其他软件提供素材后导入 Word。

6）演示幻灯片：适用于 PowerPoint 编辑，其他软件提供素材后导入 PowerPoint。

7）海报、展板与横幅：适用于 Visio 和 Publisher 设计。

8）名片：适用于 Word、PowerPoint、Visio 和 Publisher 设计。

7.1.3　实训步骤与要求

本小节对项目路演配套文件制作提出基本实训要求，初学者可通过该实训掌握各软件的基本操作和使用方法。

1. 实训步骤

1）组建项目路演制作团队，细化分工。

2）进行项目路演主题设计和背景分析。

3）根据需要进行市场调查（主要使用 Word 制作调查问卷）。

4）进行行业、企业数据处理与分析（使用 Excel 统计与分析）。

5）制作项目商业计划书和研究报告（主要使用 Word 制作）。

6）制作推广画册或视频（主要使用 Publisher 及 PowerPoint 制作）。

7）制作海报、展板与横幅（主要使用 Publisher 及 Visio 制作）。

8）制作演示幻灯片（主要使用 PowerPoint 制作）。

2．实训要求

1）成果提交要求：至少要提交商业计划书、推广海报、演示幻灯片三个文件。

2）成果演示要求：10 分钟演示，要求重点突出、阐述清晰、有理有据。

7.2　主题活动配套文件设计与制作

7.2.1　主题活动及其特点

一个社会人从小到大成长过程中有多种多样的主题活动。比如，幼儿期间要参加幼儿园和单位、社会等组织的亲子活动，中小学期间要参加学校统一组织的运动会、参观实践等主题活动，大学期间要参加学校组织及学生自发组织的各项主题活动，职场人士要参加单位组织的主题活动。

主题活动一般分为语言类、文字类、劳动类、体育类等多个类型，设计者需根据主题活动的场景来设计商务文档。一般来说，主题活动都是群体性活动，具有活动参与人分散、活动时间集中的特征。同时，主题活动还具有以下特点：

1）需要提前进行主题策划和实施策划。

2）需要提前进行报名。

3）需要准备场地、座位或其他工具、设施。

4）部分活动需要提前宣讲或实施营销策划。

5）需要准备活动材料、画册、推广视频。

6）需要制作活动总结材料、画册。

7.2.2　主题活动配套文件及适用软件

主题活动需要的成果一般有视频类、演示类、文档类、海报类、表格类文件等等。对于已经有一定企业规模和资金背景的项目来说可以请专业公司来进行主题活动配套文件的采集制作和现场组织工作。对于小微企业、初创者和在校学生等人群来说，欠缺外包制作的资金，此时可以选择由内部人员自行制作配套文件。制作主题活动配套文件相关软件可由用户参考第 1.1 节中对商务软件的简单介绍来选择使用。

1）活动策划书：适用于 Word 编辑，其他软件提供素材后导入 Word。

2）活动经费预算：适用于 Excel 统计分析，并形成专业图表。

3）活动推广画册：适用于 Publisher 设计，可直接印刷或打印纸质版画册。

4）活动推广视频：适用于 PowerPoint 或其他专业软件设计。

5）演示幻灯片：适用于 PowerPoint 编辑，其他软件提供素材后导入 PowerPoint。

6）海报、展板与横幅：适用于 Visio 和 Publisher 设计。

7.2.3　实训步骤与要求

本小节对主题活动配套文件制作提出基本实训要求，初学者可通过该实训掌握各软件的基本操作和使用方法。

1. 实训步骤

1）组建活动组织团队。

2）设计活动主题。

3）制作活动策划报告（主要使用 Word 制作）。

4）制作推广画册或视频（主要使用 Publisher 及 PowerPoint 制作）。

5）制作海报、展板与横幅（主要使用 Publisher 及 Visio 制作）。

6）制作活动场地布置图（主要使用 Visio 制作）。

7）制作活动报名表（使用 Excel 统计与分析）。

8）制作宣传幻灯片（主要使用 PowerPoint 制作）。

2. 实训要求

1）成果提交要求：至少要提交活动策划报告、活动报名表、活动场地布置图和宣传幻灯片四个文件。

2）成果演示要求：10 分钟演示，要求主题明确、重点突出、阐述清晰、合理可行。

7.3 购房分析报告配套文件设计与制作

7.3.1 购房分析报告及其特点

住房是一个具有高附加值的固定资产，购房也是很多人需要经历的活动。购房人不仅要选择在品质和面积上符合要求的住房，还要考虑住房周边的环境，以及为购买住房所需贷款进行测算。

一般性购房分析是采取主观分析与简单测算判断的形式来完成，或由房产中介公司辅助提供核心数据的支持。购房分析报告可以更好地辅助购房者进行选房和购房。制作购房分析报告的同时还可以通过房型分析、贷款分析、收支情况分析、环境分析等内容提高对贷款方式、公积金、消费规划、交通规划、收支预测及住房平面布置等知识的了解与应用。一般来说，购房分析报告有如下特点：

1）要有对比方案。

2）要有周边配套及其他环境调查。

3）要有交通规划。

4）要有贷款方案。

5）要有收支测算。

6）可以提前进行住房平面布置。

7.3.2 购房分析报告配套文件及适用软件

购房分析报告需要的成果一般有演示类、文档类和表格类文件。除借助房产中介来进行核心数据支撑外，购房分析报告往往由个人来完成。在实训中，设计者须对购房者的背景进行简单分析，包括其家庭人口、家庭收入、工作单位地址、消费习惯等。制作购房分析报告配套文件相关软件可由用户参考第 1.1 节中对商务软件的简单介绍来选择使用。

1）购房建议书：适用于 Word 编辑，其他软件提供素材后导入 Word。

2）收支测算：适用于 Excel 统计分析，并形成专业图表。

3）贷款方案对比：适用于 Excel 统计分析，并形成专业图表。

4）住房平面布置：适用于 Visio 设计。

5）演示幻灯片：适用于 PowerPoint 编辑，其他软件提供素材后导入 PowerPoint。

7.3.3　实训步骤与要求

本小节对购房分析报告配套文件制作提出基本实训要求，初学者可通过该实训掌握各软件的基本操作和使用方法。

1. 实训步骤

1）组建购房分析报告制作团队，细化分工。

2）进行购房人背景分析和收支测算（主要使用 Excel 统计与分析）。

3）进行贷款方案对比设计（使用 Excel 统计与分析）。

4）根据需要绘制周边配套分布图（使用 Visio 绘制）。

5）根据需要绘制住房平面布置图（使用 Visio 绘制）。

6）制作购房分析报告（主要使用 Word 制作报告，使用 Publisher 制作封面）。

7）制作演示幻灯片（主要使用 PowerPoint 制作）。

2. 实训要求

1）成果提交要求：至少包括收支测算、贷款方案、购房分析报告和演示幻灯片四项。

2）成果制作要求：要求背景分析到位、收支测算合理、贷款方案可行、分析报告规范有层次。

3）成果演示要求：5 分钟演示，要求简明扼要、重点突出、图文并茂。

参 考 文 献

［1］ Office 培训工作室. 高效办公不求人：Office 2016 商务办公应用从入门到精通 ［M］. 北京：机械工业出版社，2016.

［2］ Office 培训工作室. 高效办公不求人：Word/Excel 2016 办公应用从入门到精通 ［M］. 北京：机械工业出版社，2016.

［3］ IT 新时代教育. Word Excel PPT 应用与技巧大全 ［M］. 北京：中国水利水电出版社，2018.

［4］ 曾焱. Word Excel PPT 从入门到精通 ［M］. 广州：广东人民出版社，2019.

［5］ IT 新时代教育. 不懂 Word Excel PPT：还敢拼职场 ［M］. 北京：中国水利水电出版社，2019.

［6］ 秋叶，植品荣. Word Excel PPT 办公应用从新手到高手 ［M］. 北京：人民邮电出版社，2021.

［7］ 周庆麟，周奎奎. 精进 Word：成为 Word 高手 ［M］. 北京：北京大学出版社，2019.

［8］ 冯注龙，李海满. Word 之光：颠覆认知的 Word 必修课 ［M］. 北京：电子工业出版社，2020.

［9］ 陈锡卢. Excel 效率手册：早做完不加班：升级版 ［M］. 北京：清华大学出版社，2017.

［10］ IT 新时代教育. Excel 高效办公应用与技巧大全 ［M］. 北京：中国水利水电出版社，2018.

［11］ Excel Home. Excel 2016 函数与公式应用大全 ［M］. 北京：北京大学出版社，2018.

［12］ Excel Home. Excel2016 应用大全 ［M］. 北京：北京大学出版社，2018.

［13］ 周庆麟，周奎奎. 精进 Excel 成为 Excel 高手 ［M］. 北京：北京大学出版社，2019.

［14］ IT 新时代教育. Excel 公式与函数应用技巧大全 ［M］. 北京：中国水利水电出版社，2019.

［15］ 藤井直弥，大山啓介. Excel 最强教科书：完全版 ［M］. 王娜，等译. 北京：中国青年出版社，2019.

［16］ 冯注龙，丘荣茂. Excel 之光：高效工作的 Excel 完全手册 ［M］. 北京：电子工业出版社，2019.

［17］ 秋叶，黄群金，章慧敏. 和秋叶一起学 Excel ［M］. 2 版. 北京：人民邮电出版社，2020.

［18］ 周庆麟，胡子平. 精进 PPT：成为 PPT 高手 ［M］. 北京：北京大学出版社，2019.

［19］ 邵云蛟. PPT 设计思维：实战版 ［M］. 北京：电子工业出版社，2019.

［20］ 冯注龙. PPT 之光：三个维度打造完美 PPT ［M］. 北京：电子工业出版社，2019.

［21］ 崔中伟，夏丽华. Visio 2016 图形设计标准教程 ［M］. 北京：清华大学出版社，2017.

［22］ 宋翔. Visio 图形设计从新手到高手：兼容版 ［M］. 北京：清华大学出版社，2020.

［23］ 王曼. Visio 绘图软件标准教程 ［M］. 北京：清华大学出版社，2021.